UN PAPA PARA TODOS LOS TIEMPOS

UN PAPA

para

TODOS LOS TIEMPOS

TESTIMONIOS INSPIRADOS POR
SAN JUAN PABLO II

Entrevistas por
MONIKA JABLONSKA

Traducido por las Siervas de los Corazones Traspasados de
Jesús y María, con la asistencia de María Elena Sacasa

Prólogo por Madre Adela Galindo, SCTJM – Fundadora

ANGELICO PRESS

Este libro está dedicado a San Juan Pablo II
Marek, María y John

CONTENIDO

RECONOCIMIENTOS

ME GUSTARIA DARLES LAS GRACIAS A MUCHAS PERSONAS por su ayuda en este proyecto.

Mi agradecimiento especial a mi esposo, Marek. Trabajar en este libro pudo haberme hecho una santa, pero hizo de él un mártir. Gracias por apoyarme desde el comienzo; por estar disponible para leer, comentar y aconsejar sobre el manuscrito cada vez que te lo pedí, y por animarme cada día.

Muchas gracias a todos mis interlocutores por su tiempo, apoyo, paciencia y comprensión.

Estoy muy agradecida a Angelico Press y a la amistad de John y Kari. Ustedes son más que una casa editorial, son un hogar. Gracias por su maravilloso trabajo.

Gracias a quienes me ayudaron, me apoyaron, me animaron y oraron por mí, y me inspiraron. Entre ellos están: la embajadora Callista Gingrich, lady Blanka Rosenstiel, hermana Ana Lanzas, Irena McLean, Mirka Lesner, Marta Burghardt, Włodzimierz Rędzioch, Angelika Korszyńska-Górny, Grzegorz Górny, Paolo Fucili, Wojciech Jerzy Muszyński, hermana Janet Siepker, FSE; Imre Molnar, Janusz Rosikoń y Grażyna Kasprzycka-Rosikoń; Grzegorz Gałązka; ks. Paweł Cebula, Anna Freska, Jennifer Feliciano, Michael Cialdella, Kasia Bosne, David Tobon y Tseten Samdup Chhoekyapa.

Gracias a todos los que respaldaron mi libro.

Gracias a mis hijos, cuyo amor, calidez e inocencia me ayudaron a superar los desafíos y a sortear los obstáculos más inciertos.

Gracias a mis padres por ser siempre mi fortaleza y mi puerto seguro.

Gracias a San Juan Pablo II por su oración, ayuda y apoyo. Sentí su presencia e inspiración cada día.

Me encuentro ante ti sin notas
Yo debo encontrar las notas dentro de mí,
Porque todo lo que quiero y debo decirte,
está escrito en mi corazón.

Juan Pablo II

PRÓLOGO

AGRADEZCO PROFUNDAMENTE A MONIKA JABLONSKA por haber emprendido una hermosa tarea de amor al presentar al mundo su libro *Un Papa para todos los tiempos*, ya traducido en varios idiomas. La autora recopiló una gran cantidad de testimonios de personas que conocieron de cerca a San Juan Pablo II y colaboraron con él en diferentes niveles; personas que estudiaron su vasto magisterio y han podido transmitirlo a los demás para que sea siempre una luz que ilumine la conciencia de la humanidad. Personas que tuvieron la gracia de penetrar con una mirada especial el don tan inmenso que el Espíritu Santo dio y continúa dando a la Iglesia a través de la elección al papado de Karol Wojtyła. Personas que tuvieron no solo encuentros con él, sino que intuyeron que teníamos ante nosotros y entre nosotros, a un hombre verdaderamente santo, grande en tantos aspectos y, a la vez, cercano y conocedor de las realidades humanas. De forma incansable, el papa siempre quiso dar la respuesta certera para vivir y enfrentar esas realidades, llamándonos a abrir el corazón de par en par al poder de Cristo, el Redentor del hombre.

Recopilando todos estos maravillosos y profundos testimonios, Monika logró darnos una visión cuyo efecto será perecedero, pues cada quien nos mostró lo que vio, oyó y pudo palpar de la vida, persona y misión de Juan Pablo II. Fue como ir construyendo un mosaico del rostro y del corazón de este gran hombre, sacerdote, obispo, arzobispo, cardenal y, luego, sumo pontífice… Muchos dicen que conocieron a Juan Pablo II, pero cuando lean este libro, podrán afirmar que lo conocen en mayor profundidad. Otros comentarán que el libro les hizo ver la grandeza del don que se nos había concedido, y que quizás no supieron valorar completamente en su momento. Muchos redescubrirán o fortalecerán su compromiso de seguir proclamando, enseñando y viviendo el legado tan profundo de San Juan Pablo II. Verdaderamente, hemos sido una generación privilegiada al poder haberlo escuchado en tantas y diferentes ocasiones y circunstancias, haber visto su integridad, su coherencia, su valentía y su amor oblativo por el Señor, por la Iglesia, por su pueblo y por todo el mundo; pero lo más impresionante fue su amor y su defensa ardiente de la dignidad de cada persona humana.

Juan Pablo II ha sido una de las mayores gracias que el Espíritu Santo dio a la Iglesia y al mundo, en una época tan difícil y oscura. Verdaderamente, el siglo XX, llamado como uno de los más oscuros de la historia, vio también grandes luces encendidas por el amor misericordioso de Cristo y el amor materno del Corazón Inmaculado de la Santísima Virgen. Los Corazones de Jesús y María, como dijese el ángel que se apareció a los pastorcitos en Fátima en 1916, "tienen designios de misericordia para la humanidad". Entre esos designios de misericordia, estoy convencida de que Juan Pablo II no solo fue uno de ellos, sino que continúa siéndolo, pues la luz debe brillar más que nunca en las tinieblas, y como ya hemos podido constatar, las tinieblas no pueden apagar la luz de Cristo.

Tengo una convicción muy personal sobre la misión de Juan Pablo II: creo que todo en él y todo lo que él tenía que dar a la Iglesia y al mundo era una respuesta del Espíritu Santo a las grandes desorientaciones, confusiones y desafíos de nuestros tiempos. Cada uno de sus escritos, sus documentos magisteriales, sus audiencias y sus intervenciones, eran una respuesta directa y, a la vez, iluminadora, a todas las grandes inquietudes del corazón humano, creadas por una cultura universal que cada vez se va alejando más de Dios y de su verdad. Todo don, todo carisma del Espíritu Santo, siempre es una respuesta adecuada y potente a los retos y males del momento histórico en que ese gran don es concedido. Creo que si hubiésemos escuchado y estudiado la enseñanza constante de este gran papa, el mundo de hoy en nuestro siglo XXI sería un poco diferente, quizás un poco mejor y los grandes males que nos acechan hubiesen disminuido o en algunos casos quizás desaparecido.

Como dije previamente, este maravilloso libro nos ha construido un mosaico que revela la persona, la vida y la misión de Juan Pablo II. Un papa formado desde muy niño en tres grandes escuelas que lo forjaron a ser el hombre que fue en cada una de sus etapas: la Escuela de la Cruz, la Escuela de la total Consagración al Corazón de María y la Escuela de la Iglesia sufriente de su amada Polonia. Estas tres escuelas abrieron su mirada y su corazón a una altísima comprensión del amor de Dios manifestado en la Encarnación del Redentor del hombre, como también de la gran dignidad que posee cada persona humana. Para Juan Pablo II, el hombre es capaz de hacer opciones que pueden construir una nueva cultura basada en el bien, la verdad, la justicia y la solidaridad, o pueden destruir no solo una cultura, sino directamente a sus hermanos. El papa comprendió que el mal, de muchas formas activo y esparcido por el mundo entero, no era la última palabra sobre nuestra historia contemporánea; la última palabra ante toda oscuridad, pecado, desorientación, rechazo a Dios y a su verdad revelada, tenía un límite: el amor misericordioso de Dios, quien como árbitro de la historia se levanta de formas sorprendentes para detener el mal, o para sacar de todo mal, un bien mucho mayor. Sí, queridos lectores, en una sola frase podría decirles que Juan Pablo II fue y continúa siendo un testigo de esperanza cristiana, en donde nos sostenemos sabiendo que "el amor es más fuerte que la muerte" (Cantar 8, 6) y que "todo trabaja para el bien de los que aman al Señor". (Rom 8, 28).

En este libro podremos descubrir tantas cosas de Juan Pablo II a través de cada entrevistado que narra su propio testimonio, su propia experiencia y su mirada sobre algún aspecto de este gran santo. Tantas miradas que juntas nos lograron revelar a Un Papa para todos los tiempos.

Por lo tanto, yo quisiera en este prólogo hablar de lo que mis ojos vieron y mis oídos escucharon en los días previos al fallecimiento de Juan Pablo II el 2 de abril de 2005, y después, durante el tiempo que estuvo expuesto para que el mundo entero pudiese ir a verlo, a orar y a darle su último adiós. Todos querían manifestar públicamente, aunque era una realidad tan personal al mismo tiempo, el amor que recibieron del papa, y que ahora deseaban retornarle con gestos y horas de espera; con lágrimas, cantos, banderas, pancartas recordando sus palabras y videos de sus visitas apostólicas o jornadas mundiales. Las velas inundaron las calles de cada ciudad del mundo y nos recordaban una sencilla y potente verdad: el amor, el reconocimiento y el dolor que sentía la humanidad entera al ver partir a quien fue testigo de esperanza, de amor, de vida y de luz en tiempos muy tormentosos. Esas calles invadidas por velas testificaban que el mundo entero reconocía que él fue una gran luz, y que con su presencia nos habíamos sentido cuidados por un "padre", que por ser el papa, supo que su misión primaria era ser padre de una humanidad atemorizada ante un mundo peligroso que estaba perdiendo el sentido de ser verdaderamente hogar de la persona humana. Lo que vimos en esos días previos a su partida y en los días siguientes, en la vigilia y en la misa de su funeral, habló a mi corazón del cumplimiento pleno de una palabra de Jesús que leemos en el Evangelio de San Mateo, capítulo 7, 16: "Por sus frutos los conoceréis".

¿Qué persona ha estado tan acompañada en sus últimos días antes de partir a la casa del Padre, y ha logrado que el mundo entero se uniera en oración, que se multiplicaran los rosarios de forma universal, incluso conectándose en red a todos los santuarios marianos para rezarlos en diferentes idiomas? ¿Quién ha logrado que toda la prensa internacional se dedicara a transmitir de forma constante videos sobre su vida y sus 27 años de pontificado? Hombres y mujeres en el servicio de la política, empresarios importantes del mundo entero, grandes teólogos y filósofos, profesionales en todas las áreas, e incluso personas que no estaban afiliadas a ninguna fe en particular honraban a Juan Pablo II y deseaban expresar su admiración por él. ¿Quién ha logrado que desde los más poderosos de este mundo hasta los más sencillos se unieran y fuesen uno sin distancias ni barreras, y todos tuviesen sus ojos puestos en "ese hombre" que marcó sus vidas y la del mundo? Aun los que quizás no estuviesen de acuerdo con él en algún aspecto de su enseñanza, manifestaban su respeto sin hacer énfasis en su desacuerdo. Los canales de televisión del mundo entero pasaban cada ciudad de cada país, con las diferentes expresiones de amor, de oración, de comentarios que todos hacían ante la realidad de que esta gran luz que iluminó al mundo se estaba humanamente apagando, sin comprender que siendo la luz de Cristo la que él comunicaba, nunca se acabaría. Juan Pablo II seguiría vivo y latiendo de amor por nosotros a través de su ejemplo, su legado, sus enseñanzas y los miles de recuerdos que multitudes guardan y atesoran de sus años de pontificado.

La plaza de San Pedro estaba completamente llena de gente en esos días previos a su muerte. Cardenales, obispos, sacerdotes, religiosas, religiosos, seglares, familias completas, personas mayores y jóvenes de diversos lugares estaban ahí, al pie de la dolorosa pasión de toda esa semana antes de su muerte. Nadie quería dejarlo solo; el amor solo puede cosechar amor, y eso es lo que vimos. El Papa que había viajado tantas veces alrededor del mundo para acompañar al rebaño que Cristo le encomendó, que se hacía presente cuando sistemas totalitarios o dictatoriales oprimían a los pueblos y que nunca aceptó huir del peligro con tal de estar junto a los que sufrían, en los días de su última pasión estaba acompañado por toda esa humanidad a la que un día él apoyó, incluso exponiendo su vida por hacerlo.

¡Qué duro era pensar que Juan Pablo II partiría! Pero se acercaba la hora de su muerte... Cuentan los que estaban a su lado, que ese primer sábado (signo de su total consagración Mariana, el papa Totus Tuus) y después de la celebración de la Santa Misa de la Vigilia del Domingo de la Divina Misericordia (el papa que consagró su ministerio Petrino a la Divina Misericordia y estableció en la Iglesia la fiesta Litúrgica del Domingo de la Misericordia) vieron una lágrima correr de sus ojos y luego suavemente expiró. Llegó su momento, el siervo fiel había cumplido su misión... ya todo estaba cumplido. Juan Pablo II amó hasta el extremo como nuestro Señor y nos dejó el mayor ejemplo por el cual vivió y fue el motor de su persona y de todas sus acciones: "El amor me lo explicó todo, el amor me lo resolvió todo, y admiro el amor donde sea que lo encuentro". Estas frases que encontramos en un poema que Karol Wojtyła escribió siendo joven, verdaderamente fueron su inspiración.

Ante el anuncio de su muerte, vimos las velas elevarse muy en alto, como si el mundo quisiera gritar: "La luz que nos diste no se apagará". Era como asumir el llamado que hiciese a los jóvenes, pero en realidad a todos, en su última jornada mundial de la juventud: "Sean centinelas del mañana". Las velas elevadas en su honor eran para mí una respuesta a su petición: él nos pasaba la antorcha que con tanta dedicación había llevado al mundo entero con la fortaleza y determinación de un atleta de Dios y de los hombres. La Nueva Evangelización, de la cual el papa fue el primero en impulsarla bajo el estandarte de la Virgen de Guadalupe, tendría que ser nuestra tarea más urgente y nuestra responsabilidad. Ya él había cumplido lo que el Señor y la Virgen Santísima le pidieron, ahora nos tocaba a nosotros ser los "centinelas del mañana", ser los "santos y apóstoles del tercer milenio", dos grandes llamadas que lanzara en sus últimos años desde Canadá, en la Jornada Mundial de la Juventud, y desde México, en la canonización de San Juan Diego.

Los canales de televisión mostraban la incansable fila de cientos de miles de personas, incluyendo familias con niños en sus hombros y jóvenes con grandes pancartas, que de todo el mundo fueron a Roma y esperaron a veces hasta 18 horas de pie para entrar a la Basílica de San Pedro y pasar ante los restos de Juan Pablo II, que siempre estaban acompañados por cardenales, sacerdotes, dignatarios y jefes de estado. Ahí, ante el papa, lloraban su partida y también se oían los cantos y las acciones de gracias por su vida, por haber sido rostro visible del amor del Padre Celestial. Era impresionante ver esa interminable fila que duró tres días consecutivos y no escuchar ninguna queja, solo palabras de gratitud y admiración sincera por la vida y el legado de nuestro amado Papa. Vimos de forma tan visible que verdaderamente el "amor todo lo puede y todo lo soporta", como nos dice San Pablo en la 1 carta a los Corintios, 13.

Todos querían honrar a quien defendió la vida y la identidad de la familia, a quien proclamó con todas las fuerzas de su corazón que era urgente construir una civilización de amor para poder subsistir los embates del enemigo en nuestro tiempo. En su muerte, Juan Pablo II había logrado construir lo que tanto anheló: una civilización de amor, de vida, de paz, de solidaridad, de respeto y de cuidado mutuo; una cultura católica, donde todos nos reconociéramos como hermanos. ¡Su muerte ya empezaba a dar tanta vida!

Mientras avanzábamos en la fila, tuvimos la gracia de ir hacia las escaleras centrales frente a la Basílica con jóvenes que llevaban una gigantesca pancarta que decía: "Tú fuiste a buscarnos para decirnos lo importante que éramos, para abrazarnos y quitarnos el miedo. Ahora nosotros estamos aquí, buscándote a ti, para decirte que no te olvidaremos". Juan Pablo II fue el buen pastor que salió en búsqueda de las ovejas, de las más vulnerables, las más necesitadas de tener un encuentro personal con el amor de Jesús y el amor de una madre, la Virgen Santísima, y la Iglesia. Y aunque digo "fue el buen pastor que salió . . .", con gran certeza puedo decir que desde el cielo lo sigue haciendo, porque a diario puedo testificar que Juan Pablo II no se ha ido; sigue buscando y haciendo lo mismo en cada corazón a través de su reliquia insigne de sangre líquida, o a través de su imagen, su magisterio y su vida.

Sí, él ha cumplido las palabras que dijo antes de irse de México en el viaje de la canonización de San Juan Diego: "Me voy, pero no me voy; me voy, pero me quedo, pues de corazón me quedo". Juan Pablo II ha querido quedarse para continuar haciendo lo que Cristo le pidió hacer con la humanidad: "Revelar el verdadero rostro del Redentor, el poder de la maternidad de la Madre del Redentor, la misión sobre la vida de la Iglesia y del mundo del Custodio del Redentor; el esplendor de la verdad; la identidad y misión de la familia en el mundo de hoy; la urgente y necesaria elevación de la misión de la mujer como custodia y educadora de la persona humana; el necesario y exigente camino de santidad del sacerdote y de la vida religiosa, y la auténtica misión de los laicos en la vida de la Iglesia".

Al entrar a la Basílica era aún más impresionante ver que no había ningún rincón vacío. Jóvenes, adultos, niños, personas de autoridad eclesial, religiosas y religiosos, ancianos, enfermos, personas en sillas de ruedas… Todos lloraban… Tenían una sensación de orfandad que experimentaban y expresaban. Me conmovió mucho el corazón al ver a jóvenes que quizás muchos pensarían que estaban lejos de Dios por su apariencia, que venían y nos abrazaban, ya que querían sentirse consolados por la maternidad de mis hijas religiosas y yo, y nos decían: "Se murió nuestro padre". Yo me sentía igual que ellos, pero con la convicción de que su presencia espiritual nos acompañaría y no nos dejaría solos. Percibí que Juan Pablo II nos envió a esos jóvenes para que les aseguráramos que el amor de Dios Padre, que él tanto les mostró, sería ahora su mayor fuerza, consuelo y guía para sus vidas.

Las sirenas de carros de seguridad sonaban constantemente, desfilaban ante todos los ojos y a través de todas las calles de Roma, caravanas de autos con dignitarios y jefes de estado. Juan Pablo II, con profundo respeto y con el poder de la verdad, había entrado en el mundo de la política para ayudarles con su sabiduría a vivir la misión de ser custodios del bien y progreso de sus pueblos, con sinceridad, integridad y justicia. Tampoco se calló cuando era necesario denunciar los actos de los que tienen el poder humano de las naciones y lo utilizan para destruir o crear violencia e injusticias.

En la vigilia en espera de la misa de su funeral, que sería presidida por su amigo y confidente, el cardenal Joseph Ratzinger, desde las 3 de la tarde del día anterior se empezaron a llenar de gente las calles alrededor de la plaza de San Pedro. Todas las estaciones de radio y televisión del mundo estaban presentes. No puedo recordar la cantidad de entrevistas que, por alguna razón incomprensible, venían a hacerme de toda Latinoamérica, y también de lugares donde yo no hablaba el idioma y ponían algún traductor. Tenía dos teléfonos celulares disponibles para responder y reportar a radios católicas de muchas partes del mundo.

Recuerdo a un periodista que se acercó con las cámaras de televisión y deseaba entrevistarme; quería comprender como un papa movía a todo el mundo de esta manera, y me dijo: "Solo sé que aquí hay un misterio muy grande que hay que ver para creer", a lo cual respondí: "Sí, tienes razón, aquí vemos el misterio del amor que tiene una fuerza capaz de crear lo que hoy ves aquí, un amor que es capaz de crear un mundo donde la alegría de amar y de donarse es más fuerte que todo el mal que pueda rodearnos". Al final de nuestra entrevista, este hombre que llegó como un reportero más, me confesó que no podía negar que solo el amor de Dios manifestado en la santidad y en la ardua misión de Juan Pablo II era capaz de cambiar el mundo. ¡De pronto aquel hombre que llegó como reportero se convirtió en creyente!

Al ir pasando la noche, mis hijas religiosas y yo abríamos espacios de donde ya casi no se podía, y recuerdo que alrededor de las 3 am, llamamos a un joven mexicano, que nos pareció que no conocía mucho la ciudad o no estaba preparado con alimentos o agua. Cuando le pregunté por qué estaba allí, todos los que oímos su historia nos conmovimos e inmediatamente decidimos cuidarlo. Este joven de bajos recursos económicos, había vendido vacas para poder viajar a Roma a estar en el funeral de Juan Pablo II. La manera como le concedieron la visa fue una verdadera obra de la Providencia, pues como él explicó: "Pensé que no me la darían, y solo porque venía al funeral, todas las puertas se abrieron". Hasta le escribieron intenciones los que trabajaban en el consulado. ¿Por qué quería estar presente? Este joven había sido drogadicto, estaba en muy malas compañías y su vida parecía hundirse en un abismo. En una de las visitas de Juan Pablo II a México, como su familia y él vivían en un pueblo muy lejos de la ciudad, su mamá tenía puesta la televisión para ver todo lo de la visita apostólica. A este joven no le interesaba y su mamá le dijo: "Por lo menos acompáñame a ver su llegada al aeropuerto y cuando baje del avión". Así fue. Y en el momento en que Juan Pablo II salió del avión y miró hacia la gente reunida, este joven tuvo la sensación de estar ahí presente y que el papa lo miraba directamente. Sintió como si alguien lo abrazaba y tuvo una inmediata repugnancia por las drogas y por el estilo de vida que llevaba. Fue una sanación inmediata. El joven dijo: "El me salvó la vida, cómo no iba a venir a darle gracias". Y así, cuántos milagros escuchamos de Juan Pablo II esa noche… Con toda la razón, al concluir la misa, las multitudes gritaban "Santo Súbito".

De la misa quisiera resaltar un momento singularísimo cuando salió el sencillo féretro de madera con su escudo papal, y lo pusieron en el suelo. Los dignatarios y jefes de estados que estaban sentados a la izquierda del altar se inclinaron en señal de respeto ante la humildad de un verdadero hijo de Dios, hijo de María Santísima e hijo de la Iglesia. Parecía que en ese momento todos entendían las palabras que el papa había dicho: "El poder solo es un servicio que requiere humildad y búsqueda del bien común".

Otro momento que considero fue una señal de Dios ocurrió cuando colocaron el evangeliario sobre su féretro. De pronto, apareció un viento que soplaba exclusivamente en el área de la Basílica donde estaba el féretro. Era muy fuerte y empezó a pasar las páginas del evangeliario como si una mano lo hiciera. Todos mirábamos con asombro, hasta que pasando todas las páginas, el viento lo cerró de golpe. Parecía que el Espíritu Santo le dijera a toda la Iglesia y al mundo entero: "He aquí un hombre que vivió el Evangelio en su totalidad. Vivan como él, pues el mundo de hoy necesita testigos convincentes del Evangelio". En ese momento, el grito de "Santo Súbito" empezó a resonar por toda la plaza. Ese viento también tocó a alguien más: al cardenal Joseph Ratzinger. Su casulla se elevó movida por el viento… Parecía indicarnos quién sería el próximo papa.

Antes de concluir, quisiera solo recordar la última vez que vimos a Juan Pablo II en su ventana, el Domingo de Pascua. Quiso salir y trató con todas sus fuerzas de hablar, pero no pudo… El mensaje del Domingo de Resurrección para toda la Iglesia tomó otra dimensión, nos reveló el silencio de un papa que quizás había sido uno que escribió y habló más que ningún otro… Al ver ese momento en la televisión les dije a mis hijas religiosas que nos había dicho lo mismo que dijo en su última visita a las Naciones Unidas. "Ya les he dicho todo lo que podía o tenía que decirles, ahora les hablo con el Evangelio del sufrimiento".

Sí, Juan Pablo II ya no pudo hablar desde su ventana o su balcón. Pero sigue proclamando la verdad sobre Dios y sobre la persona humana. ¡Que su voz nunca calle! Que siga hablando a través de cada uno de nosotros, que su legado ilumine las sombras del mundo contemporáneo y podamos así construir una civilización con Dios en el centro, para que todos sus valores y prioridades se encaminen al servicio y desarrollo verdadero de la persona humana. Este fue el sueño de Juan Pablo II; hoy, comprometámonos a hacerlo realidad. ¡Que siempre su legado siga vivo en el corazón de la Iglesia y del mundo!

Madre Adela Galindo, SCTJM
Fundadora
27 de abril de 2024
Décimo aniversario de la canonización de San Juan Pablo II

UN PAPA

para

TODOS LOS TIEMPOS

TESTIMONIOS INSPIRADOS POR

SAN JUAN PABLO II

CARDENAL STANISŁAW DZIWISZ

Arzobispo emérito de Cracovia. Fue el secretario personal de Juan
Pablo II hasta la muerte del papa el 2 de abril de 2005. En 1998 fue
nombrado obispo titular de San Leone y prefecto adjunto de la Casa
Pontificia. Fue consagrado obispo por Juan Pablo II el 19 de marzo de
1998. El 29 de septiembre de 2003 fue elevado a la dignidad de arzobispo.
El 4 de noviembre de 2005, en Cracovia inició el proceso diocesano de
las virtudes heroicas del siervo de Dios Juan Pablo II (Karol Wojtyła).
Fue elevado a cardenal por Benedicto XVI en el consistorio del 24 de
marzo de 2006, con el título de Santa María del Pueblo.

Su Eminencia, usted pasó casi 40 años con el papa Juan Pablo II como
su secretario. ¿Qué recuerdo de Karol Wojtyła ha permanecido más viva-
mente en su corazón?

Yo considero que cada día que pasé con el Santo Padre fue un gran
regalo del cielo y una inescrutable dispensación de la Providencia. El
arzobispo Wojtyła me llamó a servir, igual que el Maestro una vez llamó
a los pescadores de Genesaret inmediatamente, sin ninguna preparación. De la misma manera, sin ninguna preparación, vine a la mañana
siguiente y serví al arzobispo de Cracovia como secretario durante 12
años. Día tras día fui capaz de observar su vida austera, llena de oración y trabajo. Yo ayudé a mi obispo y cardenal en sus muchas tareas,
y lo acompañé en todos sus viajes. También permanecí con Wojtyła en
Roma cuando fue elegido papa el 22 de octubre de 1978. Y permanecí
con él hasta su muerte. Me mantuve en su compañía durante 27 años
en el Vaticano. El recuerdo que ha permanecido más vívido en mi corazón y en mi memoria está relacionado con el atentado contra su vida.

En su opinión, ¿por qué Karol Wojtyła fue elevado al trono de San Pedro?

El Espíritu Santo guió la elección del colegio de cardenales. ¿Y a
nivel humano? Aunque el cardenal Wojtyła vivió en el lado este de
la Cortina de Hierro, lo que implicó su aislamiento, era una persona
extremadamente abierta. Él publicó mucho, en varios idiomas. Él viajó
mucho, incluso viajó a pesar de que obtener un pasaporte y un permiso de los comunistas para viajar al extranjero era casi un milagro en
ese tiempo. Fue conocido entre los cardenales por su participación en
todas las sesiones del Concilio Vaticano Segundo, y también por su
afiliación en las congregaciones romanas. El papa Pablo VI valoraba

altamente al arzobispo de Cracovia y le había pedido que diera una serie de sermones en los retiros del Vaticano. La Santa Sede estaba preocupada por la Iglesia en Polonia, la cual no luchó con armas y aun así no permitió ser conquistada por el régimen comunista. También debo añadir que el cardenal Wojtyła era una persona extremadamente sensible y comunicativa, que sabía muchos idiomas, los aprendía rápidamente, y lo más importante, escuchaba lo que otra gente le decía. El no era indiferente a los problemas de la gente. Esto le ganó mucha simpatía y respeto. Ciertamente, él tenía un gran carisma. Él confió su vida entera y a la Iglesia a las manos de la Divina Providencia y a la protección maternal de Nuestra Señora, por lo que cada reto, no importara lo difícil que fuera, para él era una sumisión natural a la voluntad de Dios.

¿Deberíamos leer las palabras de Juan Pablo II en la Plaza de San Pedro el 22 de octubre de 1978 — "No tengan miedo. Abran, les digo, abran de par en par las puertas a Cristo"—, en el contexto de la historia polaca, la herencia de la fe y la cultura de su patria?

Creo que deberíamos entenderlas no solo en el contexto de Polonia. Estas palabras expresan toda la espiritualidad de Karol Wojtyła –Juan Pablo II. Esas palabras fueron el lema de su vida y la llave maestra de su pontificado. Se aplicaban no solo a los católicos, no solo a los cristianos, sino también a cada hombre moderno que se pierde por estar alejado de Dios.

Hablemos del atentado contra la vida de Juan Pablo II el 13 de mayo de 1981. ¿Cuál hubiera sido el futuro de Polonia y del mundo si la mano de Nuestra Señora no hubiera desviado la bala?

Este evento tuvo lugar hace 40 años. En mi memoria aún puedo ver y escuchar lo que sucedió en la Plaza de San Pedro el miércoles 13 de mayo de 1981, pasadas las 5:00 pm. Se celebró la audiencia general semanal. El Papamóvil estaba dando una segunda vuelta en la Plaza de San Pedro; el Santo Padre saludó a los fieles y bendijo a los niños. Tan pronto como les devolvió a sus padres una niña de dos años, sonaron dos disparos. Cientos de palomas de repente se lanzaron al aire, la gente gritó y miré a un hombre que intentaba escapar de la multitud. Comprendí que el Santo Padre había recibido un disparo. Yo estaba de pie detrás de él; no pude ver la expresión de su rostro. Le pregunté: "¿Dónde?". Él respondió: "En el estómago". "¿Duele?". "Sí". El Santo

Padre se derrumbó en mis brazos. El automóvil atravesó el Arco de las Campanas, recorrió la Via delle Fondamenta, rodeó la parte trasera del ábside de la basílica y luego se precipitó por el llamado Grottone, el patio del Belvedere, antes de llegar finalmente a la clínica de salud del Vaticano. Renato Buzzonetti, el médico personal del Santo Padre, había sido convocado para reunirse con nosotros allí. Los paramédicos me quitaron al papa de los brazos y lo acostaron en el piso del vestíbulo. Fue solo entonces que me di cuenta de la cantidad de sangre que estaba perdiendo desde la primera herida de bala. El papa yacía en un charco de sangre.

No hubo tiempo para primeros auxilios; cada segundo era vital para su vida. La primera bala, nos enteraríamos, había perforado su abdomen, perforado el colon, atravesado el intestino delgado en varios puntos y luego salido por el otro lado antes de posarse finalmente en el piso del auto. La segunda bala le rozó el codo derecho y le fracturó el dedo índice izquierdo antes de herir a dos mujeres turistas estadounidenses. El Santo Padre necesitaba tener una cirugía lo más pronto posible. De inmediato una ambulancia lo trasladó al policlínico Gemelli. Lo que pasaba por mi cabeza era miedo, una inimaginable batalla contra el tiempo; existía la sensación de que la más mínima decisión equivocada podría tener un efecto catastrófico. Al mismo tiempo, existía la sensación de que una fuerza poderosa e invisible le salvó la vida y eliminó todos los obstáculos que surgían y se acumulaban.

Aunque medio consciente, el papa estuvo orando durante casi todo el camino. Lo escuché decir: "Jesús, Madre María". Yo estaba allí. Él yacía postrado, con los ojos entrecerrados, y apenas era capaz de mover los labios. De repente, me miró y susurró: "Perdono al hombre que me disparó". Sin embargo, tan pronto llegamos al Gemelli, perdió el conocimiento. Llegamos muy rápido; fue caótico y grité: "¡Vayan inmediatamente a la sala de operaciones! ¿No ven que se está muriendo?". Y en ese mismo momento, finalmente me di cuenta de que, de hecho, su vida estaba en peligro. Salí del quirófano antes de que comenzara la cirugía para pararme afuera. Todo lo que hice fue orar.

El peor momento ocurrió cuando el Dr. Buzzonetti, blanco como una sábana, se me acercó para pedirme que le diera la extremaunción al Santo Padre. Lo hice de inmediato, pero esto me destrozó. El equipo de médicos que realizó la cirugía realmente no creía en ese momento que el paciente pudiera salvarse. Los latidos de su corazón y su presión arterial apenas se registraban. La primera transfusión de sangre no funcionó; por lo tanto, tuvieron que hacer una segunda. Afortunadamente, encontraron algunos médicos que compartían el tipo de sangre del papa, quienes donaron su propia sangre para él. El procedimiento duró cinco horas y media. Entonces, se terminó. El profesor Francesco Crucitti fue el cirujano a cargo, y el Dr. Giancarlo Castiglioni se unió a él después de que regresó de Milán. El tiempo se detuvo para mí; recé, abandonándome en las manos de Dios e invocando a Nuestra Señora; sentí paz y fe. El presidente de Italia, Sandro Pertini, llegó al policlínico y se quedó con el Santo Padre hasta que el paciente fue sacado del quirófano. La preocupación de Pertini era conmovedora, y ciertamente no se basaba en cálculos políticos. El cardenal Paolo Bertoli, el chambelán, también estaba sentado afuera de la sala de operaciones, y estaba listo para anunciar al mundo, si eso hubiera sucedido, la muerte de Juan Pablo II. Luego llevaron al Santo Padre a la unidad de cuidados intensivos, alrededor de las 2:00 am. A la mañana siguiente, él se despertó de la anestesia muy temprano. Abrió los ojos, me miró y me preguntó si habíamos recitado las Completas. Pensó que todavía era miércoles, 13 de mayo.

Los primeros días después del intento de asesinato fueron terribles. El Santo Padre rezaba continuamente. Y sufrió. Sufrió mucho, pero aceptó el dolor con humildad, como si fuera una gracia, con gratitud a Dios porque podía ofrecer derramar su sangre por la Iglesia y el mundo. Lo observé día y noche.

El domingo grabó un breve discurso que fue retransmitido antes del Ángelus. Entre otras cosas, dijo: "Estoy rezando por el hermano que me hirió y a quien he perdonado sinceramente". Al mismo tiempo, el primado de Polonia, el cardenal Stefan Wyszyński, estaba en su lecho de muerte en Varsovia. Recuerdo la última conversación telefónica de esos dos gigantes espirituales, ambos físicamente incapacitados. Me paré al lado del papa, que estaba débil, y pude escuchar la voz débil del cardenal que decía: "Santo Padre, deme su bendición". El pontífice vaciló. Quizás sintió algo; parecía querer alejar el inevitable momento del último adiós. Finalmente, dijo: "Sí, por supuesto. Mis bendiciones y besos para ti".

El cardenal Wyszyński falleció el 28 de mayo. Veintiún días después del intento de asesinato, el Santo Padre regresó al Vaticano para impulsar a la Sede Apostólica con nuevas energías. Sin embargo, regresó al hospital después de 17 días. Su fuerza estaba menguando de nuevo; tenía fiebre alta y los médicos finalmente le diagnosticaron citomegalovirus, el cual estaba devastando su cuerpo. Cuando el virus finalmente pasó, ellos operaron su tracto digestivo. La fecha de la cirugía se pospuso para el 5 de agosto: fiesta de Nuestra Señora de las Nieves. El 14 de agosto, un día antes de la Fiesta de la Asunción, el Santo Padre fue dado de alta del hospital. Pasaron dos meses más antes de que Juan Pablo II apareciera de nuevo en la Plaza de San Pedro. Ya habían pasado cinco meses desde el intento de asesinato.

El 13 de mayo de 1917, la Virgen se apareció en Fátima por primera vez. El 13 de mayo marcó también el atentado contra la vida de Juan Pablo II. En el policlínico Gemelli, el Santo Padre pidió ver el Tercer Secreto de Fátima. ¿Lo comentó?

Habiendo recuperado sus fuerzas, pero aún en el hospital, el Santo Padre comenzó a reflexionar sobre lo que era, por decir lo menos, una extraordinaria congruencia de fechas. Esto no fue una coincidencia. Fue allí, en el hospital, donde el papa leyó el "secreto" de Fátima. Recibió dos sobres, uno con el texto original en portugués de la hermana Lucía y el otro con la traducción al italiano. En la visión de sor Lucía, reconoció su propio destino. Se convenció de que su vida había sido salvada —no, devuelta de nuevo— gracias a la intercesión y protección de Nuestra Señora. "Un obispo vestido de blanco" es asesinado. La profecía obviamente no se cumplió porque, como decía el Santo Padre, "una mano disparaba y otra guiaba la bala". Y hoy la bala se encuentra encerrada dentro de la corona de la estatua de Nuestra Señora en Fátima. El pontífice recibió la bala; oró durante mucho tiempo frente a la estatua de su Protectora. Ciertamente había mucho de qué hablar entre ellos. En su terraza del Vaticano rezaba la mayor parte del tiempo frente a la estatua de Nuestra Señora de Fátima; allí solía rezar el rosario completo.

Usted dijo una vez: "Madre Teresa fue una especie de espejo de Juan Pablo II". Cuéntenos sobre la relación y el vínculo entre ambos.

El Santo Padre y Madre Teresa compartían un vínculo de verdadera amistad, reflejo de su profunda preocupación por la Iglesia. En numerosas ocasiones, Madre Teresa sirvió como una especie de mensajera a distintas partes del mundo afectadas por la Guerra, donde el Santo Padre no podía ir, en África o los Balcanes.

Ambos mostraron una gran preocupación por la vida, desde la concepción hasta la muerte natural, y se identificaron completamente con este asunto. El resultado de su preocupación compartida por los pobres fue la casa Dono di Maria para mujeres sin hogar y también una cafetería para hombres necesitados.

Madre Teresa siempre tuvo acceso al Santo Padre, cada vez que necesitaba hablar con él sobre cosas importantes en la vida de la Iglesia y del mundo. El papa estaba profundamente interesado en las actividades de Madre Teresa en favor de los pobres, su cuidado y amor por ellos para que no murieran rechazados. Él lo expresó durante su visita a los hospicios —las llamadas casas de la muerte— de Madre Teresa en Calcuta. Fui testigo de encuentros entre Madre Teresa y Juan Pablo II. Estas fueron las reuniones de dos personas enamoradas de Dios. No hablaban mucho. Se entendían perfectamente: era una gran amistad y comunión.

Madre Teresa solía decir que "la santidad es simplemente hacer la voluntad de Dios en tu vida diaria". Jan Tyranowski, quien fue una figura central en la formación espiritual de Karol Wojtyła y lo ayudó a descubrir a los místicos carmelitas San Juan de la Cruz y Santa Teresa de Lisieux, dijo que "no es difícil ser santo". ¿En qué consistió la santidad de San Juan Pablo II?

Los santos carmelitas fueron una inspiración en la vida diaria del Santo Padre. Jan Tyranowski introdujo a muchos jóvenes a la espiritualidad en la calle Tyniecka, en Cracovia; Karol Wojtyła fue uno de ellos. Su padre también tuvo una gran influencia en su vida interior; le inculcó la devoción al Espíritu Santo. El futuro papa aprendió de él a orar por los dones del Espíritu Santo, lo que continuó haciendo hasta el último día de su vida. La comunidad de Wadowice profundizó en la vida religiosa del joven Karol, especialmente en la devoción a la Madre de Dios, la Santa Madre de Kalwaria Zebrzydowska, pero también a Nuestra Señora del Monte Carmelo de Wadowice. La vocación de Wojtyła cristalizó durante la Segunda Guerra Mundial, cuando el terror y el mal casi prevalecían. Fue sacerdote, obispo y cardenal bajo el comunismo. Este fue un período muy difícil para la Iglesia. Estas experiencias fortalecieron su espíritu; confió todo a la providencia de Dios. Vivió el Evangelio. La santidad de San Juan Pablo II fue una confianza ilimitada en Dios y el cumplimiento de su voluntad; fue una completa confianza en la sumisión a María. "*Totus Tuus ego sum et omnia mea Tua sunt. Accipio Te in mea omnia. Praebe mihi Cor Tuum, María*" ("Soy todo tuyo y todas mis cosas te pertenecen. Te pongo en el centro de mi vida. Dame tu corazón, María").

¿Cuánta continuidad hubo entre Karol Wojtyła de Wadowice y Juan Pablo II en el Vaticano?

Juan Pablo II estuvo estrechamente relacionado con la ciudad en la que nació y con su comunidad, en particular con su escuela secundaria, donde se apasionó por el teatro. Hizo amistades en la infancia que duraron toda su vida. Debo decir que fue un verdadero amigo incluso para las personas que no merecían su fidelidad. En Wadowice, respetó y se hizo amigo de los seguidores del judaísmo. Wadowice era una comunidad donde católicos y judíos convivían en armonía. Durante su visita a Tierra Santa, se reunió con la comunidad judía, incluidas algunas personas de Wadowice. En el corazón del Santo Padre, Wadowice permaneció para siempre como su pequeña patria. Debería decir que el ecumenismo de Juan Pablo II tiene sus raíces en Wadowice. Asimismo, su pasión artística comenzó en Wadowice, creció en Cracovia y lo acompañó al Vaticano. Era muy sensible a la belleza del arte, a la música, a las palabras y a las imágenes. Vale la pena señalar que escribió su último poema en Castel Gandolfo. Como Karol Wojtyła y como Juan Pablo II, amaba la naturaleza y amaba las montañas en particular. Siempre era la misma persona; siempre siguió siendo él mismo. Abrazó sus raíces y visitó Wadowice tan a menudo como pudo.

Juan Pablo II fue el papa de la historia que más viajó. Continuó la misión de San Pablo, el Apóstol de las Naciones. ¿Qué fue lo que más le quedó en la memoria del viaje del papa a los Estados Unidos?

El Santo Padre consideró su pontificado un servicio a Dios y a la humanidad. Creía que, como pastor, debía estar con su pueblo, encontrarse con las personas, especialmente en sus propios países. El Santo Padre entendió que era más fácil para él ir a los fieles que para ellos venir a él. Tenía a mano un atlas geográfico marcados con países y diócesis de todo el mundo; cuando los obispos venían a él en visitas *ad limina* (obligatoria cada cinco años*)*, no tenían que recordarle de dónde venían, porque el Santo Padre sabía de memoria sus nombres y a qué diócesis representaban.

Después de visitar México en enero de 1979 y luego su Polonia natal en junio, el nuevo papa decidió ejercer su influencia misionera principalmente a través de viajes apostólicos. Pronto visitó los Estados Unidos, por primera vez de lo que se convirtió en siete veces. Fue una reunión con jóvenes en Denver, lo que dio inicio a las Jornadas Mundiales de la Juventud. Este encuentro, que podría haber sido muy arriesgado para el papa, resultó ser un gran éxito, al menos según los medios de comunicación de todo el mundo. Se comprendió que los jóvenes querían estar con el papa, a quien tomaron como guía espiritual. Además, el Santo Padre agradeció mucho la amabilidad de toda la nación, de todo el pueblo estadounidense, incluidos sus líderes. En particular, cabe señalar su fuerte amistad con el presidente Ronald Reagan. Tanto el papa como el presidente estaban ansiosos por la paz mundial, pero también los unía su interés común por el teatro.

Y llegó el sábado 2 de abril de 2005. En su libro Testimonio, usted recuerda: "En cierto momento, sor Tobiana sintió que él la miraba. Ella acercó la oreja a su boca. Con una voz débil, casi inaudible, el papa dijo: 'Déjame ir a casa con el Señor'".

En ese último día de su vida, el Santo Padre estaba plenamente consciente. Mostró un estado de alerta total y una paz enorme. No hubo drama, solo una gran paz. Y fue el mismo Juan Pablo II quien estableció este estado de ánimo. Se despidió de cardenales, funcionarios de la Curia romana y también de gente común, varios empleados del Vaticano y sus amas de casa. Todos sabíamos que estaba a punto de irse a casa con el Señor. Aproximadamente a las 5:00 pm., los médicos querían ayudarlo de alguna manera, pero el Santo Padre hizo un gesto con la mano y susurró: "Permítanme ir a casa con el Señor". Luego pronunció las palabras que lo habían acompañado a lo largo de su vida: *Totus Tuus*.

Por la noche celebramos misa. Era la misa de vigilia del Domingo de la Divina Misericordia, una solemnidad muy querida por el papa. Una vez más le dimos los últimos ritos y pude darle unas gotas de la Sangre Preciosa de Cristo como viático. Oramos muy despacio y pronunciamos cada palabra claramente para que él pudiera escuchar todo. Como ve, en sus últimos momentos, el Santo Padre volvió a ser lo que básicamente había sido siempre: un hombre de oración. Sabía que iba al Señor. Después de que Juan Pablo II nos dejara, empezamos a cantar el *Te Deum*. Queríamos dar gracias a Dios por el don que nos había dado, el don de la persona del Santo Padre, de Karol Wojtyła.

¿Qué necesitamos para construir una civilización del amor?

Necesitamos respeto por los demás seres humanos, especialmente por los pobres y los que sufren. Necesitamos resolver las dificultades a través del diálogo, no a través de la competencia y la fuerza. Debemos creer que la paz construye, pero el odio y la incomprensión llevan a los conflictos armados, que al final siempre dañan a las personas.

La oración realmente puede cambiar tu vida, porque desvía tu atención de ti mismo y dirige tu mente y tu corazón hacia el Señor. Si nos miramos solo a nosotros mismos, con nuestras propias limitaciones y pecados, rápidamente damos paso a la tristeza y al desánimo. Pero si mantenemos los ojos fijos en el Señor, entonces nuestros corazones se llenan de esperanza, nuestras mentes se lavan con la luz de la verdad y llegamos a conocer la plenitud del Evangelio con toda su promesa y vida.

Juan Pablo II

CARDENAL CAMILLO RUINI

La estrecha asociación del cardenal Ruini con el papa Juan Pablo II se remonta a mediados de la década de 1980. En 1986 fue nombrado secretario general de la Conferencia Episcopal Italiana y luego se convirtió en su presidente en 1991. Más significativamente, ese mismo año el papa lo nombró vicario general de la diócesis de Roma. Los dos hombres hicieron juntos 192 viajes al extranjero.

¿Cómo recuerda Su Eminencia la elección del cardenal Karol Wojtyła como el papa número 264 de la Iglesia Católica, obispo de Roma y sucesor de Pedro?

Recuerdo bien ese día: escuché en la televisión el anuncio de que el humo blanco había salido de la chimenea de la Capilla Sixtina. Poco después, el cardenal Felici anunció la elección del cardenal Wojtyła, un nombre que yo desconocía; luego agregó que el pontífice electo era el arzobispo de Cracovia. Comprendí que era de Polonia. Cuando el nuevo papa habló desde el balcón, sentí una simpatía inmediata por él. Desde el principio estuve contento con su elección. Yo tenía 47 años, mayor en ese momento, y todavía ni siquiera era un obispo.

Juan Pablo II fue el primer papa no italiano en cientos de años. ¿Cómo lo recibieron los italianos?

Sin duda fue una gran sorpresa para los italianos. Estaban confundidos por el hecho de que el papa no era italiano, pero una gran mayoría de la gente se sintió inmediatamente conectada con él por su encanto, la fuerza de su fe y la agudeza de su mensaje.

¿Cuándo se encontró con Juan Pablo II por primera vez? ¿Cuál fue su primera impresión del papa polaco?

Lo conocí en el otoño de 1984. Yo era obispo auxiliar de la diócesis de Reggio Emilia-Guastalla. Yo había sido elegido como uno de los tres vicepresidentes del Comité Preparatorio de la Conferencia Eclesial de Loreto, que estaba prevista para el próximo mes de abril. Por lo tanto, a menudo venía a Roma para las reuniones de este comité. Un amigo mío, monseñor (ahora cardenal) Giovanni Battista Re, asesor de la Secretaría de Estado, me dijo que el papa me había invitado a cenar. Estaba muy sorprendido, pero muy feliz. Durante la cena, el papa me hizo muchas preguntas sobre mi preparación para la conferencia.

Respondí con franqueza, sin ocultar ninguna dificultad o preocupación. Inmediatamente comprendí que el Santo Padre estaba complacido con mi honestidad. Después de eso lo vi varias veces antes de la conferencia. El papa me causó una gran impresión. Me impresionó su inteligencia, su cordialidad y la fe y fortaleza mental que mostró.

Juan Pablo II lo eligió para ser vicario papal de la diócesis de Roma. ¿Cómo sucedió esto?

Creo que el nombramiento se fue materializando poco a poco. Un año después de la Convención de Loreto, el papa quería que yo fuera secretario general de la Conferencia Episcopal Italiana. Durante cinco años desempeñé un papel importante allí, mientras que el cardenal Ugo Poletti era el vicario papal de la diócesis de Roma y presidente de la Conferencia Episcopal Italiana. Cuando el cardenal alcanzó la edad de jubilación, Juan Pablo II me eligió como su sucesor en ambos cargos. Me lo comunicó personalmente, con un poco de antelación, y me dio algunos consejos sobre cómo llevar a cabo esas tareas.

¿Cuál de las encíclicas de Juan Pablo II es particularmente querida para usted y por qué?

Dives in Misericordia: esta es una encíclica que expresa no solo el pensamiento, sino también la actitud personal y el comportamiento concreto de Juan Pablo II, como tuve la oportunidad de experimentar en los 20 años de mi cercano servicio a él. Karol Wojtyła fue verdaderamente "rico en misericordia". Sabía comprender y perdonar a los que estaban en su contra, a los que lo obstaculizaban y hasta a los que trataban de denigrarlo. Con frecuencia me sorprendía por su extraordinaria capacidad de perdonar, fruto de su santidad.

Parte de la misión del papa polaco fue su capacidad para escuchar a Dios y a otras personas...

Juan Pablo II vivió delante de Dios; él le pertenecía totalmente. Las palabras *Totus Tuus* que dirigió a María describen también su relación con Dios. Su relación con Dios explica su relación con los demás. Prestó atención a las personas, especialmente a las que necesitaban ayuda, y expresó su preocupación por ellas, en particular por los más pobres y privados de libertad.

¿Qué papel jugó la oración en la vida de Juan Pablo II?

La oración era el centro y alimento de su vida diaria. Juan Pablo

II se sumergió espontáneamente en la oración cada vez que tenía un momento libre, incluso en ambientes desfavorables como la cabina de un helicóptero. A menudo pasaba varias horas en oración por la noche, o postrado en el suelo de su capilla. Consideró la oración la tarea más importante del papa ante Dios, por el bien de la Iglesia y de la humanidad.

¿Qué es lo que más extraña de Juan Pablo II?

Extraño su presencia visible, su guía y su ejemplo. Pero sé que está presente en el misterio del amor de Dios y me encomiendo con plena confianza a su intercesión: lo considero mi segundo patrón, después de san Camilo de Lellis.

¿Cuál es el mensaje de Juan Pablo II que debe formar las próximas generaciones en la Iglesia y en toda la humanidad?

Hay muchas palabras de este gran papa que son válidas para el futuro. Quisiera recordar al menos dos. Una, del inicio de su pontificado: "No tengan miedo. Abran, más aún, abran de par en par a Cristo las puertas de sus vidas". A continuación, las palabras de su primera encíclica, *Redemptor Hominis*: "Jesucristo es el camino principal de la Iglesia. Él mismo es nuestro camino 'a la Casa del Padre' y es el camino hacia cada hombre. En este camino que lleva de Cristo al hombre, en este camino en el que Cristo se une a cada hombre, nadie puede detener a la Iglesia".

El fenómeno global de la Jornada Mundial de la Juventud fue iniciado por San Juan Pablo II. ¿Cuál fue el mensaje del papa a los jóvenes?

Crean en Jesucristo con toda su mente, ámenlo con todo su corazón, construyan su vida con él, sean sus auténticos testigos y sean hermanos en Cristo, sin importar las diferencias de nacionalidad.

¿Cómo respondería a quienes en los últimos tiempos han cuestionado la santidad de Juan Pablo II?

Creo que cualquiera que cuestiona su santidad está cegado por el prejuicio y no sabe lo que dice. Me duele especialmente escuchar las palabras de crítica de los católicos que plantean dudas de este tipo.

¿Qué necesitamos para construir una civilización del amor?

Sobre todo, necesitamos la gracia de Dios y, en virtud de esta gracia, la capacidad de amar y actuar por amor, en nuestra vida personal y pública como cristianos y ciudadanos.

CARDENAL GERHARD LUDWIG MÜLLER

Prefecto emérito de la Congregación para la Doctrina de la Fe. De 2012 a 2017 fue presidente de la Comisión Pontificia Bíblica y de la Comisión Teológica Internacional.

¿Cómo empezó su camino con San Juan Pablo II?

Cuando Juan Pablo II fue elegido papa inesperadamente el 16 de octubre de 1978, la gente dijo con alegría y orgullo: ese es el cardenal de Cracovia, quien había visitado anteriormente al obispo (luego cardenal) Hermann Volk en Maguncia, y como parte del acercamiento y reconciliación germano-polacos, recibió allí, en 1977, un doctorado honorario de la Facultad de Teología Católica de la Universidad Johannes Gutenberg. Como sacerdote recién ordenado, yo estaba celebrando la Santa Misa cuando me colocaron una nota en el altar. En ella estaba el nombre del nuevo papa, elegido en honor a Juan Pablo I, quien se había convertido en papa ese mismo año y fue llamado a la casa del Padre Celestial después de un pontificado de solo 33 días.

¿Qué significó para usted Juan Pablo II? ¿Cómo influyó en su vida personal y profesional?

Los primeros 27 años de mi servicio sacerdotal estuvieron durante su pontificado. Y así experimenté su trabajo con plena conciencia teológica como capellán, profesor de teología y obispo. Después de las muchas experiencias deprimentes del Vaticano II, malinterpretadas por algunos, él fue la fuente inspiradora de una nueva autoconfianza católica. Somos —como decía *Gaudium et Spes*— la Iglesia en el mundo de hoy, pero precisamente como Iglesia de Cristo, que es el sacramento de la salvación del mundo. El Sucesor de Pedro une a los creyentes una y otra vez en la confesión de "Cristo, el Hijo del Dios vivo" (Mt 16,16). Porque Dios creó al hombre a su imagen y semejanza, el hombre es el camino de la Iglesia en el mundo moderno. En esto, Juan Pablo II es un modelo a seguir en nuestro compromiso con la vida y la dignidad de los no nacidos, los enfermos, los ancianos y los moribundos.

¿Hubo algún encuentro o conversación en particular con Juan Pablo II que le haya marcado de manera especial?

Como miembro de la Comisión Teológica Internacional y asesor de tres Sínodos de Obispos, fui invitado regularmente a sus misas en el Palacio Apostólico y a discusiones durante el almuerzo. Siempre admiré su interés por cada uno de sus visitantes y su excelente conocimiento de la vida de la Iglesia y de la teología en cada país. Cuando hice mi visita inaugural con él, como nuevo obispo de Ratisbona, estaba encantado con el lema *Dominus Jesus* en mi escudo de armas. La declaración del mismo nombre de la Congregación para la Doctrina de la Fe sobre la unicidad de Cristo como mediador de la salvación, comienza con esta original confesión apostólica de Cristo. Porque es el Hijo de Dios, idéntico en naturaleza al Padre, que bajó del cielo para nuestra salvación y aceptó nuestra humanidad de su madre María; él es quien nos redimió en la cruz y abrió la puerta del cielo en su resurrección entre los muertos.

¿En qué área de trabajo colaboró con Juan Pablo II?

Cooperé con el difunto papa en la Comisión Teológica Internacional, donde participé en los documentos relacionados con la solicitud de perdón en el Año Santo 2000 y la declaración sobre el diaconado.

¿Qué significó para Alemania la elección de un papa de Polonia?

A diferencia de Polonia, Alemania ha sido un país dividido en sus denominaciones, culturalmente antípoda y políticamente desgarrado durante 500 años. Los católicos alemanes, que podían verse representados por el cardenal Ratzinger, estaban doblemente encantados con la elección de Karol Wojtyła. Lo admiramos por soportar la persecución atea de los nacionalsocialistas y los comunistas (de 1939 a 1989), pero también como constructor de puentes entre las naciones alemana y polaca. Por esto, y por su compromiso con los derechos humanos universales y la naturaleza cristocéntrica de su piedad, Juan Pablo II también impresionó a muchos protestantes devotos. A sugerencia suya, durante la visita apostólica a Maguncia en 1980, lanzamos un proyecto de estudio sobre las persistentes controversias doctrinales entre protestantes y católicos. Entonces se podría llegar a un entendimiento de largo alcance, especialmente sobre la doctrina de la justificación, que provocó la separación de las iglesias en Occidente hace 500 años. Durante la visita apostólica, yo mismo asistí a la Santa Misa en un antiguo aeródromo junto con 200.000 personas y su recuerdo aún hoy me anima.

¿Cuál fue la importancia del pontificado de Juan Pablo II para la Iglesia alemana?

No se puede hablar de una Iglesia alemana, polaca o estadounidense en un sentido nacional. Porque Cristo fundó solo la única Iglesia que abarca a todas las naciones e idiomas y las une en la fe, la esperanza y el amor. La Iglesia católica es una sola en todo el mundo, pero con la proclamación del Evangelio, la ley moral natural y la doctrina social, también tiene un efecto positivo en los pueblos y estados en los que está presente. En Alemania, la situación ecuménica es particularmente tensa. En este entorno secularizado, es importante ser fieles a la fe católica y, al mismo tiempo, testimoniar y ejemplificar la fe común en el Dios uno y trino, la Encarnación y la esperanza de la vida eterna.

¿Cómo respondió el pueblo alemán a las enseñanzas de Juan Pablo II?

Se sabe que las reacciones a muchas de sus intransigentes luchas contra el aborto y por la regulación natural de la concepción según la *Humanae Vitae* fueron criticadas o directamente desdeñosas. Pero tenía razón en todos estos aspectos. En gran medida, desde la perspectiva contemporánea, la sexualidad es tratada solo como una mercancía y el hombre es un consumidor de sexo y no una persona que, en la devoción y el sacrificio, se une amorosamente a la persona del otro en el vínculo conyugal. Juan Pablo II tenía razón al apoyar esta última visión.

¿Cree que Karol Wojtyła como papa continuó el espíritu de la famosa carta de 1965 del episcopado polaco a los obispos alemanes: "Los perdonamos y suplicamos perdón"? ¿Continuó el proceso de reconciliación?

¿Quién hizo más por la reconciliación germano-polaca que él? Junto con el cardenal Ratzinger, quien luego se convirtió en el papa Benedicto XVI, no solo es un modelo a seguir, sino también el signo perdurable de que un nuevo comienzo es posible cuando las personas no están cegadas por el odio del diablo, sino formadas por la gracia de Cristo.

¿Cuáles de las encíclicas de Juan Pablo II son las declaraciones papales más destacadas de las enseñanzas más importantes del pontífice?

Para mí, como teólogo, considerando la necesidad de una respuesta racional a la crítica moderna del cristianismo, los aspectos intelectuales más destacados del pontificado de Juan Pablo II son las encíclicas *Fides et Ratio* (1998) y *Veritatis Splendor* (1993). Ambas se refieren al fundamento de la moralidad en la razón natural y en la verdad revelada. La falsa dicotomía entre teología y pastoral, que está en boga, contradice su raíz común en Cristo, el Logos encarnado (la palabra y razón de Dios) y en Jesús, el buen pastor (el pastor) que dio su vida por sus ovejas.

El 1 de mayo de 2011, Juan Pablo II fue beatificado por el papa Benedicto XVI. ¿Cuál es la importancia de la beatificación y canonización para usted, la Iglesia y el mundo?

La canonización siguió la petición del pueblo de Dios, a través del cual Dios mismo habló a su Iglesia. La canonización no es un monumento que la gente levanta a sus héroes y que vuelven a derribar cuando sopla otro viento político. Aquí el Espíritu Santo manifestó por boca de la Iglesia la santidad de Juan Pablo II, que le fue otorgada en un heroico grado de virtud —y confirmada por milagros ocurridos por su intercesión— sobre la base de la gracia. Es un modelo a seguir para todo cristiano. Los futuros papas harían bien en encomendarse a su intercesión y seguir el ejemplo de su concepción del ministerio de Pedro. Lo que es el papa y cómo se juzga su ministerio no lo decide la opinión pública con sus criterios mundanos y mediocráticos. Lo decide el mismo Cristo, que confió a Pedro la responsabilidad principal de hacer que su Iglesia dependa de la "verdad del Evangelio" (Gal 2,14).

¿Cuáles de las enseñanzas de San Juan Pablo II sobre la familia son especialmente relevantes hoy?

Juan Pablo II no presentó sus propias enseñanzas originales sobre el matrimonio y la familia, sino que solo actualizó las enseñanzas de Cristo para que pudieran entenderse mejor e implementarse en las condiciones espirituales y culturales del mundo de hoy. *Familiaris Consortio* (1981) y sus catequesis sobre el amor humano en el plan divino de salvación, conocidas como "teología del cuerpo" (1979-1984), son de gran importancia para el presente y el futuro.

¿Qué necesitamos para construir una civilización del amor?

Nunca debemos olvidar que el amor no puede ser solo un programa o incluso un llamamiento moral general. Amor significa participación activa en la vida de Dios uno y trino, que es amor en la relación de las tres personas divinas y que llena nuestros corazones del Espíritu del Padre y del Hijo. Solo cuando miramos la autohumillación (kenosis) del Hijo de Dios en su nacimiento como ser humano y la vergonzosa y brutal muerte en la cruz, comenzamos a sentir qué poder demoledor y transformador del mundo es el amor de Dios, cómo nos capta, y manda a amarlo sobre todas las cosas y amar al prójimo tanto como a nosotros mismos. Vivimos en una época de proyectos de desprecio individual de un nuevo orden mundial, el Gran Reinicio, de acuerdo con el espíritu de las "élites" radicalmente impías. Propagan engañosamente la tolerancia y el pluralismo a expensas de la verdad de Dios y de la dignidad incondicional del hombre, que excluye el aborto y la eutanasia, y la perversión del amor conyugal entre hombre y mujer que las élites sustituirían por cualquier forma de relación sexual. ¡Ay de aquellos que—como hizo Esaú una vez—"venden" la primogenitura de la verdad revelada y el amor de Dios por la conveniencia de compañerismo político (Gn 25:31), o incluso al Señor por las "30 monedas de plata" de Judas. En nuestro tiempo eso significa donaciones de dinero de los llamados filántropos y el aplauso de los grandes medios de comunicación para impulsarnos a "traicionar" y "entregar" la fe al relativismo espiritual y moral (Mc 14,10). No es el dinero, el prestigio y el poder lo que salva al mundo, sino la obediencia al mandamiento de Dios: "Quien ama a Dios, ame también a su hermano" (1 Jn 4,21). Este es el legado de San Juan Pablo el Grande, a cuya intercesión queremos encomendarnos a nosotros mismos, a la Iglesia y al mundo entero: "Por ahora, quedan la fe, la esperanza y el amor, estos tres; pero el mayor de ellos es el amor" (1 Cor 13,13).

CARDENAL ANGELO COMASTRI

Arcipreste emérito de la Basílica de San Pedro, vicario general emérito de Su Santidad para el Estado de la Ciudad del Vaticano y presidente emérito de la Fábrica de San Pedro.

Eminencia, ¿cuándo y cómo comenzó su camino con Juan Pablo II?

Me encontré con Juan Pablo II por primera vez en una audiencia privada el 11 de marzo de 1991. Yo había sido obispo de Massa Marittima-Piombino durante solo cinco meses. Por lo tanto, no tenía un informe listo para entregar al papa sobre las actividades de la diócesis. El encuentro fue muy amistoso y la conversación fue completamente relajada. En cierto momento me permití decirle: "¿Puedo hacerle una pregunta discreta?". El papa sonrió y respondió: "¡También puede hacer una pregunta indiscreta!". La pregunta era: "Santo Padre, ¿cómo hizo para volver a la plaza de San Pedro después del terrible atentado del 13 de mayo de 1981? ¡Yo hubiera tenido mucho miedo!". El papa me miró un poco sorprendido y me dijo: "¿Y cree que no tuve miedo? Por supuesto que tenía miedo, pero recuerda que valiente no es el que no tiene miedo. ¡Todos tenemos algunos miedos! Los valientes son aquellos que a pesar de sus miedos siguen adelante con la misión que Jesús les ha encomendado. Así que lo hice y lo sigo haciendo". Me impresionó mucho su respuesta y comprendí que Juan Pablo II vivía abandonándose en las manos de Jesús y confiando en la protección materna de María.

Se encontró varias veces con Juan Pablo II. ¿Qué clase de persona era él?

Cuando Madre Teresa de Calcuta murió el 5 de septiembre de 1997, Juan Pablo II dijo: "Madre Teresa fue una ventana abierta, a través de la cual Jesús miró y sonrió al mundo, y dio confianza y esperanza a muchas personas". Las mismas palabras pueden definir a Juan Pablo II.

Usted fue uno de los colaboradores más cercanos de Juan Pablo II. ¿Podría contarme un poco sobre su trabajo con el papa y su relación de trabajo con él?

Juan Pablo II fue como un padre para mí. Sentí su amor paterno y me siento agradecido por su confianza en mi pobre persona. Cada vez que me encontraba con él compartía conmigo la serenidad, la fuerza y la alegría de creer en Jesús. ¡Juan Pablo II era un santo y lo sentí!

¿Cuál de las encíclicas de Juan Pablo II, en su opinión, es la más importante y por qué?

Las encíclicas de Juan Pablo II son como rayos de luz en la confusión y el trauma de la sociedad contemporánea. Juan Pablo II tuvo el valor de decir la verdad incluso cuando era incómoda, incluso cuando era impopular: supo pagar el precio de la fidelidad a Jesús. ¡Qué maravilloso ejemplo nos dejó! Es difícil elegir entre todas las encíclicas, pero las más relevantes hoy en día son *Familiaris Consortio* (sic; se trataba de una exhortación apostólica), 22 de noviembre de 1988 y *Evangelium Vitae*, 25 de marzo de 1995. En la primera, Juan Pablo II defiende a la familia, porque la familia manifiesta un plan muy definido de Dios expresado claramente en el cuerpo del hombre y de la mujer. Por lo tanto, quien lucha contra la familia, lucha contra Dios y prepara un futuro condenado para la humanidad. ¡Y ya ves algo así! La segunda encíclica defiende la inviolabilidad de la vida humana desde la concepción hasta la muerte. En una sociedad "asesina" como la nuestra, Juan Pablo II es una voz de civilización.

Juan Pablo II fue conocido por su gran sentido del humor. ¿Le gustaría compartir alguna anécdota o broma del Santo Padre?

Me limitaré a recordar una broma que me compartió en el año 2000. Había algunos malos e injustos rumores sobre el Jubileo del 2000 y Juan Pablo II comentó: "Cuántos chismes se escuchan y cuántas críticas hay que soportar, sin ningún fundamento. El Señor creó los huesos del hombre para que pudiera ponerse de pie fácilmente, ¡pero no puso ningún hueso en su lengua! ¡Tal vez debería haber algunos huesos en la lengua, por lo que un poco de artritis sería suficiente para silenciar a algunas personas que siempre están listas para susurrar chismes!".

El sufrimiento humano, el sufrimiento inesperado, el sufrimiento que pregunta a Dios "¿por qué?": todo esto forma el tema del Libro de Job. ¿Cómo ve este tema en la enseñanza de Juan Pablo II?

Juan Pablo II era un hombre de fe, y supo que fuimos redimidos por el sacrificio de la Cruz: un sacrificio que Jesús llenó con amor. Con el amor llevado al límite, Jesús abrió en la historia el camino del amor de Dios que salva a la humanidad. Debemos seguir el mismo camino: ¡esto lo entienden bien los santos como él!

Hace algún tiempo usted decía: "Estoy personalmente convencido de que el período más fructífero del pontificado de Juan Pablo II fue el de su prolongada enfermedad". ¿Podría ampliar estas palabras?

Durante su enfermedad, un periodista francés comentó: "Aunque Juan Pablo II es ahora menos eficiente, ¡nunca ha sido más eficaz! Su persona arroja luz". Y, con motivo del atentado en la Plaza de San Pedro, el gran periodista Indro Montanelli observó: "Al perdonar a su agresor, Juan Pablo II nos mostró el sentido del Evangelio y la fuerza que vence al mal: el bien está siempre dispuesto a manifestarse a sí mismo".

¿Cuál de los mensajes de Juan Pablo II para los jóvenes debería orientar a las generaciones futuras?

Durante la Jornada Mundial de la Juventud en Canadá, en 2002, Juan Pablo II dio a los jóvenes este sabio y poderoso mensaje: "No sean como los caracoles que dejan un rastro de baba; basta una llovizna para borrarlo. Todos deben dejar un rastro de bien; nadie podrá borrar jamás su bien". Hoy, esas palabras ofrecen un criterio para evaluar a muchas personas que ocupan cargos públicos; ¡dentro de unos años, sus palabras serán borradas porque están vacías!

¿Qué necesitamos para construir una civilización del amor?

Por varias razones, es necesario volver de la periferia de la acción a la fuente de la acción, que es la contemplación. Ha habido, en nuestro tiempo, una explosión de acción externa a expensas de la reflexión interna. Charles de Foucauld ya dijo: "Si no hay vida interior, por grande que sea el celo, la buena intención, el trabajo duro, ningún fruto darán". En la encíclica *Redemptoris Missio*, Juan Pablo II, con gran claridad, escribió: "Hoy la tentación es reducir el cristianismo a la mera sabiduría humana, una pseudociencia del bienestar. En nuestro mundo fuertemente secularizado, se ha producido una "secularización gradual de la salvación", de manera que se lucha por el bien del hombre, pero del hombre truncado, reducido a su dimensión meramente horizontal" (11). Y, para vencer la tentación de secularizar la salvación, el papa Juan Pablo II nos recuerda: "La llamada a la misión deriva, por su propia naturaleza, de la llamada a la santidad: la santidad debe ser llamada una presuposición fundamental y condición insustituible para realizar la misión de salvación en la Iglesia" (90). Y continúa:

> El renovado impulso a la misión "ad gentes" exige misioneros santos. No basta con actualizar las técnicas pastorales, organizar y coordinar

los recursos eclesiales, o profundizar en los fundamentos bíblicos y teológicos de la fe. Lo que se necesita es el estímulo de un nuevo "ardor por la santidad" entre los misioneros y en toda la comunidad cristiana, especialmente entre aquellos que trabajan en estrecha colaboración con los misioneros.

¡No podría ser más claro que eso! San Juan Enrique Newman, a quienes le preguntaban qué era lo más urgente para la Iglesia, sin dudar respondía: "¡La santidad, primero! ¡Santidad, ante todo!".

Digo esto, también, a los Estados Unidos de América: hoy, en nuestro mundo tal como es, muchas otras naciones y pueblos lo ven como el principal modelo y patrón para su propio avance en la democracia. Pero la democracia necesita sabiduría. La democracia necesita la virtud, si no quiere volverse contra todo lo que debe defender y alentar. La democracia se sostiene con las verdades y los valores que encarna y promueve, o cae... La democracia sirve a la verdad y al derecho cuando salvaguarda la dignidad de toda persona humana, cuando respeta los derechos humanos inviolables e inalienables, cuando hace del bien común el fin y el criterio regulador de toda la vida pública y social. Pero estos valores en sí mismos deben tener un contenido objetivo. De lo contrario, corresponden solo al poder de la mayoría, o a los deseos de los que más hablan. Si una actitud de escepticismo lograra cuestionar incluso los principios fundamentales de la ley moral, el sistema democrático mismo se vería sacudido en sus cimientos (cf. Juan Pablo II, Evangelium Vitae). Estados Unidos posee una salvaguarda, un gran baluarte, contra este acontecimiento. Me refiero a sus documentos fundacionales: la Declaración de Independencia, la Constitución, la Declaración de Derechos. Estos documentos se basan y encarnan los principios inmutables de la ley natural, cuya verdad y validez permanentes pueden ser conocidas por la razón, porque es la ley escrita por Dios en los corazones humanos (cf. Rom 2, 25).

Juan Pablo II

CARDENAL PÉTER ERDŐ

Cardenal-arzobispo de Esztergom-Budapest y primado de Hungría. En 1999, Juan Pablo II lo nombró obispo titular de Puppi y auxiliar de Székesfehérvár; fue consagrado obispo el 6 de enero de 2000. Dos años más tarde, fue designado en sus cargos actuales. El cardenal Erdő fue fundador y copresidente del Foro Europeo Católico-Ortodoxo. Ha publicado una serie de obras culturales y espirituales. También ha recibido varios premios y distinciones.

Su Eminencia, ¿en qué circunstancias se encontró con Juan Pablo II por primera vez? ¿Cuál fue su impresión inicial de él?

Vi a Juan Pablo II por primera vez justo después de convertirse en papa. En el otoño de 1978, yo estaba en la Plaza de San Pedro cuando se anunciaron los resultados de la elección papal y se presentó al pontífice a la ciudad y al mundo. Por lo tanto, esperaba con entusiasmo escuchar su primer discurso. Fue muy poderoso, un presagio muy alentador, lleno de alegría y esperanza. Esta no fue una reunión personal, sino una audiencia masiva. Lo vi y escuché su voz mientras estaba entre la multitud. Más tarde, el cardenal Lékai nos invitó —a un grupo de sacerdotes— a un encuentro privado con el papa. El cardenal nos presentó al pontífice a cada uno de nosotros individualmente. Percibí que el Santo Padre estaba muy interesado y atento.

Se puede decir que Juan Pablo II influyó mucho en su vida personalmente. Háblenos de Karol Wojtyła como hombre y como cabeza de la Iglesia Católica.

El papa Juan Pablo II no fue simplemente una muy buena persona, sino extraordinaria. Tenía un aura que podías sentir incluso sin verlo; sabías que el papa estaba allí una vez que entraba en una habitación. Infundía respeto e inspiraba amor. Creo profundamente que tenía habilidades especiales y una intuición asombrosa. Después de que fui nombrado arzobispo, fui a darle las gracias personalmente. Pensé de antemano que, en ese momento, yo le mencionaría temas que parecían importantes para los húngaros. Ni siquiera había comenzado a hablar cuando él mismo mencionó los temas. No creo que nadie lo haya preparado para eso. A través de su persona, sentimos que Cristo quería cuidar de nosotros.

En 2003, dos años antes de la muerte del papa, usted recibió de sus manos
el capelo cardenalicio con el título de Presbítero S. Balbinae. ¿Qué signi-
ficó este honor para usted personalmente? ¿Qué significó para los católicos?

El hecho de que el Santo Padre ya me hubiera nombrado cardenal, después de mi anterior nombramiento como arzobispo de Esztergom-Budapest, significaba que conocía la tradición de la comunidad y
de todo el pueblo húngaro. La Basílica de Santa Balbina es una iglesia
muy antigua. También está conectada con la historia católica magiar.
El primer cardenal húngaro fue enterrado allí en el siglo XIII.

Cuéntenos sobre el régimen del bolchevique Béla Kun en Hungría después
de la Primera Guerra Mundial, y sobre el cardenal Mindszenty, líder
de la Iglesia católica en Hungría entre 1945 y 1973, quien personificó la
oposición intransigente al fascismo y al comunismo.

En 1918, Hungría perdió la Primera Guerra Mundial como parte del
Imperio austrohúngaro. La república fue proclamada en noviembre de
1918, pero prevaleció la anarquía. Las potencias occidentales se negaron
a reconocer un gobierno liberal de izquierda en Hungría. Ellos aproba-
ron una anexión y una ocupación militar de gran parte de nuestro país.
La nación cayó en la desesperación. En esta situación, los liberales de
izquierda entregaron voluntariamente el poder a los comunistas, quienes
introdujeron un reino de terror revolucionario y comenzaron a perseguir
a la Iglesia. En 1919, muchos sacerdotes dieron su vida por su vocación.
Fue entonces cuando, siendo un joven capellán, József Mindszenty
fue encarcelado por primera vez por los rojos. En 1944, fue arrestado
nuevamente por los nazis. En 1948, los comunistas lo encarcelaron y
recuperó su libertad solo durante la insurrección húngara de 1956. Luego,
Mindszenty solicitó asilo en la embajada estadounidense en Budapest,
donde vivió durante más de 14 años. Fue un ejemplo vivo de valentía.

Reflexione brevemente sobre la relación entre la Iglesia húngara y el
régimen comunista en 1978.

En 1964, la Santa Sede y la República Popular de Hungría firmaron
un acuerdo parcial. Esto ha sido criticado por muchos pero, en mi
opinión, finalmente produjo algunos resultados positivos a lo largo de
los años. Tras la elección del papa polaco, Juan Pablo II no reemplazó
al arzobispo Agostino Casaroli, sino que lo promovió, nombrándolo
cardenal secretario de Estado. Este proceso de relajación entre la Santa
Sede y el estado húngaro permitió que las relaciones continuaran.

¿Cómo reaccionó Hungría ante la elección de un papa de un país comunista?

Los católicos húngaros acogieron con gran regocijo la elección del cardenal Karol Wojtyła como papa. Un colega sacerdote dijo: "El papa mostró al cardenal Péter Erdő el valor del Espíritu Santo". Por supuesto, las autoridades estatales reaccionaron a la noticia con mucha cautela. Se intuía que tenían miedo del nuevo papa.

Juan Pablo II fue el primer papa de la historia en visitar Hungría. Visitó Hungría dos veces, en 1991 y 1996. Como sabemos, Hungría es una nación secularizada. ¿Qué emociones suscitó el papa polaco en Hungría?

El primer viaje de San Juan Pablo II a Hungría trajo un mensaje de transformación sistémica y libertad. Animó y guió a todo nuestro pueblo, especialmente a la Iglesia húngara y su episcopado. Algunos grupos liberales inicialmente se molestaron con su llegada, pero no eran voces fuertes. Fue durante la misa papal en Budapest cuando llegó desde Moscú la noticia de un golpe de Estado. El papa y la multitud masiva que lo acompañaba confiaban en que el comunismo al estilo soviético no regresaría.

Juan Pablo II beatificó a varios húngaros, incluidos Vilmos Apor (1997), Tódor Romzsa (2001), László Battyhány-Strattmann y Márk Aviánói (2003) y el rey Carlos IV (2004). El papa polaco también dio a los húngaros sus santos: en 1989, Inés de Bohemia (prima del rey Andrés II de Hungría); en 1995, los Santos Mártires de Košice; en 1997, Eduviges de Anjou, reina de Polonia (hija del rey Luis I de Polonia y Hungría); en 1999 Kinga (hija del rey Béla IV de Hungría). ¿Qué significado tuvieron estos eventos para los húngaros, católicos y no católicos por igual?

La Iglesia húngara acogió con gran alegría la beatificación y canonización de aquellas excelentes personas que estaban conectadas con nuestro país y nuestro pueblo. Los no católicos evitaron cualquier objeción seria, contribuyendo a una especie de consenso nacional sobre el tema.

El 25 de julio de 2001, Juan Pablo II envió al cardenal László Paskai, entonces primado de Hungría, una Carta Apostólica con motivo del 1.000 aniversario del bautismo magiar. Por favor, reflexione brevemente sobre esta carta.

Esta carta celebraba el "milenio húngaro", comenzando con el glorioso acontecimiento del bautismo de los húngaros. En el esplendor de la basílica de Esztergom, el mismo lugar donde tuvieron lugar las coronaciones reales, se reunieron, profundamente agradecidos, el presidente de Hungría, el primer ministro de la República, representantes del Gobierno y del Parlamento, junto con los magistrados de Esztergom, una multitud de fieles y muchos líderes políticos.

La carta apostólica habla de la antigua corona de San Esteban (István), que es el símbolo de la identidad nacional húngara, de nuestra historia y de la cultura milenaria de nuestro país. La corona es venerada como reliquia por el pueblo. Al mismo tiempo, tiene un profundo significado espiritual, ayudando a la generación actual a construir un futuro lleno de valores significativos sobre los cimientos de las instituciones cristianas. San Esteban vio la corona no solo como un honor, sino también como una responsabilidad. La corona debía proteger y desarrollar a su pueblo en el espíritu de la cultura humana y divina. El papa polaco recordó también a la familia del rey Esteban, verdaderamente destacada por su santidad. La casa de Árpád ha dado a la Iglesia innumerables santos y beatos.

El pontífice nos llamó a respetar el valor de la vida familiar y la importancia de la educación. Nos advirtió que una concepción reduccionista del hombre inevitablemente causa graves perjuicios al desarrollo humano. San Esteban está representado en el arte sosteniendo la corona sagrada en sus manos, mientras dedica el reino y su pueblo a la "Gran Señora de los Húngaros". El pueblo húngaro se adhiere con tanta fuerza a este acto de entrega, que la devoción mariana se ha convertido en una característica nacional. En su Carta Apostólica, el papa mencionó la Santa Misa celebrada en Budapest en la Plaza de los Héroes, cuando renovó la sumisión de Hungría a la "Gran Señora de los Húngaros" junto a todo el pueblo húngaro. Al final de su carta, el papa encomendó a nuestro país, así como a nuestros líderes eclesiásticos y civiles, a la protección de la Santísima Virgen María y pidió su guía en el camino de la virtud cristiana, la solidaridad y la paz.

¿Cómo se cultiva hoy en Hungría el legado de San Juan Pablo II?
Hay muchas imágenes y estatuas del papa Juan Pablo II en Hungría. También dedicamos en Budapest una capilla en su honor. Varias instituciones y escuelas católicas llevan su nombre. Sus escritos papales fueron publicados en traducción húngara. Necesitamos la ayuda del Espíritu Santo y la valentía que manifestó San Juan Pablo II.

OBISPO SŁAWOMIR ODER

Postulador de la causa de beatificación y canonización de Juan Pablo II y de la causa de beatificación de sus padres, Emilia y Karol Wojtyła. Exvicario judicial del Tribunal de Apelaciones del Vicariato de Roma; expresidente de la Corte de Apelaciones del mismo Vicariato; juez del Tribunal Episcopal de la diócesis de Toruń en Polonia; y padre espiritual de los sacerdotes de la diócesis de Toruń. El 11 de marzo de 2023 fue ordenado obispo de Gliwice, Polonia.

> No hay lugar para la rutina en la vida;
> hay tiempo para dejar que Dios te sorprenda...

Obispo, díganos qué le dejó la impresión más profunda de sus encuentros con Juan Pablo II.

Tuve varios encuentros con Juan Pablo II. Mi primer encuentro con él tuvo lugar el día en que fue elegido obispo de Roma y cabeza de la Iglesia Católica Romana. Fue un encuentro espiritual. Tenía 18 años en ese momento y necesitaba decidir sobre mi futuro. Inmediatamente después de graduarme de la escuela secundaria, planeé convertirme en seminarista. Entonces Karol Wojtyła se convirtió en papa. Recuerdo el gran entusiasmo. Sin embargo, cambié de opinión y me dije: "No entraré al seminario". ¿Pero por qué? Tenía miedo de que esta elección fuera dictada por mis emociones. Paradójicamente, la elección de Wojtyła como obispo de Roma afectó mi decisión. Sin embargo, Dios encontró la manera de tomar mi mano y llevarme a donde él quería: en este caso, al seminario.

Mi siguiente encuentro con Juan Pablo II tuvo lugar durante su visita a un seminario romano en noviembre de 1985. Me conmovió enormemente. Me encontré con el papa por primera vez; fue la primera vez que pude tocarlo. Besé su mano por primera vez. Era la primera vez que podía hablar con él en persona.

La siguiente reunión tuvo lugar durante la liturgia en la Basílica de San Pedro, al final del Sínodo de los Obispos el 8 de diciembre de 1985. Pero quizás mi mayor experiencia con él fue a mediados de los 90. El arzobispo Dziwisz me invitó inesperadamente al Vaticano para hablar sobre mi trabajo en el seminario; estaba a punto de ser trasladado a la Curia. Recuerdo bien que esa noche me quedé a cenar en la residencia papal. Lo que realmente me impresionó fue la extraordinaria sencillez de Juan Pablo II y la pobreza de su hogar. Más que sencillez, pobreza. La casa papal era muy modesta. Recuerdo que el Santo Padre ya tenía síntomas visibles de la enfermedad de Parkinson y tenía algunos problemas de alimentación. Me sorprendió su increíble memoria. Estaba hablando del seminario en Pelplin, Polonia, donde yo había estudiado, ya que él acababa de visitarlo. Conocía a todos los profesores. Conocía todas las publicaciones. Me sorprendió completamente la amplitud y profundidad de su conocimiento. También descubrí la bondad sencilla del papa. Inmediatamente después de la cena, me llevó a la cocina; tenía la costumbre de ir allí después de cada comida para agradecer a las hermanas por haberla preparado.

Otro encuentro muy especial para mí fue uno sin palabras. Tuvo lugar en 1992. El papa acababa de publicar *Pastores dabo vobis*, una exhortación apostólica sobre la formación de los presbíteros, dirigida tanto al clero como a los fieles laicos. Ese año, el Santo Padre me lavó los pies durante la liturgia del Jueves Santo. Fue un encuentro sin palabras, una experiencia única. Recuerdo la autenticidad de ese gesto de lavarme y besarme los pies. La experiencia espiritual del sacerdocio del Santo Padre, que tuve la oportunidad de presenciar allí, siempre seguirá siendo para mí un punto de referencia.

¿Cómo era el apartamento papal?

No vi todo el apartamento papal, solo estuve presente en las salas de espera, el comedor y la cocina. Me llamó la atención la sencillez del lugar. No había lujo allí en absoluto. No había glamour. Los muebles mostraban signos de uso; habían pertenecido a Pablo VI. Durante el proceso de beatificación de Juan Pablo II, los testigos hablaron sobre el desapego del papa de las cosas materiales. Era un signo de cierta libertad. Para él, las cosas solo eran útiles mientras sirvieran al hombre. Recuerdo a un testigo de Cracovia que recordó que cuando Wojtyła obtenía nuevos artículos como zapatos o pantalones, no los disfrutaba por mucho tiempo. A menudo regalaba esas cosas cuando se encontraba con alguien que las necesitaba.

¿Cuál fue su reacción al ser nombrado postulador para el proceso de beatificación y canonización de Juan Pablo II?

Fue una situación increíble. Primero me enteré de la cita de manera informal. Yo estaba en una reunión del papa Benedicto XVI con sacerdotes de las diócesis romanas. Lo recuerdo con precisión: era el 13 de mayo, aniversario del intento de asesinato de Juan Pablo II. Se suponía que yo iba a volar a Polonia ese día. Y luego el papa nos sorprendió gratamente al anunciar el inicio del proceso de beatificación. Recuerdo el gran entusiasmo de todos los presents, así como mi propia gran alegría.

Yo tenía prisa por llegar al aeropuerto cuando el secretario del cardenal Ruini se me acercó y me anunció que el cardenal quería hablar conmigo. Me sentí muy descontento con esto, porque tenía muy poco tiempo para llegar al aeropuerto. Incluso le pregunté si podía hablar con el cardenal el lunes a mi regreso. Sin embargo, él me dijo: "El cardenal tiene muchas ganas de hablar con usted y pide reunirse con usted ahora". Fui a esa reunión con el cardenal, quien sabía que yo tenía mucha prisa. Me preguntó: "¿Escuchaste lo que dijo el papa Benedicto?". Le respondí: "¡Lo he escuchado y estoy muy feliz!". El cardenal Ruini continuó: "Y estoy feliz de que seas el postulador en este proceso. Ahora puedes irte". Me quedé anonadado: eso se convertiría en mi vida durante varios años a partir de entonces. Esa fue la historia.

¿Ve la mano de Dios en esta decisión? ¿Alguna vez se ha preguntado "por qué yo?".

Ciertamente. El primer pensamiento que te viene a la mente cuando te enfrentas a un desafío así en tu vida es: ¿Por qué a mí? Uno de los íconos que traje conmigo a Polonia desde Roma es la copia de una pintura de Caravaggio, ahora en la Iglesia de San Luigi del Francesi: *La vocación de San Mateo*. Presenta a Cristo entrando en una habitación donde Mateo y otros están contando dinero. De repente, Mateo se da la vuelta y dice: "¿Me estás hablando a mí?". Esta es la imagen que me vino a la mente en ese momento y que aparece muy a menudo en mis reflexiones personales: ¿Por qué yo?

Hay muchas preguntas en mi vida que no puedo responder y situaciones que no puedo explicar. Desde el punto de vista de la economía del proceso y de una cierta lógica, explicaría mi nombramiento como postulador de la siguiente manera: vengo del medio polaco y nunca, durante el pontificado de Juan Pablo II o ahora, he estado asociado con la comunidad del Vaticano en general. He trabajado para la diócesis de Roma. He servido como punto de conexión entre dos mundos: el polaco y el italiano. Mi formación legal probablemente me predispuso de alguna manera a la misión de ser postulador, al igual que mi experiencia previa al frente del proceso de beatificación de Stefan Frelichowski, sacerdote y mártir de mi diócesis natal en Polonia. Desde esta perspectiva y la de postulador, mis encuentros con Juan Pablo II significaron un gran cambio en mi vida, como si el difunto papa me predicara un retiro privado. Conocer a un santo sacerdote ha sido un regalo extraordinario para mí.

¿Ve como signo de la Providencia ser el postulador de la causa de Juan Pablo II?

Sentí la presencia del Espíritu Santo, y el apoyo del cielo y la Providencia. Ni siquiera sé si se puede decir que detrás estaba el Santo Padre. Era un hombre muy modesto y no buscaba el aplauso del público. Durante el proceso, claramente sentí que era muy inconveniente para el enemigo de la Iglesia. Experimenté resistencia e incluso dificultades en muchas situaciones. Sentí tal dialéctica entre el bien y el mal, el pecado y la virtud, el cielo y la negación del cielo. Eran situaciones creadas por personas, pero también por fenómenos sobrenaturales: tuve un accidente automovilístico muy grave durante la beatificación de Juan Pablo II, y otro en Costa Rica antes de la canonización. Salí ileso de ambos.

El papa Benedicto XVI le dijo: "Por favor, trabaje rápido, lo más rápido posible, pero por favor trabaje bien". ¿Cuál fue el mayor desafío para usted durante este proceso?

Ciertamente, sentí presión de muchos lados diferentes. Todos preguntaron: "¿Cuándo?". "¿Cuánto tiempo?". Yo estaba consciente de que este trabajo debe llevarse a cabo en espíritu de responsabilidad ante las personas, pero sobre todo, ante Dios. Allí no había atajos. El juicio tuvo una importancia histórica. Era necesario compartir con las generaciones futuras nuestra convicción de que la santidad de Juan Pablo II no era expresión de una histeria colectiva del momento, sino que estaba incrustada en la historia de un hombre concreto, que amaba a Dios y a los hombres.

Por favor, explique los procesos de beatificación y de canonización.

El proceso comienza con una determinación de "reputación de santidad". Se necesitan al menos cinco años desde la muerte de un candidato para verificar esto. En Juan Pablo II, hubo un caso muy fuerte, inmediato y espontáneo, con la gente gritando "¡Santo Súbito!". Con el hallazgo de la reputación de santidad, comienza el proceso canónico. Hay dos momentos esenciales de este proceso: escuchar la voz de la

Iglesia y escuchar la voz de Dios. Así que tenemos la voz del pueblo de Dios, la voz de la Iglesia y la voz de Dios. La voz del pueblo de Dios es la que gritaba "¡Santo Súbito!". La voz de la Iglesia es el proceso canónico, y es muy complejo. Se recopilan testimonios de testigos vivos y se encuentran documentos en archivos, bibliotecas y otros lugares.

Hay tres comités involucrados en el proceso: el primero nombra al delegado del obispo, quien habla con los testigos; el segundo examina todos los documentos de carácter histórico o de archivo; hay un tercer comité de censores y teólogos que estudian todos los escritos publicados del candidato. El proceso diocesano comienza con la publicación de un edicto en el que el obispo anuncia el proceso de beatificación e invita a los testigos a presentarse. Algunos testigos hablan de santidad, pero hay otros que no están de acuerdo con ellos. La primera etapa se centra en la recopilación de pruebas. Si este proceso concluye favorablemente, el caso pasa a la Congregación para las Causas de los Santos. El postulador, sobre la base de los materiales recopilados, en cooperación con el relator del caso, debe probar la santidad del candidato. Los documentos recogidos se presentan a la Congregación Plenaria de Obispos y Cardenales.

Si su opinión es positiva, entonces todo el proceso es aprobado por el Santo Padre. Con esto concluye la etapa de participación humana. Y luego esperamos la voz de Dios: está la cuestión de un milagro. La beatificación tiene lugar cuando la Iglesia reconoce un milagro atribuido a la intercesión de un candidato a los altares. Esta es una bella y sabia tradición de la Iglesia. Según el pueblo de Dios, un santo ha muerto. Hemos probado la afirmación y examinado la validez de esta creencia. ¿Y qué dice Dios ahora? El Señor habla en el sentido de que ocurre un milagro. Si todos los elementos están en orden, entonces tenemos una proclamación de la Iglesia Católica. El segundo milagro llega después de la beatificación. Un milagro es suficiente para la beatificación y otro milagro para la canonización.

¿Qué supuestos milagros de Juan Pablo II encontraron científicamente inexplicables los comités médicos y teológicos?

Hay dos aspectos: médico y teológico. Una afirmación de inexplicabilidad científica atribuida a la intercesión de una persona concreta es objeto de análisis por parte de muchos. Contamos con practicantes en el campo de la medicina, expertos en teología e investigadores de la Congregación de Obispos y Cardenales. Finalmente, el Santo Padre habla sobre este tema. El aspecto médico está sujeto a examen empírico, para determinar si es posible explicar científicamente lo sucedido. En el caso de la hermana Marie Simon Pierre, no había forma de explicar su curación porque el Parkinson no se puede curar.

¿Qué argumentos se esgrimieron contra la santidad de Juan Pablo II durante el juicio?

No hubo argumentos contra la santidad de Juan Pablo II. Hubo voces en contra de iniciar este proceso por ser prematuro. Entre los que intentaban oponerse, había teólogos, o más precisamente teólogos de la liberación, que señalaban la actitud de Juan Pablo II hacia el celibato sacerdotal, la ordenación de mujeres, etc. También hubo voces negativas de los círculos conservadores. Y hubo otras voces sobre la actitud liberal de Juan Pablo II ante el diálogo ecuménico o el encuentro interreligioso de Asís. Una vez finalizado el juicio, los medios comenzaron a hablar de los abusos en la congregación de los Legionarios de Cristo y los casos de pederastia cometidos por sacerdotes. Me gustaría enfatizar que todas las disputas posibles fueron objeto de investigación durante el juicio y la conclusión a la que llegamos indica inequívocamente la falta de evidencia de cualquier ofensa o negligencia consciente e indeseable por parte de San Juan Pablo II en este asunto.

Actualmente, está involucrado en el proceso de beatificación de los padres de Wojtyła.

Parece que de alguna manera me convertí en parte de la familia Wojtyła. Esta es la etapa inicial; estamos recogiendo testimonios. Esta parte la hace el delegado del obispo. Durante mi carrera como presidente del Tribunal Ordinario de la diócesis romana, tuve la oportunidad de realizar muchos juicios, no siempre como postulador. Cada experiencia enriquece mi vida. Estos procesos parecen como si estuviera ganando amigos en el cielo, lo cual para un hombre que sigue siendo un peregrino en esta tierra es sumamente valioso.

Los diálogos interreligiosos y ecuménicos fueron iniciados por el papa Juan XXIII y desarrollados por Juan Pablo II. Sin embargo, Wojtyła ha sido severamente criticado por promover el diálogo ecuménico.

Juan Pablo II fue uno de los padres del Concilio Vaticano II. Los diálogos ecuménicos e interreligiosos fueron temas de reflexión del Concilio y una propuesta para el futuro. Juan Pablo II nunca abandonó su misión de proclamar la Verdad Revelada; nunca olvidó que la misión primordial de la Iglesia es llevar el Evangelio a todos y proclamar el nombre de Jesús como único salvador y redentor de la humanidad. Todos los esfuerzos del difunto papa se realizaron con el espíritu de respetar la dignidad de cada ser humano y construir un espacio para la cooperación entre todas las personas, en un espíritu de paz y respeto mutuo. Nunca pretendieron relativizar la verdad.

¿Qué debemos hacer para construir una civilización del amor?

Responderé a esta pregunta como un hombre de fe. Para mí, Dios es lo más importante. Dios es un referente en nuestra vida. Él vigila la realidad y la ordena. Y a partir de esta jerarquía de valores, las prioridades que marca el Evangelio, podemos pensar en construir una civilización del amor. Después de Dios, necesitamos honestidad en nuestra búsqueda de la verdad y luego valor para vivir en esa verdad.

MONSEÑOR PAWEŁ PTASZNIK

Exjefe de la Sección Polaco-Eslava de la Secretaría de Estado del Vaticano. Fue el principal traductor y secretario de Juan Pablo II. Entre otras cosas, tradujo el testamento del papa al italiano (del polaco original). También supervisó la edición de varios textos papales, que estaban escritos invariablemente en polaco. Monseñor Ptasznik ha participado en varias iniciativas preservando el legado del papa polaco. También se desempeña como rector de la Iglesia de San Estanislao en Roma, que atiende a los fieles y peregrinos polacos.

El padre Paweł Ptasznik y Karol Wojtyła tienen mucho en común, es decir, Cracovia: el hogar de la primera universidad polaca (fundada en 1364), San Albert Chmielowski y Santa Faustina Kowalska, el Santuario de la Misericordia de Dios y la Catedral de Wawel. ¿Qué papel ha jugado Cracovia en su corazón?

Cracovia siempre ha estado cerca de mi corazón. Toda mi familia vive allí; yo tengo amigos allí y siempre regreso con mucho gusto. Cracovia es un tesoro de experiencias relacionadas con mi preparación para el sacerdocio así como con la misteriosa tradición de la historia y lo sagrado. Sigo inmerso en los asuntos de Cracovia y sus habitantes, incluso si vivo permanentemente en Roma.

¿Cuándo empezó a trabajar con Juan Pablo II? ¿Cómo recuerda su tiempo con él?

Fue un regalo enorme e inmerecido que durante casi 10 años pudiera estar cerca de San Juan Pablo II. La historia comienza en 1996. Antes de que empezáramos a trabajar juntos, me invitaron a cenar con el papa el 1 de enero de 1996. Esta fue una experiencia increíble. Me senté al lado del Santo Padre y tuve la oportunidad de hablar libremente con él. Me preguntó por mi familia y parroquia, de dónde venía. Conocía en detalle la historia de la parroquia e incluso de su actual párroco. Luego me preguntó sobre mi tesis doctoral y empezamos a conversar sobre temas teológicos. Estaba muy interesado en el papel del Espíritu Santo en los sacramentos. Al día siguiente empezamos a trabajar juntos. Cuando pienso en Juan Pablo II, recuerdo los hermosos momentos que viví con él: trabajando juntos, conversando, celebrando, viajando y así sucesivamente.

¿Cuál fue la naturaleza de su servicio con Juan Pablo II?

Entre mis deberes, mantuve correspondencia en polaco en su nombre con personas que recurrieron a él con una variedad de temas. Por supuesto, siempre consultaría mis respuestas con él o con mis superiores si el asunto en cuestión no incumbiera al mismo papa. Mi trabajo se refería a asuntos oficiales, incluidas las respuestas a obispos y representantes gubernamentales, pero también me ocupaba de asuntos privados. La parte más importante de mi trabajo fue escribir, editar y traducir todo lo que el Santo Padre me dictaba: discursos, homilías, documentos. Para un texto escrito, había que buscar referencias en la Biblia y otras fuentes que el pontífice citaba de memoria. Luego lo traduciría al italiano. Esto me dio la oportunidad de hablar con el Santo Padre en persona prácticamente a diario. Él era un oyente entusiasta y compartía sus pensamientos con gusto. Esto fue un enorme tesoro para mí.

¿Le pidió el Santo Padre que comentara los textos en los que estaba trabajando?

El Santo Padre me hizo saber que necesitaba un colaborador. Me preguntaba qué pensaba sobre un tema determinado; él pedía sugerencias. A veces me pedía que se las escribiera para poder reflexionar sobre ellas.

¿Qué idioma usó el Santo Padre?

Juan Pablo II casi siempre escribió en polaco. Quizás en la correspondencia privada con personas de otras nacionalidades respondería en sus lenguas nativas. Nunca ocultó que podía expresarse mejor en polaco y se preocupaba por la precisión de las expresiones. Además, su sensibilidad por los asuntos humanos y la espiritualidad estaban arraigadas en la cultura y la literatura polacas. Era un maestro de la palabra y, a veces, se concentraba en el significado de una sola palabra para construir un discurso, una conferencia o un sermón completos. Con frecuencia, esto causaba un poco de problema con la traducción, porque con una palabra polaca no lograba encontrar un sinónimo igualmente rico en otros idiomas. Por supuesto, el papa se basó principalmente en las Sagradas Escrituras, que se sabía prácticamente de memoria. También citaría muchos fragmentos de los documentos del Vaticano II. Además, podía indicar con precisión en qué documento conciliar, realmente en qué lugar exacto, se encontraba el pasaje citado. Tenía una memoria increíble.

¿Juan Pablo II consultó a otros para preparar sus textos?

Al escribir textos importantes, exhortaciones o encíclicas o cualquier otro documento dirigido a la Iglesia, siempre pedía la opinión de la Congregación para la Doctrina de la Fe. Sin embargo, el papa también buscó expertos en un campo en particular y les consultaba. Además, cuando preparaba sus discursos para las peregrinaciones en el extranjero, pedía a los obispos nativos de varios países que le enviaran sugerencias sobre eventos, temas o problemas contemporáneos en sus comunidades. Cuando sus conferencias estaban dirigidas a un entorno particular (por ejemplo, académicos, políticos o líderes no católicos), consultaba con expertos. Juan Pablo II insistió en consultar con tantas autoridades como fuera possible, sobre todo en lo que se esperaba que firmara.

¿Cuál fue la actitud de Juan Pablo II hacia el trabajo?

Juan Pablo II fue un gran trabajador. Se preparaba mucho antes de cualquier evento en el que se esperaba que participara. Todas las mañanas, excepto los domingos y martes, dictaba sus textos, y luego daba audiencias a políticos, obispos o nuncios, y después se reunía con una variedad de grupos. Por la tarde, presidía las deliberaciones de las distintas Congregaciones y Consejos de la Curia Romana. También sus comidas tendían a ser asuntos de trabajo. El papa leía bastante.

¿Quién fue para usted Juan Pablo II?

Juan Pablo II fue para mí un paradigma insuperable. Él fue como un padre para mí. Esto no es por su título official, sino por la naturalidad con la que se relacionaba conmigo. Procuré tratarlo con el debido respeto como padre, y él respondió con paternal bondad, honrándome con una gran dosis de su confianza. Cuando trabajábamos juntos, realmente me trataba como a un socio. También fue mi maestro y guía espiritual. Esta fue una escuela pacífica de fe, una mirada evangélica sobre el mundo y los acontecimientos, mirando al hombre, a su dignidad y a sus valores. Fue para mí una escuela de servicio al hombre y, sobre todo, una escuela de oración. Doy gracias al Señor por mi tiempo con Juan Pablo II.

Reflexione brevemente sobre la actitud de Juan Pablo II hacia la juventud.

En su carta a los jóvenes, *Dilecti Amici*, el Santo Padre escribió que ellos son la esperanza de la Iglesia, y así se acercó a ellos. Siempre apreció el valor de la juventud, su alegría y entusiasmo, la curiosidad por el mundo, la apertura hacia el futuro y la búsqueda de los caminos de la vida. El papa conocía los problemas y amenazas a los que se enfrentaban los jóvenes. Él no los ignoró. Trató a los jóvenes con seriedad y no descartó las preguntas existenciales que le dirigían habitualmente. Les planteó demandas, pero también les mostró varias perspectivas y despertó la esperanza. El Pontífice fue auténtico en sus palabras y en su lenguaje corporal, que expresaba un amor cordial y un verdadero interés por ellos, y los jóvenes instintivamente sintieron esa autenticidad. Y era joven de corazón. Su comunión con los jóvenes, al parecer, lo alimentó con un espíritu juvenil. Lo confesó durante una reunión con ellos en una universidad romana: "Te conviertes en la persona con la que pasas el rato".

¿Qué obras del Santo Padre recomendaría más?

Bueno, recomendaría primero *Cruzando el umbral de la esperanza*; luego, *No tengan miedo*; *Don y misterio*; *¡Levantaos! ¡Vamos!*, y finalmente, *Memoria e identidad*. El espíritu de Juan Pablo II se revela en sus obras. A continuación sugeriría homilías y discursos, y solo al final sus encíclicas y exhortaciones. Para los jóvenes de gran sensibilidad literaria, recomiendo la producción temprana de Karol Wojtyła, en la que hay testimonio de su sensibilidad por la condición humana y la experiencia espiritual del hombre, la riqueza de la cultura y el arte, y la belleza del mundo. En su literatura temprana se pueden descubrir con admiración las raíces de la intuición del futuro Santo Padre sobre Dios, el hombre y el mundo.

Usted también editó varios libros de Juan Pablo II. ¿Cuál está particularmente cerca de su corazón y por qué?

El Santo Padre escribía sus libros generalmente durante sus vacaciones y, por lo tanto, yo no participé en su creación. Mi tarea era estrictamente editorial: corregir el idioma, traducir al italiano (excepto *El tríptico romano*, para el que contratamos a traductores profesionales) y supervisar las traducciones a otros idiomas. Presentaría todas las correcciones y sugerencias al Santo Padre para su aprobación. A veces proponía mover las divisiones entre capítulos, un título alternativo de un capítulo, un orden de palabras diferente o una palabra más precisa. Juan Pablo II aceptó pacientemente mis sugerencias o defendió la conservación de la versión original. Luego mi tarea fue mantenerme en contacto con los editores y preocuparme por el producto final. Mi trabajo en cada título fue una aventura increíble, una ocasión para muchas conversaciones y una oportunidad para conocer el pensamiento del pontífice. *Don y misterio* es, quizás, lo más cercano a mi corazón. Este fue el primer libro papal en el que trabajé. Fue escrito en el contexto del 50 aniversario de la ordenación de Karol Wojtyła. Se convirtió para mí en una especie de guía para realizar mi propia vocación sacerdotal. Otro libro que releo con mucho gusto es *El tríptico romano*. En general, para mí todas las obras literarias de Karol Wojtyła son muy queridas por su profundidad espiritual, arraigo cultural y belleza poética.

¿Cómo recuerda el 2 de abril de 2005?

Juan Pablo II nos preparó para el día de su muerte. Ese día, alrededor del mediodía, tuve la oportunidad de despedirme del Santo Padre. El arzobispo Dziwisz me llamó y me pidió que viniera. En la habitación, junto a la cama del enfermo, ya estaba el cardenal Ratzinger. El papa estaba consciente. Cuando lo saludé, respondió mirándome y bajando los párpados. Oramos juntos en silencio durante un rato. Al final de la reunión, el arzobispo Dziwisz pidió al Santo Padre que me bendijera. Me arrodillé junto a su cama, puso su mano sobre mi cabeza e hizo la señal de la cruz, bendiciéndome así por última vez. Yo estaba consciente de eso, pero me quedé tranquilo.

En una de sus entrevistas, usted comentó: "Para mí, un momento más doloroso que el fallecimiento del Santo Padre fue cuando el arzobispo Dziwisz me entregó la última voluntad y testamento de Juan Pablo II y me pidió que comenzara a traducirlo. Esto fue realmente doloroso". Por favor, reflexione brevemente sobre ese momento.

Este fue el momento en que penetró en mi conciencia que el fin inevitablemente se acercaba. Y eso fue doloroso. No puedo describir las emociones con las que leí sus palabras escritas en 1980:

> Quisiera una vez más confiarme enteramente a la gracia del Señor. Él mismo decidirá cuándo y cómo debo terminar mi vida terrena y mi ministerio pastoral. En la vida y en la muerte soy *Totus Tuus* para María Inmaculada. Espero, aceptando mi muerte ahora, que Cristo me dé la gracia que necesito para la pascua final, es decir, mi Pascua. También espero que Él beneficie la importante causa a la que busqué servir: la salvación de los hombres y mujeres, la preservación de la familia humana y, dentro de ella, de todas las naciones y pueblos (entre ellos, también me dirijo específicamente a mi patria terrena),

útil para el pueblo que Él me ha encomendado especialmente, para los asuntos de la Iglesia y para la gloria del mismo Dios.

Mientras traducía estas palabras, pensé en las miles de personas que estaban en la Plaza de San Pedro y en todo el mundo, que luego se unieron al papa moribundo en una gran oración. Así se cumplía una petición de Juan Pablo II escrita en su última voluntad y testamento: su fallecimiento sirvió verdaderamente al pueblo y a la Iglesia; complementó la esencia de lo que hizo durante toda su vida. Y luego tuvimos *Santo Súbito*, un proceso, testimonio de milagros, beatificación y canonización… ¡Una increíble alegría!

Usted colaboró con San Juan Pablo II, Benedicto XVI y el papa Francisco. Por favor, reflexione brevemente sobre estas tres diferentes personalidades.

Tuve un tipo diferente de relación con cada pontífice. Estaba más cerca, por supuesto, de Juan Pablo II. Como ya he mencionado, nuestra relación fue muy personal y cordial. Mi contacto con el papa Benedicto XVI fue menos frecuente, pero muy cordial. Era un hombre muy amable, humilde y gentil. En nuestras conversaciones, nos referíamos a su antecesor, su personalidad y enseñanza. Benedicto también estaba interesado en los asuntos de la Iglesia en Polonia y, con frecuencia, incluso en mis asuntos personales y familiares. Mi interacción con el papa Francisco fue esporádica. Tuve la oportunidad de hablar con él en privado un par de veces. Esto fue agradable. Valoro al actual pontífice por su compromiso y me esforcé por servirle con tanta devoción como a sus predecesores en la Santa Sede.

¿Qué es lo que más necesitamos hoy para construir una civilización del amor?

Cuando escuchamos el término "civilización", generalmente lo asociamos con el desarrollo de la sociedad. Sin embargo, al hablar de construir una "civilización del amor", Juan Pablo II se centró en la persona humana y su entorno inmediato, comenzando por la familia. El fundamento de una civilización es la realización de la dignidad de cada persona, que fundamenta sus derechos y deberes: el derecho a la vida y el deber de respetar la vida de los demás; el derecho a la libertad y el deber de respetar la libertad de los demás; el derecho a la propia conciencia y la fe, y el deber de respetar la conciencia y la fe de los demás… Necesitamos conservar en nuestras relaciones

este tipo de realización consciente y la responsabilidad que de eso se
deriva. Y el despertar y la profundización de esta conciencia, a pesar de
las propias convicciones religiosas, se realiza a través de fomentar una
cultura ampliamente entendida. Juan Pablo II repetía a menudo que
el hombre que vivía verdaderamente una vida humana se hacía más
humano, gracias a la cultura. Parece que hoy, esta dimensión espiritual
de la cultura ha sido descuidada e incluso perdida en la cultura pop,
que no rehuye degradar la dignidad del hombre por razones comerciales,
políticas e incluso por simple placer.

Si, para continuar, estamos hablando de la civilización del amor,
debemos observar que hoy en día muchas veces se confunde con la
"tolerancia". La tolerancia no es amor. Es la indiferencia hacia otra
persona siempre que su presencia y acciones no pasen los límites de
nuestro propio territorio. Entonces la tolerancia se convierte en agresión. La tolerancia lleva a no amar, lo que requiere que uno renuncie
a su propio bien por el bien de otro. Juan Pablo II repetía, y ahora
lo hace el papa Francisco, que en la dimensión social, el camino a la
civilización del amor, y por tanto a la civilización de la vida, de la
verdad y de la paz, es la fraternidad. Eso no implica indiferencia, sino
una preocupación, llena de cuidado, por otra persona. Por supuesto,
los cristianos tienen a su disposición otra motivación, quizás incluso la
más básica, para construir la civilización del amor: el llamado de Dios
a construir un mundo mejor en nombre de la fraternidad, basado en la
verdad de que todos tenemos la misma dignidad porque somos creados
a imagen y semejanza de Dios y redimidos con la sangre de Cristo.
Parece entonces que necesitamos, sobre todo, una cultura fundada en
los valores, que fomente la fraternidad de los hombres en la fe, lo que
realmente da testimonio.

PADRE ROBERT SKRZYPCZAK

Profesor de la Academia Católica de Varsovia; conferencista en el Centro para el Pensamiento de Juan Pablo II en Varsovia; miembro del Consejo Asesor del Instituto Roman Dmowski e Ignacy Jan Paderewski para el Legado del Pensamiento Nacional Polaco; conferencista y autor de libros y artículos.

Padre, usted estuvo cerca del Santo Padre. Una vez escribió: "Estreché la mano de Juan Pablo II e intercambiamos algunas frases en polaco. Sus ojos irradiaban de manera única muchísima amabilidad, humor y aceptación. Juan Pablo II me dio una lección de oración". Cuéntenos más sobre cómo era Juan Pablo II de cerca y en persona.

Cuando yo era diácono en transición, fui invitado a una ordenación sacerdotal en la Basílica de San Pedro como representante de un seminario europeo. Tuve la oportunidad de ver cómo Juan Pablo II celebraba la liturgia y cómo rezaba. La liturgia duró dos horas y media. El papa tenía 76 años. Había cámaras, equipos de televisión, cuerpos diplomáticos y políticos. Juan Pablo II no pareció notarlos en absoluto. Estaba constantemente enfocado en Dios. Me di cuenta de que yo estaba parado a unos metros de uno de los más grandes místicos del siglo XX.

¿Qué significó el Concilio Vaticano II para la Iglesia?

Hasta el momento, ha habido 21 concilios en la historia de la Iglesia Católica. Hubo ocho concilios con los cristianos unidos, hasta que se dividieron entre los católicos romanos y los ortodoxos orientales. El último, realizado entre 1962 y 1965, se llamó Concilio Vaticano II.

Los concilios generalmente reciben el nombre del lugar donde se llevan a cabo. Un concilio es un gran evento para el cristianismo. Es una reunión de obispos de todo el mundo. No de todos los obispos, pues sería demasiado difícil desde el punto de vista logístico. Lo importante es asegurarse de que la Iglesia universal esté representada por los líderes de varias iglesias locales.

El Concilio Vaticano II fue convocado por el papa Juan XXIII. Reunió a más de 2.000 obispos y jerarcas católicos, incluidos 64 obispos polacos. Karol Wojtyła, como joven obispo auxiliar de la arquidiócesis de Cracovia, fue uno de los representantes del episcopado polaco. Fue uno de los 10 obispos que tuvo la oportunidad de participar en cada sesión del concilio. Junto con el cardenal Stefan Wyszyński y otros, Karol Wojtyła se convirtió en uno de los principales protagonistas del Concilio Vaticano II. Fue el último Padre del Concilio en ascender al trono de San Pedro.

¿Cómo moldeó el concilio a Karol Wojtyła?

Cuando estaba trabajando en mi monografía sobre Karol Wojtyła en el Concilio Vaticano II, que implicaba buscar en los archivos del Vaticano todas las discusiones, propuestas, borradores y otros recuerdos del concilio, me hice dos preguntas: ¿Cómo influyó Karol Wojtyła en el concilio? ¿Y cómo influyó el concilio en Karol Wojtyła?

Respondiendo a la primera pregunta, logré descubrir 25 intervenciones realizadas por Karol Wojtyła durante el concilio. En el concilio participaron más de 2.000 personas, y hubo alrededor de 7.000 discursos e intervenciones escritas; hubo, en promedio, un poco más de dos discursos por participante.

Karol Wojtyła fue así uno de los participantes más activos. Pronunció ocho discursos en el salón conciliar y presentó 16 intervenciones escritas. Influyó aun más en la creación de varios documentos conciliares, sobre todo en la constitución *Gaudium et Spes*. Pude encontrar una entrevista que le concedió a Victorio Posenti en la que confesaba, pocos meses antes de su elección al papado, que siempre viajaba con dos documentos: la *Santa Biblia* y la *Gaudium et Spes*, por los que sentía un apego especial.

Wojtyła también tuvo una gran influencia en el tratamiento de la libertad religiosa. El hombre fue uno de los temas centrales del concilio. En un cuestionario que precedió al concilio, Karol Wojtyła escribió que era un momento perfecto para que la Iglesia se presentara al hombre moderno. Dijo que uno tenía que usar "una clave personalista". El hombre como persona debe estar en el centro de las deliberaciones del concilio. Un hombre está dotado de dignidad, un valor innegable que no se le puede quitar. La personalidad dotada al hombre debe ser tratada por él como un desafío. Wojtyła usaría más tarde todas sus declaraciones conciliares como fuente para su ministerio papal. Siempre vio el bien en el hombre. Como cristiano, obispo y teólogo, miraba todo a través del prisma de la fe, y para él toda persona era potencialmente salvada por Cristo. A través del encuentro con Cristo, el hombre puede desarrollar sus capacidades y su creatividad, la capacidad de amar y perdonar, de hacer de su vida una obra de arte.

¿Cómo dio forma Karol Wojtyła al Concilio Vaticano II?

Estudié cómo otros percibían a Karol Wojtyła en el concilio. Encontré los diarios de Yves Congar. Escribió sobre Wojtyła como "una figura impresionante y una personalidad asombrosa". Wojtyła causó una impresión increíble como un hombre bien integrado, un hombre de muchos valores. Encontré otro diario del teólogo francés Henri de Lubac. En 1965, este afirmó: "Deseamos a nuestro papa Pablo VI muchos años de salud, pero un día tendremos que afrontar la pérdida de este papa y pensar en su sucesor". Karol Wojtyła era el único candidato para De Lubac, pero creía que no había posibilidades de que lo eligieran. ¿Por qué? Porque nadie, en 1965, pensó que se podía elegir a un papa que no fuera italiano, y mucho menos que viviera detrás de la Cortina de Hierro. Como escribió George Weigel en su biografía de Juan Pablo II, hasta que Karol Wojtyła fue elegido para la Sede de Pedro, el concepto del polaco intelectual no existía en muchos países. Wojtyła nos mostró que Polonia era una nación europea con 1.000 años de tradición cristiana, con muchos buenos monarcas que hicieron de su reino un baluarte de la cristiandad, y que los polacos teníamos grandes recursos espirituales e intelectuales.

Antes del Concilio Vaticano II, el cardenal Stefan Wyszyński ya era muy conocido en Roma.

El cardenal Wyszyński fue un gran mártir del comunismo. Fue una gran presencia. Era un hombre que iba contra la corriente, un hombre firme. El 13 de octubre de 1962, en la primera asamblea conciliar, el cardenal Wyszyński fue recibido con una ovación en la sala de San Pedro. Wyszyński era un símbolo de la Iglesia polaca y un símbolo de la Iglesia de los mártires. Wyszyński llegó al concilio ya como un héroe, mientras que el propio concilio se convirtió en un escenario donde Karol Wojtyła se presentó como una figura importante. Wojtyła ya era representante de otra iglesia, la de una generación culta, de gente interesada en el mundo, una generación personalista que comprendía las necesidades del ser humano. Era un hombre familiarizado y cómodo con la Iglesia universal. Para Wojtyła, el concilio fue obra del Espíritu Santo. Sin embargo, ni previó ni captó todo su impacto. El eje principal de la renovación de la Iglesia predicha por Wojtyła era que el concilio se centrara en las raíces, en el fundamento de la Iglesia. Lo que daría fuerza a la Iglesia, creía, era un redescubrimiento de la Resurrección, de la fuerza y el poder de la Palabra de Dios y de la Iglesia como comunidad de los salvados.

Los concilios requieren mucho tiempo para promulgar sus mensajes y así cumplir su propósito. Por un lado, el concilio lleva dentro de sí algo radicalmente superado. Por otro, hay un potencial increíble en él, que aún no se ha desarrollado.

¿Cuáles fueron las contribuciones más significativas de Karol Wojtyła al concilio y su interpretación?

Ciertamente, Juan Pablo II quiso mostrar lo que significa ser cristiano o católico posconciliar. Estaba convencido de que Dios habló a través de los acontecimientos y habló a través del concilio. En la década de 1950, después de regresar de Roma, donde fue enviado para sus estudios de doctorado, Wojtyła se centró en el tema del matrimonio y la familia: el amor humano, la feminidad, la masculinidad y la sexualidad; cómo construir un matrimonio; maternidad y paternidad. Organizó tres congresos internacionales entre 1975 y 1978. El primero se centró en el síndrome postaborto; el segundo fue sobre la mentalidad anticonceptiva y el tercero sobre la castidad prematrimonial.

Tenga en cuenta también que Wojtyła no apareció en las listas de candidatos papales en 1978. De repente, salta de la nada como un conejo de un sombrero. El mundo se congeló porque nadie conocía a Wojtyła. Fue elegido papa y parecía estar perfectamente preparado para su misión. Inmediatamente se centró en temas como la antropología humana, la naturaleza misionera de la Iglesia, la nueva evangelización, el matrimonio y la familia. Juan Pablo II es el único papa en la historia de la Iglesia que dedicó tantos discursos y catequesis a la teología del cuerpo y de la sexualidad. ¿Y por qué Wojtyła se centró en el amor y la sexualidad humanos? El mundo estaba siendo testigo de las píldoras anticonceptivas, el aborto, el divorcio, una nueva comprensión de las sociedades y las relaciones, etc. Hoy hay escasez de amor, incapacidad para construir relaciones y una soledad terrible que es el resultado del hedonismo y el individualismo. ¿Qué es todo eso?

¿Cómo supo Karol Wojtyła en las décadas de 1950 y 1960 dónde se llevaría a cabo la batalla principal para separar a las personas de Dios? Hoy estamos en el punto de un choque de civilizaciones. El cardenal Wojtyła nos advirtió sobre eso ya en 1977. Mientras visitaba América entonces, dijo que habría una confrontación inevitable entre el Evangelio y el antievangelio, entre la Iglesia y la anti-Iglesia. Es asombroso que los católicos no se lo tomaran en serio. ¿Cómo sabía esto? Todos esperaríamos que la batalla de separar al hombre de Dios, que es el ateísmo, se llevara a cabo en el escenario de la política, pero Wojtyła nos advirtió que el ateísmo también se desarrollaría en el escenario de la sexualidad humana. ¿Y por qué la sexualidad humana? Porque hay un signo de Dios inscrito en la sexualidad humana, una prueba del origen del hombre de Dios.

El Señor Dios creó al hombre a su imagen y semejanza. Dice el Libro del Génesis: varón y hembra los creó. Pretender borrar la diferencia entre un hombre y una mujer, liberarse del sexo biológico y regalarse una identificación sexual artificial, es pecado. Las personas se pierden en la libertad porque no saben quiénes son. ¿Cómo supo Juan Pablo II hace tanto tiempo que los intentos de destruir este signo de que el hombre pertenece a Dios, la relación fundamental con el autor del hombre, tendrían lugar en el escenario de la sexualidad? Este es el punto de partida para construir una identidad humana. Y la visión cristiana del hombre dice que este no es solo quien es, sino que también es el que se acerca y construye relaciones con otras personas. La personalidad implica la existencia de una relación. Juan Pablo II nos recordó que la felicidad humana no consiste en darse todo. Wojtyła dice que serás más feliz, fortalecerás tu humanidad, cuando hagas de tu vida un regalo para otro ser humano.

En el concilio, Wojtyła distinguió dos tipos de ateísmo: el ateísmo impuesto por el estado o sistema, que lleva a las personas al martirio, y un ateísmo que surge internamente, donde el hombre es libre. En el segundo caso, paradójicamente, el ateo vive en un mundo libre, pero no se siente libre. Está llamado a amar, pero no puede lograrlo. Lo posee todo, pero la soledad lo está matando. La mayor epidemia del siglo XXI no es el coronavirus, sino la soledad. Un hombre que vive en el ateísmo es un hombre que se ha privado, o ha sido privado, de la relación fundamental sobre la que se basa toda existencia, la relación con su Creador. La soledad hace que los hombres anhelen la pertenencia. Tratan de llenar su soledad con colectivismo, por eso alemanes o austriacos inteligentes y cultos se entregaron al Führer y por eso tantos experimentaron el comunismo. Las élites educadas de Europa del Este siguieron ciegamente al comunismo.

Una vez, André Frossard escribió: "Desde la perspectiva de la historia, parece casi obvio que no habríamos tenido un papa polaco en 1978 si el obispo Karol Wojtyła no hubiera obtenido previamente un pasaporte (del régimen comunista) para Roma y participado en el Concilio Vaticano II.

Sin la participación en el concilio, digamos abiertamente, habría sido una figura poco conocida, sin grandes posibilidades de ser elegido para la Sede de Pedro. Fue el concilio el que elevó a este hombre, a quien la palabra del Espíritu Santo sedujo y formó para el oficio papal".

Wojtyła se dio a conocer gracias al Concilio Vaticano II. El concilio también lo formó. Él estudió y absorbió la Iglesia. Los observadores dijeron que Wojtyła estaba hablando o escribiendo cosas durante las deliberaciones. *Persona y acto*, escrito en 1969, presentando la visión personalista del hombre, fue su comentario filosófico o, más bien, ético sobre el concilio. Absorbió la universalidad de la Iglesia en sí mismo. Si no fuera por el Concilio, probablemente habría seguido siendo obispo en Polonia. El Concilio le dio la oportunidad de disfrutar de algo que es solo de la Iglesia: la universalidad. La Iglesia se revela con un millón de rostros, mil palabras, diferentes formas de pensar. Y el Espíritu Santo hace de ella un solo cuerpo. Esta es la Iglesia.

¿Actuó la Providencia al darle a Wojtyła el privilegio de dirigir la Iglesia Católica por casi 27 años durante el difícil período posconciliar?

Consideremos el mundo antes del cónclave de 1978. Esta fue la época del terrorismo mundial, la teología de la liberación, el comunismo, etc. Más tarde, vino la dramática muerte de dos papas seguidos. De muchos se elevó un grito: ¡Queremos un papa santo! ¡Queremos un papa carismático! Creo que esa llamada fue escuchada. El propósito de Wojtyła era llevarnos a Dios. Él era un santo. Él era un místico. En mi conversación con el cardenal Burke sobre Juan Pablo II y sus viajes a los Estados Unidos, el cardenal dijo que los estadounidenses amaban a Juan Pablo II. Le pregunté directamente: ¿qué vieron en Juan Pablo II que no vieron en otros papas? Él respondió: los estadounidenses lo veían como un pastor, mientras que a otros papas los veían como políticos.

¿Podrá un católico contemporáneo, bajo la influencia de Juan Pablo II, beneficiarse del Concilio Vaticano II?

No quiero sonar pesimista, pero será difícil para nosotros encontrar un papa que pueda atraer a tantos jóvenes a la Jornada Mundial de la Juventud, inspirar nuevas vocaciones o canonizar a 482 santos. Tampoco olvidemos a cuántas personas enfermas y sufrientes él ayudó durante su vida y después de su muerte. Mi pesimismo proviene de la observación del mundo actual y de esta nueva generación que trata de borrar lo que hemos recibido. Hay muchas entidades y fuerzas en el mundo que hacen todo lo posible para que la gente deje de pensar en Juan Pablo II. Es atacado como si fuera el responsable de la pedofilia, muchas veces por los mismos propagandistas del amor intergeneracional, es decir, de la pedofilia. Dicen que Wojtyła no se dio cuenta de que un sacerdote era un monstruo que se presentaba como un hombre santo. Me refiero aquí a Marcial Maciel Degollado, el fundador de los Legionarios de Cristo. Recuerdo cuando el cardenal Dziwisz dijo: "Yo mismo fui testigo de que este hombre estaba arrodillado frente a Juan Pablo II; rompió en llanto y explicó que intentaban desacreditarlo. Y Juan Pablo II le creyó. Siempre le dio a la gente el beneficio de la duda". Luego estaban los casos de Theodore McCarrick y Hans Groer, ambos acusados de pedofilia. Los dos fueron promovidos por el papa polaco. Pero de nuevo, analicémoslo: hubo dos nominaciones horribles de los 260 cardenales nominados. ¿Qué jefe de una corporación no querría a un gerente que cometió un error solo dos veces?

Una vez usted dijo: "La sociedad está envejeciendo; Europa está perdiendo la memoria, como si tuviera demencia; nuestra identidad se ha desgastado y debilitado en muchos lugares. Juan Pablo II dejó a sus sucesores y a todos nosotros una Iglesia que, a pesar de todo, permanece viva y joven". ¿Tiene esta "Iglesia joven y viva" de Juan Pablo II alguna posibilidad de sobrevivir en el mundo caótico de hoy?

Esta Iglesia joven es ahora una Iglesia vieja. Si hay una generación de Juan Pablo II, esa generación está envejeciendo. Ha llegado una nueva generación que no conoció a Juan Pablo II. No sabe lo que significó la Jornada Mundial de la Juventud. No tuvo la oportunidad de conocer a un hombre de este tipo: lo veías y tus pensamientos iban directo a Dios. Después de conocer a alguien como Wojtyła, te gustaría emprender una misión hasta el fin del mundo o hacer algo por la humanidad. Esto es lo que Wojtyła sacó de nosotros.

La gente vive en un estado de patetismo religioso que se centra en cosas secundarias. Hay una actitud religiosa hacia los animales, una perspectiva religiosa sobre el ecologismo o los derechos de las mujeres. La gente está cada vez más frustrada; no puede liberarse del miedo, la soledad o el fracaso. Pienso que Juan Pablo II emprendió una cierta forma de siembra. Nos dejó un arsenal. Recientemente ha salido un hermoso libro: *Dios habita en Holanda*. Holanda solía ser una nación de muchos santos y muchos misioneros, pero ahora sus iglesias han estado cerrando. Hoy, hay un intento de quitar a los santos del pedestal. No pueden estar allí. Las estrellas y las celebridades se colocan en el pedestal.

Una vez, usted dijo en una entrevista: "Al mismo tiempo, se produjo una gran des-Wojtyłazación; ha habido una gran limpieza después de Juan Pablo II". ¿Que quiere decir con eso?

Hay muchos ejemplos: la destrucción de monumentos a Juan Pablo II, atribuyéndole todo mal social. También veo una dualidad en la Iglesia entre los fieles. Por ejemplo, los obispos italianos emitieron una carta pidiendo disculpas a los fieles por las enseñanzas de Juan Pablo II sobre el matrimonio y la sexualidad. En otras palabras, nos disculpamos por Juan Pablo II. Nos disculpamos por ser exigente. Pedimos disculpas por él predicando el Evangelio. Les pedimos disculpas por habernos transmitido el misterio de la vida con Cristo. Dos teólogos franceses publicaron un artículo en el influyente periódico francés *Le Monde* diciendo que Juan Pablo II debería ser decanonizado.

Quisiera aclarar aquí una cosa: Juan Pablo II no fue un político, como dicen algunos. El mayor logro de su pontificado no fue la derrota del comunismo, sino la restauración de la fe por la acción de Dios en el hombre: la santidad. Empezamos a creer de nuevo que el amor de Dios tenía un plan para nuestra vida, que se podía describir la vida en términos de vocación.

Recuerdo una entrevista con Jasio Gawronski, un italiano de origen polaco, en la que Juan Pablo II dijo: "Nunca me he adjudicado tal papel ni tales méritos. ¿Por qué? Porque vi que el comunismo colapsaría tarde o temprano. Intuí que estaba proponiendo algo falso a la gente; tenía una historia falsa y una visión falsa del hombre". El primado Wyszyński, tras salir de prisión, supo cómo ayudar a los católicos en un país ateo: es necesario fortalecer su identidad bautismal. Dan Rideli Baca escribió bellamente que la crisis de la civilización occidental, que se basa en una cierta degradación de la persona humana, puede superarse devolviendo al hombre un valor humano innegable, es decir, personalizándolo.

Un vívido ejemplo de personalización es el establecimiento del movimiento Solidaridad en Polonia, o la Jornada Mundial de la Juventud. A través de tales cosas, muchas personas llegaron a creer una vez más que la vida tenía sentido. Creo que algún día aprenderemos a volver a Karol Wojtyła, a quien no se puede conocer ni comprender sin Cristo.

¿Qué necesitamos para construir una civilización del amor?

Juan Pablo II nos escribió una hermosa carta profética, *Novo millennio ineunte*, "al comienzo del nuevo milenio". En ese documento se preguntaba: ¿Cómo van a afrontar estas generaciones las nuevas dificultades? Y respondió que la Iglesia no tiene fórmulas mágicas para la vida humana, ni consejos meramente filosóficos o éticos, ni programa terapéutico de ningún tipo. Su único mensaje es Cristo. Para nosotros, la verdad tiene el rostro de Cristo. Para nosotros la terapia tiene el rostro de Cristo. Si somos capaces de predicar a Cristo a las personas y mostrarles la belleza de la vida cristiana, diré, siguiendo al padre Józef Tischner, que es imposible que no funcione.

Me gustaría señalar que mi elección del lenguaje y las letras polacas estuvo determinada por una clara inclinación hacia la literatura… Esto me abrió horizontes completamente nuevos; me introdujo al misterio del lenguaje mismo… A medida que llegué a apreciar el poder de la palabra en mis estudios literarios y lingüísticos, inevitablemente me acerqué al misterio de la Palabra, esa Palabra de la que hablamos todos los días en el Ángelus: "Y la Palabra se hizo carne y habitó entre nosotros". (Jn 1,14).

Juan Pablo II

ARZOBISPO TADEUSZ
KONDRUSIEWICZ

Prelado bielorruso de la Iglesia católica, que se desempeñó como arzo-
bispo de Minsk-Mohilev del 2007 al 2021. En 1989, el papa Juan Pablo
II lo nombró y consagró administrador apostólico de Minsk, Bielorrusia
y obispo titular de Hippo Diarrhytus.

¿En qué circunstancias se encontró Su Excelencia con Juan Pablo II?

En 1986, mientras visitaba Roma, durante una audiencia general en la Plaza de San Pedro el miércoles, me presentaron al papa Juan Pablo II. Vi cómo la gente se sentía atraída por él, cómo escuchaban cada una de sus palabras y cómo reaccionaban vívidamente a sus gestos. Me sorprendió mucho lo atentamente que él escuchaba a su interlocutor.

Háblenos de su colaboración con el Santo Padre.

La cooperación, muy estrecha, comenzó después de mi consagración episcopal por Juan Pablo II en la Basílica de San Pedro, en Roma, el 20 de octubre de 1989. Me convertí en el primer obispo de Bielorrusia después de medio siglo. Todo era nuevo para mí, pero la situación de la Iglesia, en Bielorrusia y en toda la antigua Unión Soviética, no era nueva para Juan Pablo II. En 1991, el papa me envió a Rusia. Me convertí en el primer obispo católico en Moscú. Durante mi estadía en Roma, quiso hablar conmigo para conocer mejor la situación, aconsejarme y apoyarme. Compartió mis éxitos y dificultades por igual. Cuando hablaba de estas últimas, siempre decía: "Recuerde la profecía de la Virgen de Fátima, de que su Inmaculado Corazón triunfará y Rusia se convertirá". Esto aligeró mi corazón.

¿Cuál fue su mayor sorpresa sobre Juan Pablo II?

El papa estaba abierto a todas las personas y a las diferentes religiones, especialmente a la Iglesia ortodoxa. Estaba buscando la unidad. Apoyó el desarrollo de la doctrina social de la Iglesia y su implementación. Y, por supuesto, fue la voz de la conciencia en el mundo moderno. Asumió valientemente los problemas más agudos del mundo moderno para resolverlos.

En un mundo que supuestamente rechazaba a Dios y estaba dividido por
las ideologías del capitalismo y el marxismo, la elección del papa polaco

el 16 de octubre de 1978 debió ser un gran consuelo para los católicos de Bielorrusia. ¿Qué significó para los bielorrusos la elección de un polaco como sucesor de San Pedro?

Recuerdo muy bien ese día. En ese momento, yo era un seminarista de segundo año en Kaunas, Lituania. Hubo una gran emoción y agitación increíbles, porque el sucesor de San Pedro provenía de un país comunista. Los clérigos y la gente sencilla coincidieron en que él sabría romper la resistencia atea. Y no se sintieron defraudados. Una situación similar prevaleció en Bielorrusia: con la elección del papa Wojtyła, la estrella de la esperanza comenzó a brillar.

¿Cómo fue el llamado de Juan Pablo II: "No tengan miedo. Abran la puerta a Cristo", entendido por los fieles detrás de la Cortina de Hierro?

Los fieles de la antigua URSS, incluida Bielorrusia, acogieron con gran entusiasmo la elección de Juan Pablo II. Se preguntaron unos a otros cuándo, si alguna vez, la puerta de la Unión Soviética se abriría a Cristo, y si eso era posible. Este llamado de Juan Pablo II les dio una renovada esperanza de que llegaría la libertad religiosa, y realmente se manifestó durante su pontificado.

¿Cuál era el objetivo del papa al luchar por la unidad de los cristianos occidentales y orientales?

Juan Pablo II entendió muy bien las palabras pronunciadas por Cristo durante la Última Cena: "para que todos sean uno", y las tomó muy en serio. La división de los cristianos es una herida sangrante en el Cuerpo Místico de Cristo y debe ser curada. Además, la unidad es nuestra fuerza. Los cristianos debemos estar unidos para enfrentar juntos los desafíos del mundo secular moderno. La pregunta ahora no es simplemente "¿Ser o no ser?", sino "¿Ser o no ser para el cristianismo?".

Una vez usted dijo: "Juan Pablo II, por supuesto, estaba en el centro. Cuando parecía que todo el mundo se había dado por vencido, porque la Unión Soviética era muy fuerte, mantuvo la fe. Le creyó a Nuestra Señora de Fátima de que Rusia se convertiría".

Como dice Cristo: "La fe mueve montañas". La fe se manifiesta a través de la oración. En tiempos de persecución no había iglesias, sacerdotes, literatura religiosa, etc., sino oración. La oración necesita acción. Y el gran protagonista de este campo de batalla por la libertad y la unidad de los cristianos, especialmente con la Iglesia ortodoxa rusa, fue Juan Pablo II. Me habló de su dolor por las divisiones y malentendidos existentes. Hizo lo mejor que pudo. Me dijo lo querido que era para él el icono de Nuestra Señora de Kazan. Lo mantuvo en la pared de su estudio durante 10 años antes de legarlo al Patriarca Alexi II de Moscú.

Una vez Juan Pablo II dijo que "el perdón no es debilidad, sino fuerza, porque por medio de él te superas a ti mismo".

Al perdonar a otro, nos reconciliamos verdaderamente con él, pero al mismo tiempo también nos superamos a nosotros mismos, nuestra ira y nuestra insatisfacción. No es fácil. Pero las palabras de Cristo en la Cruz: "Padre, perdónalos, porque no saben lo que hacen", deben levantarnos. Al perdonar, nos despojamos de la carga del mal y emprendemos el camino de la paz. Y los pacificadores serán bendecidos, dice Cristo.

¿Recuerda su último encuentro con Juan Pablo II?

Recuerdo muy bien ese encuentro. Tuvo lugar el 8 de marzo de 2005, exactamente un mes antes de su funeral. Estaba en Roma y recibí el mensaje de que el Santo Padre quería verme en el hospital Gemelli. Me dijeron que esperara un rato, porque estaba diciendo las Vísperas. Entré en la habitación y lo vi sentado en una silla bastante alta. Me reconoció de inmediato, sonrió y preguntó con voz bastante ronca: "¿Qué está pasando en Moscú?". Ese era él: Juan Pablo el Grande, el Pastor de la Iglesia Universal. Yo era obispo en Moscú en ese momento y me preguntó por la capital rusa. Hablamos un poco sobre la situación de la Iglesia en Rusia. Salí del hospital después de recibir una bendición para mí y para la Iglesia en Rusia.

¿Qué es lo que más extraña de Juan Pablo II?

Su llamado a vivir por la verdad que te hace libre. El mundo moderno asciende a las cumbres de la prosperidad, pero al mismo tiempo desciende a las tierras bajas de la moralidad, pues el hombre moderno vive su propia verdad en lugar de la verdad revelada.

¿Qué necesitamos para construir una civilización del amor?

Necesitamos el amor de Dios y del prójimo. En lugar de mentiras debería haber verdad; en lugar del mal, el bien; en vez de odio, amor; en vez de condenación, perdón; en lugar de divisiones, unidad.

MADRE ADELA GALINDO

Fundadora de las Siervas de los Corazones Traspasados de Jesús y María, en la Arquidiócesis de Miami.

¿Qué recuerda de su primer encuentro con San Juan Pablo II?

Mi corazón se encontró con San Juan Pablo II el día de su elección, como papa el 16 de octubre de 1978. Fue una experiencia profunda de comunión con su corazón, más allá de la comprensión humana, pero marcó mi vida y mi futuro de una manera singular. Lo conocí personalmente el 11 de septiembre de 1987, durante su visita pastoral a Miami. La Santa Misa se celebró en el parque Tamiami, en el corazón de la ciudad. En ese momento yo era la líder de nuestro grupo juvenil parroquial y de un grupo de formación para mujeres jóvenes. Ya había hecho votos y vivía en comunidad con las tres primeras jóvenes con quienes comenzó nuestro Instituto Religioso.

La noche antes de la misa, nosotros, junto con unos 100 jóvenes de nuestros grupos de oración, pasamos toda la noche haciendo una vigilia de oración con gran expectativa por la Santa Misa, que tendría lugar a la mañana siguiente. La gente empezó a llegar al parque, que estaba dividido en secciones por cercas metálicas. Estábamos en nuestra sección, cantando, rezando el rosario, leyendo escritos de San Juan Pablo II, discutiendo sobre su vida cuando era joven y muchos otros aspectos de su vida y de su testimonio. Estuvimos haciendo esto hasta que se acercó la hora de la misa. De repente, llegó Juan Pablo II en el Papamóvil y comenzó a recorrer las diferentes secciones. Cuando pasó frente a nosotros, nuestras miradas se encontraron y en cuestión de segundos experimenté la misma comunión de corazones que había experimentado nueve años antes cuando en el día de su elección exclamé, sin comprender del todo, que encontré en él el corazón que había estado buscando.

La Santa Misa comenzó con un millón y medio de personas gritando: "¡Juan Pablo II, te amamos!". Fue una gran manifestación de amor y gratitud por este gran hombre que era nuestro papa. Cuando comenzó la primera lectura, de repente todo el cielo se puso muy oscuro y la lluvia empezó a caer muy fuerte sobre todos nosotros. Pudimos ver que las nubes oscuras cubrían solo el parque, ya que más allá estaba tan claro como un día soleado en Miami. Yo podía sentir en mi corazón que se estaba librando una batalla espiritual. La lluvia siguió arreciando y luego comenzaron las tormentas.

Pudimos ver a los funcionarios de seguridad nacional y arquidiocesanos reuniéndose para hablar. Mi corazón comenzó a latir rápidamente; tenía miedo de que cancelaran la misa. La lluvia y las tormentas continuaron. A los pocos minutos escuchamos un anuncio del arzobispo de Miami de que por cuestiones de seguridad pedía que todos saliéramos, ya que estábamos en un espacio abierto con tormentas peligrosas, y que la misa había sido cancelada. Yo no lo podía creer. ¡No podía ser posible! Recuerdo haber sostenido la cerca de alambre con ambas manos y orar con una desolación tan profunda, mientras veía a la multitud correr y salir. Recuerdo sentir que esa desolación era la que siente una madre cuando sus hijos la han abandonado. Sabía, de alguna manera, que esta no era solo una experiencia personal, sino que el Señor me estaba permitiendo experimentar lo que siente el corazón y el vientre de la Iglesia, nuestra Madre, cuando tantos de sus hijos la abandonan a ella y a su Magisterio.

En ese momento tomé una decisión mientras veía salir a la multitud. Mi elección fue quedarme, porque sabía que Juan Pablo II estaba en algún lugar, quizás en un tráiler o capilla portátil no visible al público, terminando la Santa Misa. Les dije a los jóvenes que estaban con nosotros que se sintieran libres de irse o quedarse, pero que yo me quedaría. Todos decidieron quedarse, así que les dije que corriéramos juntos al frente del parque, donde estaban sentados los sacerdotes, y cantaran en voz alta para que el Santo Padre supiera que algunos de nosotros no lo habíamos dejado solo. Corrimos a través del lodo y finalmente llegamos a la sección justo enfrente del altar, que estaba elevado probablemente por 25 escalones. Vi a algunos agentes del FBI que querían que nos fuéramos porque, decían, el papa no estaba allí. Respondí preguntando, si él no estaba allí, qué estaban logrando al permanecer allí. Intentaron hacernos salir varias veces y cada vez respondí que podía sentir el corazón del Santo Padre cerca y que él nunca interrumpiría una misa, sino que, probablemente, la terminaría en un tráiler portátil. Curiosamente, la lluvia y las tormentas cesaron tan pronto como la multitud se fue.

Cantamos con todas las fuerzas de nuestro corazón durante unos 30 minutos, cuando de repente pude ver a alguien que había salido y estaba cerca del altar. Reconocí al maestro de ceremonias del Santo Padre. Comenzó a bajar las escaleras y vino directamente hacia mí. Mi corazón estaba más allá del júbilo. Amablemente me dijo: "El Santo Padre vendrá a saludarte personalmente en señal de agradecimiento". Éramos un centenar de jóvenes y tal vez una treintena de adultos que habían visto que nos quedamos.

Quince minutos después salió el Santo Padre, mi amado Juan Pablo II. Pude ver, incluso desde donde estábamos, al hombre vestido de blanco, con las manos cruzadas sobre el pecho, con una sonrisa que le hablaba profundamente a mi corazón. Bajó del altar y se acercó a nosotros. Cuando estuvo cerca de nosotros, se volvió hacia mí, me miró a los ojos como si nos conociéramos personalmente y comenzó a pronunciar palabras que han quedado grabadas en todo mi ser hasta el día de hoy. Dijo: "Gracias por tu fidelidad, por estar con el papa en medio de la tormenta, por no tener miedo de los peligros que amenazaban. Tú elegiste ser fiel, cerca de mi corazón". Respondí entre lágrimas: "Santo Padre, siempre le seré fiel; siempre estaré cerca de su corazón; siempre seré fuerte para afrontar los desafíos para ser una buena hija de la Iglesia y de usted". Me miró con profunda humildad y gratitud, y dijo: "Porque has sido fiel, porque no te fuiste y elegiste quedarte, porque aceptaste los peligros que la tormenta trajo consigo, te bendeciré especialmente y te daré una bendición apostólica para tu presente y para tu futuro". Caímos de rodillas y él nos bendijo. Besé sus manos y él tomó mi rostro con sus dos manos y volvió a decir: "Gracias por tu fidelidad".

El papa dio la vuelta y se fue, mientras nosotros seguíamos cantando hasta que vimos el helicóptero abandonar la zona. Sus palabras fueron para mí una confirmación de la comunión espiritual que había experimentado cuando salió al balcón el día de su elección. También se convirtieron en un camino para mi vida: *Yo siempre estaré cerca de su corazón, de sus enseñanzas y de su legado.* Esta es una realidad para mí como fundadora, y más aún después de que él partió para la Casa del Padre.

¿Qué o más bien quién le inspiró a fundar las Siervas de los Corazones Traspasados de Jesús y María?
La gracia original para lo que un día sería nuestro Instituto Religioso me fue dada el 11 de julio de 1984, apenas unos meses después de la consagración del mundo entero al Inmaculado Corazón por San Juan Pablo II. Menciono este detalle porque de alguna manera todo en nuestra fundación está entrelazado con acciones, gestos o enseñanzas de nuestro amado santo. Siendo mariana por concepción, como me

describo, el papa *Totus Tuus* se convirtió para mí, después de Nuestra Señora, en una estrella brillante para guiar mi camino. Ese 11 de julio recibí una gracia inmensa que llamamos en nuestra historia "el intercambio de corazones con Nuestra Señora". Tuvo lugar en un santuario mariano, al final de una misión juvenil. Desde ese momento supe que Nuestra Señora me estaba preparando para una misión que nunca se me había pasado por la mente: "Vivir la misión de un pelícano". El pelícano era una imagen que, desde principios de 1984, se me manifestaba en oración con mucha regularidad. El significado del pelícano es el llamado a dejar que mi corazón sea traspasado para que otros tengan vida.

En 1985, después de leer la Carta Apostólica *Dilecti Amici* y ver cuánto confiaba Juan Pablo II en la respuesta de los jóvenes para hacer grandes obras para Dios y Nuestra Señora, experimenté un fuerte sentido de responsabilidad de ser fiel a la promesa que había hecho a Nuestra Señora cuando era niña: "Siempre te diré que sí, cualquier cosa que me pidas". Queriendo ser siempre la hija más pequeña de Nuestra Señora y habiendo experimentado una profunda comunión con el corazón de Juan Pablo II, me sentí llamada a dar mi vida enteramente, haciendo votos privados y dedicándome a cumplir sus planes de amor y a evangelizar muchos corazones en muchos lugares. Desde niña quise que todos amaran a Nuestra Señora porque estaba convencida de que ella era el camino seguro hacia Jesús. ¡A Jesús por María! Nunca imaginé que desde aquel sencillo y pequeño fíat, poco tiempo después, algunas jóvenes querrían seguir la elección que yo había hecho. En ese momento la Iglesia pidió que empezáramos a vivir en comunidad *ad experimentum*.

En 1990, nuestro carisma mariano de vida religiosa recibió la primera aprobación canónica como Asociación Pública de Fieles, con miras a convertirse en el futuro en Instituto Religioso de Derecho Diocesano. Esta aprobación final tuvo lugar el 25 de marzo de 2000, durante el Año Jubilar de la Encarnación, cuando San Juan Pablo II había dicho que durante ese año el corazón traspasado de Cristo se abriría de par en par para derramar muchas gracias en la Iglesia y las distribuiría a través del corazón de su Madre. Fuimos destinatarios directos de esta gracia el 25 de marzo, Solemnidad de la Encarnación. Todo lo que somos es Mariano, todo en nuestra historia es Mariano. Y todo está tan marcado por la presencia de San Juan Pablo II mientras estuvo entre nosotros en la tierra, y de manera incluso mayor, después de irse a la Casa del Padre.

¿Por qué eligió a San Juan Pablo II como patrón de su Instituto?

En realidad, no elegí a San Juan Pablo II como patrón de nuestro Instituto; más bien, diría que Nuestra Señora eligió formar espiritualmente nuestros corazones para que sean uno en mente, espíritu, propósito y misión. He sido testigo a lo largo de mi vida del cuidado y guía espiritual y paternal de San Juan Pablo II. Él es el padre espiritual no solo de nuestra familia religiosa (hermanas, hermanos y sacerdotes), sino de toda nuestra familia espiritual, que consiste en diáconos, miembros laicos, familias, estudiantes universitarios, jóvenes, ramas misioneras y misiones marianas en muchas partes del mundo.

Desde el comienzo mismo de nuestra fundación, nos consumió el ardor de evangelizar en todas las formas posibles. El llamado de San Juan Pablo II a ser testigos y misioneros de la Nueva Evangelización, con nuevo ardor, nuevos métodos y nuevas expresiones bajo el estandarte de Nuestra Señora, quedó profundamente grabado en nuestra propia identidad y misión apostólica. De alguna manera misteriosa, humanamente hablando, siempre sentí que Nuestra Señora había dado a luz a este nuevo instituto religioso para estar en total comunión con el corazón de San Juan Pablo II y para tener una comunión espiritual mutua que sostuviera y confirmara la misión de cada uno de nosotros (manteniendo la gran distancia entre su misión y la mía). Todos nuestros esfuerzos apostólicos inspirados por el Señor y nuestra Santísima Madre fueron, sin que lo supiéramos en ese momento, una respuesta a lo que San Juan Pablo II pediría a la Iglesia en sus encíclicas, cartas apostólicas, discursos, etc.

Todo su Magisterio se convertiría en la confirmación de nuestro carisma, identidad y misión, ya escritos antes de que él los enseñara. Él fue el principio petrino que confirmaba este carisma mariano, y nosotros éramos el principio mariano respondiendo con prontitud al principio petrino y encarnando su luminoso y poderoso Magisterio. Este carisma nació y poco a poco se descubrió como una respuesta, una respuesta singular, al corazón de San Juan Pablo II.

¿Por qué decidió seguir a Juan Pablo II y dedicar su vida a mantener viva su misión?

El 16 de octubre de 1978, Karol Wojtyła fue elevado al pontificado, un gran don del corazón misericordioso de Cristo y del corazón materno de la Santísima Virgen: un gran don inimaginable para la vida de la Iglesia al final del Segundo Milenio. Un hombre, un papa, que con su amor oblativo y con su mirada penetrante en los misterios del amor de Dios y en los misterios del corazón humano, marcaría el camino de la Iglesia del Tercer Milenio. Ese día también nació mi padre espiritual. Recuerdo, aunque era muy joven, ese momento en que salió al balcón y vi su rostro. Por la gracia de Dios, pude contemplar la profunda libertad interior de su corazón y exclamar estas palabras: "He encontrado el corazón que he estado buscando". Quizás en aquella exclamación no tuve plena conciencia de lo que mi alma entendía, pero sabía que en San Juan Pablo II había un camino luminoso que debía seguir, ¡un regalo que mi Madre, Nuestra Señora, me estaba dando! Mi camino y mi corazón marianos habían encontrado en su corazón su identidad más profunda, su realización más plena, la confirmación más grande de lo que Nuestra Señora me había enseñado en la escuela de su corazón materno. Pude seguir esta estrella luminosa con libertad, con fuerza interior femenina y sabiduría, y sin miedo en un mundo lleno de desafíos que él no solo había afrontado y confrontado, sino que nos había dado las respuestas con las decisiones que había tomado defendiendo a toda costa la dignidad de la persona humana. Todo esto quedó profundamente grabado en mi corazón desde la más temprana juventud, y por primera vez encontré a una persona a la que podía admirar en su totalidad. Su vida fue el testimonio más coherente de sus palabras.

Aunque en aquella época era difícil encontrar sus escritos, hice todo lo posible para obtener cada palabra, dirección, documento y audiencia que Juan Pablo II dio. Su Magisterio fue un tesoro para mi corazón, un don que me resultó muy fácil de comprender y contemplar profundamente. Por eso estaba convencida de que este regalo era también mi tarea. Tuve que dedicarme a enseñar y formar todas las dimensiones de la vida humana y las cuestiones fundamentales del corazón humano, a partir de su Magisterio y su legado contemplado a través del carisma Mariano que había recibido. Cumplí y sigo cumpliendo esta misión a través de conferencias, charlas, programas de radio, escritos, redes sociales, congresos, programas de televisión, entrevistas, peregrinaciones y todos los medios disponibles para dar a conocer su legado y mantenerlo vivo en el corazón de la Iglesia.

A lo largo de su pontificado, al escuchar y estudiar constantemente cada enseñanza que nos transmitía, comprendí que había recibido el llamado a difundir y promover el legado de San Juan Pablo II como tarea fundamental de mi vida. Su legado es un camino necesario y luminoso para la Iglesia del Tercer Milenio. Esta vocación quedaría particularmente sellada en mi corazón y sería también para mí una tarea crucial después de su fallecimiento. Tantas experiencias profundas han marcado este camino de mi vida y de mi misión, tantas confirmaciones de que Nuestro Señor y Nuestra Señora me pidieron esto: tuve que formar muchos corazones para ser testigos del amor, para salir a lo profundo de nuestros tiempos difíciles, sin miedo, proclamando que el amor es la esencia y la vocación del corazón humano y el único camino para construir una nueva civilización, un mundo que pueda ser hogar de la persona humana.

¿Cuál es el legado de San Juan Pablo II?

No hay palabras para describir la profunda gratitud que debemos sentir hacia Dios Padre por elevar a Juan Pablo II en el corazón de la Iglesia y del mundo, y ante nuestros ojos su gran testimonio de amor, de verdad, de vida y de esperanza. Incluso después de su muerte continúa haciendo lo que hizo durante su vida terrena: ser testigo. Él fue, es y sigue siendo, en el corazón de la Iglesia y del mundo, un gran testimonio. El Señor y Nuestra Señora levantaron este testimonio luminoso en uno de los períodos más oscuros de la historia, para dejar un legado que pueda iluminar el camino y la historia de la Iglesia y de la humanidad del Tercer Milenio. Por más difícil que sea elegir algunas de las dimensiones de su vida que comuniquen de manera clara su misión de ser testigo, hay algunas que puedo mencionar:

Ser testigo fiel, testigo ardiente de que el amor todo lo puede, que el amor es posible y que el amor es nuestra mayor dignidad, vocación y misión. Que el amor no es una utopía, sino que es capaz de construir una nueva civilización cuando cada corazón toma decisiones de amor con responsabilidad. Él dijo: "El amor me explicó todo, el amor me resolvió todo; por eso admiré el amor dondequiera que se encontrara". Este ha sido uno de los lemas de mi vida. El amor solo es auténtico cuando es responsable". ¡Qué enseñanza!

Ser testigo de que las tinieblas y el mal no tienen la última palabra, que el mal tiene un límite: la potencia de la Divina Misericordia que todo lo perdona, todo lo sana, todo lo restaura, todo lo eleva y todo lo recrea. Saca de todo lo malo un bien infinitamente mayor. ¡El amor siempre triunfa!

Ser testigo del don del corazón materno de la Virgen María. Juan Pablo II era hijo de Nuestra Señora y daba total libertad a la mediación materna en su vida. Fue un gran testigo de la potencia de pertenecer totalmente al Corazón de Nuestra Señora, que es el hogar y la escuela más perfecta y eficaz para formar el corazón humano en los caminos del amor heroico, la pureza vivificante y la santidad. Su *Totus Tuus* ("Soy todo tuyo y todo lo que tengo es tuyo") creó una revolución de amor por nuestra Santísima Madre, que le permitió tocar a millones de corazones y también intervenir en tantos acontecimientos históricos.

Ser testigo de la dignidad y grandeza de la persona humana, de que el hombre es capaz de amar como Dios nos ha amado. Él es testigo de que la persona humana fue creada para la verdadera libertad, libertad que reside en el don de poder elegir el bien, de hacer escogencias con el más alto grado de amor, elecciones que transforman su historia personal, la historia de la humanidad y la historia del mundo. Cada elección de amor tiene un efecto profundo que va más allá del individuo y tiene el poder de cambiar el curso de la historia.

Ser testigo del poder salvífico del sufrimiento humano. Juan Pablo II, formado en la escuela de la Cruz desde niño, fue testigo de que el sufrimiento, en todas sus formas, solo alcanza su sentido más profundo y su máxima fecundidad si se une a la Cruz de nuestro Redentor. Conoció el dolor de la pérdida de sus seres queridos, de sus amigos, de sus mentores, de sus hermanos seminaristas… Conoció los efectos de la falta de libertad, del pisoteo de la dignidad humana, de la persecución, de la guerra, de la injusticia, de la soledad, de la enfermedad, de la tragedia de la destrucción de la vida humana y de su dignidad por los sistemas totalitarios. Comprendió profundamente que una sociedad sin Dios, un mundo sin Dios, siempre se volverá contra la persona humana. Juan Pablo II conoció la forma cruciforme del sufrimiento humano: aprendió la sabiduría de la ciencia de la Cruz, enseñándonos su profundo significado y su valor de redención.

Ser testigo de que el amor es el don más precioso y la tarea más ardua de la persona humana. Ese amor, que es siempre un don, debe ser cultivado, custodiado, comunicado y elevado con la respuesta madura del corazón. Juan Pablo II fue un testigo valiente e incansable de la familia y de su misión en la vida de la Iglesia y del mundo. Nos enseñó que la familia es el lugar donde la persona humana aprende a amar, experimenta el amor y se forma para amar; que la familia es el hogar y la escuela del corazón humano, el lugar donde comienza y se construye la civilización del amor. Como él nos enseñó: la familia "es el camino del hombre" y, por tanto, es "el camino de la Iglesia".

Ser testigo de lo sagrado de la vida. Nos enseñó a "abrazar" a cada niño y a descubrir en su rostro la ternura de Dios. Nos enseñó a defender con valentía la vida en cada Areópago del mundo; a hacernos presentes en nuestro momento histórico y a ser la voz de los que no la tienen, ser la voz de los no nacidos; ser la voz de los ancianos olvidados y abandonados; ser la voz de quienes sufren la violencia ajena, para defender la vida en todas sus etapas.

Ser testigo incansable de la Nueva Evangelización que tanto se necesita en nuestro mundo y en nuestros tiempos. Juan Pablo II fue testigo del Evangelio ante los hombres, ante la Iglesia y ante el mundo, hasta los confines de la tierra. Con mirada aguda, con ardor misionero y bajo la estrella de la Nueva Evangelización, se dispuso con generosidad a ir a todos los pueblos, a remar todos los océanos que se presentaban ante sus ojos, y a remarlos aunque sus olas fueran muy altas y las tormentas azotaran la barca de Pedro. El papa remó mar adentro y nos llamó a nosotros, la Iglesia del Tercer Milenio, a hacer lo mismo.

¿Qué significó para usted personalmente Juan Pablo II?

En el Cantar de los Cantares 8:6, el Señor nos da una palabra muy penetrante: "Ponme como sello sobre tu corazón, como sello sobre tu brazo; porque el amor es fuerte como la muerte". Sí, en verdad, el amor es aún más fuerte que la muerte, el amor es un sello sobre el corazón humano, el amor vence las incertidumbres y los temores de la persona humana. ¡Qué mensaje tan poderosamente vivido y transmitido por San Juan Pablo II, y por el cual yo siempre he vivido! En su última enfermedad, el mundo se unió en oración con lágrimas de dolor; el corazón de la humanidad acompañó en la oración y rindió su más hermoso homenaje de amor al gran testimonio del amor de Cristo en nuestros tiempos. ¡Qué poder tan misterioso tiene el amor! Este es precisamente el que creo que es el legado más grande que nos ha dejado, que me ha dejado San Juan Pablo II.

Sí, será conocido en la historia como San Juan Pablo II el Grande, pero en mi corazón el título "el grande" sigue siendo demasiado pequeño; se queda corto ante la grandeza de su corazón, de su vida, de su persona y de su Magisterio.

Entre todos los tesoros luminosos que nos regaló, el mayor ha sido, es y será haber sido un verdadero *testigo del amor y de la verdad.* Su partida causó en mi corazón un profundo dolor porque, desde el comienzo de su pontificado, y de manera particular desde el comienzo de mi vocación y la fundación de la congregación, su paternidad espiritual había estado plenamente unida a mi alma. Esta paternidad ha sido un hermoso regalo de misericordia que recibí del corazón de Cristo; un regalo para mi vida, para la vida de todas las hermanas, hermanos y sacerdotes, y para la familia espiritual de los Corazones Traspasados.

Puedo decir, con gran seguridad y máxima gratitud al Señor, que Juan Pablo II ha sido la persona aquí en la tierra que más influyó en mi corazón, en mi persona, en mi pensamiento, en mis sentimientos, en mi forma de mirar la vida, de valorar a la persona humana y de comprender todo, incluso los sufrimientos, como los necesarios para la fecundidad de la Iglesia y de la misión que el Señor me ha confiado. San Juan Pablo II ha sido, y sé que seguirá siendo, el faro, que después de la Santísima Madre es la estrella más brillante que ha iluminado el camino angosto y arduo de mi vida, de mi vocación y de mi misión. Es la persona que a lo largo de mi vida he admirado más profundamente y cuyo ejemplo deseaba seguir. Por mi misión como fundadora y oradora internacional, y por mi presencia constante en las redes sociales, me he encontrado con millones de personas en la Iglesia y en otros sectores de la sociedad. Puedo decir con toda honestidad que solo San Juan Pablo II ha tocado verdaderamente mi vida por todo lo que fue, lo que hizo y lo que sigue siendo. Como Custodia de su reliquia peregrina en América del Norte, lo he visto actuar tal como lo hizo cuando realizó sus visitas apostólicas por el mundo. Soy testigo de que sigue cumpliendo la promesa que nos hizo en su último viaje a México, para la beatificación de San Juan Diego: "Me voy, pero no me voy; me voy, pero me quedo... Porque aunque me vaya, mi corazón permanecerá". Estoy tan agradecida de que a pesar de que él se fue a la Casa del Padre, espiritualmente se ha quedado con nosotros, conmigo.

¿Qué piensa sobre Juan Pablo II y la juventud?

En su misa de Instalación del 22 de octubre de 1978, el papa bajó del santuario para acercarse a los jóvenes, y les dio tres declaraciones que revelaban su corazón y su amor por ellos: "Creo en ustedes"; "confío en ustedes"; "la Iglesia los necesita".

Desde ese momento los jóvenes comprendieron que San Juan Pablo II les tenía un profundo amor, que se manifestaba desde que era un joven párroco a cargo del grupo juvenil. Los jóvenes estaban desorientados por las muchas fuerzas y vientos que soplaban en nuestra sociedad y les presentaban caminos de falsa felicidad. La voz del mundo hablaba fuerte a sus corazones, y San Juan Pablo II sabía que tenía que alzar la voz de Cristo para que encontraran la verdadera felicidad que solo se puede encontrar en él y en su Evangelio. Las tormentas de confusión azotaban sus mentes y corazones, y su cercanía hacía que en él encontraran un buen pastor que los condujera por el desierto de nuestro tiempo, hacia verdes pastos de verdadero descanso y paz, y aguas puras de la verdad que es el fundamento de la libertad.

Los jóvenes buscaban respuestas a las muchas preguntas que surgían en sus corazones. San Juan Pablo II les enseñó que el único que tiene todas las respuestas para las inquietudes del corazón humano es el mismo Jesús. Él creó la Jornada Mundial de la Juventud para reunir a los jóvenes del mundo y permitirles ver que no estaban solos, que tenían una gran familia de hermanos y hermanas recorriendo el mismo camino. Pero también quiso estar con ellos y dejarles presentar sus preguntas, sus sueños, sus miedos y sus anhelos, y con gran alegría y serenidad paternal, responder a cada uno de ellos, dándoles un rumbo claro a seguir para que no se perdieran en el camino.

San Juan Pablo II conoció el poder y la fuerza de los corazones jóvenes. Mucho dependía de ellos. Eran constructores, no espectadores. Él quería que comprendieran la importancia de su etapa en la vida – un tiempo de elecciones fundamentales, un tiempo para descubrir su propósito y su vocación en la vida, un tiempo para definir su lugar en la historia– y los exhortó a no escuchar las voces del mundo, sino a ser los centinelas y apóstoles de una nueva civilización. Creía que el futuro de la humanidad estaba en manos de los jóvenes, en las elecciones de los jóvenes, en la fuerza de los jóvenes y en su poderoso testimonio de una cultura del amor y de la vida.

¿Por qué la canonización del papa Juan Pablo II fue un momento tan significativo para la Iglesia y el mundo?

El Señor dice en el Evangelio de Mateo (5:14–16): "Ustedes son la luz del mundo. Una ciudad en lo alto de una montaña no puede esconderse. Tampoco se enciende una lámpara para cubrirla con una vasija. Por el contrario, se pone en el candelero para que alumbre a todos los que están en la casa y hagan brillar su luz delante de otros, para que ellos puedan ver las buenas obras de ustedes y glorifiquen a su Padre celestial". Este pasaje del Evangelio muestra cuánto necesita el Señor que seamos luz en el mundo, y a veces con más luminosidad en períodos oscuros. Definitivamente, San Juan Pablo II fue en cada etapa de su vida un testimonio para los demás de la coherencia de sus opciones con el Evangelio de Cristo. Esto hizo que muchos de sus amigos, incluso los que no eran católicos, lo admiraran y confiaran en él, en la solidez de su carácter y en su entrega incondicional. Desde su juventud, él fue luz clara para muchos, especialmente en tiempos de gran tribulación, cuando siempre buscaban una respuesta de Karol, por la razón de las acciones humanas, del sufrimiento humano y de la forma moral de responder a los desafíos que enfrentaban. Él tenía respuestas, que explicó de manera sencilla y respetuosa, porque ya había estado tratando y luchando en oración con las mismas preguntas fundamentales. Al vivir tantas experiencias humanas dolorosas, al ver el mal que provocaban las elecciones de los hombres y al saber que la persona humana siempre tuvo la libertad interior de elegir lo bueno y lo más noble, lo moral y lo ético, se convenció de que era verdaderamente necesario que el corazón humano afrontara cuestiones fundamentales y alcanzara respuestas fundamentales que realmente elevaran la plenitud de sus potencialidades humanas. Él iluminó sus tiempos oscuros, recordándoles esta verdad a quienes lo rodeaban, y continúa haciéndolo en nuestros tiempos históricos actuales y para toda la humanidad.

A través de su canonización, las luces de su persona, de su corazón, de su sabiduría, de su testimonio y de su Magisterio fueron colocadas en un candelero para que el mundo las viera o las recordara. Este legado debe seguir siendo una luz brillante para los corazones y las mentes de los hombres y mujeres del siglo XXI. Como dijo una vez en la *Carta a las Familias*, nuestra época está marcada por una crisis de verdad que distorsiona todos los conceptos, creando una comprensión falsa de la definición de cada palabra. Esto tiene profundas consecuencias para nuestras decisiones, desestabilizando los cimientos de la sociedad. San Juan Pablo II creía que solo cuando nuestros conceptos sean correctos se podrá construir una nueva civilización.

Su canonización fue un momento para recordarnos cuánto necesitamos su legado para sobrevivir como una sociedad humana sana y para no caer en las trampas de conceptos falsos creados por sistemas totalitarios, estructuras inhumanas que manipulan el lenguaje y los conceptos para que suenen a favor de la persona humana, cuando en realidad es pisoteada; y por agendas inmorales y ateas para crear un mundo sin Dios. Juan Pablo II nos dijo muy claramente que un mundo sin Dios se volvería contra los hombres. Para él esto no era una teoría, sino una experiencia vivida.

¿Puede usted anticipar qué será más recordado del papa Juan Pablo II?

Es difícil nombrar una o algunas cosas por las que será recordado. Todo sobre él sigue siendo recordado por millones de personas que aún exclaman: "Juan Pablo II, te amamos". En mi misión llevando la reliquia peregrina de su sangre líquida por toda América del Norte, puedo decirle que la gente no solo no lo ha olvidado, sino que lo extraña y está dispuesta a pasar 14 horas en el calor haciendo fila solo para venerar su reliquia por unos segundos, para presentar sus intenciones, ver alguna parte de él y sentir su presencia y cercanía.

Todos ellos tienen muchas historias que compartir, tantos testimonios de sanación, reconciliaciones en sus familias, intervenciones de Juan Pablo II en situaciones difíciles de sus vidas. Todos ellos confían en su poderosa intercesión. Recuerdan algo especial que les ocurrió cuando vino a su país en visita apostólica. Yo misma he sido testigo de muchos tipos diferentes de milagros durante el ministerio con su reliquia.

Juan Pablo II sigue actuando de la misma manera que lo hacía cuando estaba entre nosotros, recibiendo a cada persona y atendiendo a sus necesidades específicas. Es difícil explicar esto de manera breve, pero puedo decirles que no solo la gente lo recuerda, sino que él recuerda a todas las personas que vio, con las que habló, con las que trató y tocó, o que le sirvieron durante esas visitas. Esto para mí es un testimonio muy conmovedor de que él continúa mirándonos a cada uno de nosotros con el mismo amor paternal que mostró en la tierra. Ahora es aún más visible y universal, ya que está en el cielo. He sido testigo también de que está cumpliendo las promesas que hizo a los obispos, a los sacerdotes o a los laicos y que no se ha olvidado de cumplirlas incluso después de su muerte. Esto me hace sentir tan humilde de poder ayudarlo a hacer todo lo que desea llevándolo en su reliquia a donde quiere ir y a quién desea tocar. San Juan Pablo II es y será simplemente recordado por todo lo que fue y sigue siendo. Parte de mi misión es mantener viva su memoria y legado. La misión confiada por el Señor y Nuestra Señora a esta sencilla sierva se ha convertido también en misión de mis hijas e hijos espirituales. Toda nuestra familia religiosa y familia espiritual tiene el don y la tarea de mantener vivo el legado de San Juan Pablo II en el corazón de la Iglesia y en el corazón del mundo. Quizás, solo quizás, por esta tarea se nos ha encomendado la misión de llevar en cinco ocasiones la reliquia peregrina de la sangre de San Juan Pablo II por el continente americano. No es solo una peregrinación, es una misión de enseñar, formar y recordar el cuidado pastoral que brindó a este continente. Después de todo, fue en América durante su último viaje despúes de la canonización de San Juan Diego, el vidente de Nuestra Señora de Guadalupe, donde dijo antes de abordar su avión: "Me voy, pero no me voy. Me voy, pero no me voy, porque mi corazón siempre permanecerá". Es mi alegría y la alegría de nuestra familia religiosa que se nos haya confiado la misión espiritual de mantener vivo su corazón, su persona, su misión y su Magisterio para que muchos descubran el gran don que el Espíritu Santo dio a la Iglesia a través de este hijo de Polonia.

¿Qué necesitamos para construir la civilización del amor?

Yo diría que es importante comprender el papel de la cultura en la vida y la formación de la persona humana. La cultura es el "hogar" o entorno que desarrolla valores, tradiciones, principios y perspectivas en la persona humana. Una cultura que pierde esta capacidad corrompe el desarrollo auténtico de la persona y crea en ella una sensación de pérdida de significado, propósito y dirección.

Es interesante notar que los sistemas totalitarios tienen como primer propósito la destrucción de la cultura y la libertad de la sociedad de un país; luego, actúan para destruir la familia, para quitarle la libertad a la persona humana en todos sus niveles. La cultura se ha visto profundamente afectada por agendas ocultas para cambiar la estructura de la humanidad.

Como nos instó tantas veces San Juan Pablo II, necesitamos construir una nueva civilización, o una nueva cultura, que regrese al poder de los principios fundados en la verdad sobre la persona humana, sobre la familia y sobre la auténtica libertad de vivir; es decir, utilizar nuestros dones al servicio de la sociedad. Una nueva civilización, en este momento, requeriría ante todo que nos comprometiéramos a razonar con mentes informadas sobre todos los lemas que están inundando la sociedad a través de tantos canales como declaraciones de verdad. Una nueva civilización requeriría personajes fuertes y apóstoles intrépidos para, como hizo Juan Pablo II, no dejar que el entorno determine las elecciones, sino elegir libremente lo que es bueno, para construir una sociedad más humana, una civilización del amor.

Juan Pablo II vio los horrores de los regímenes nazi y comunista, vio la muerte a su alrededor, vio la injusticia, el antisemitismo, el encarcelamiento, los campos de concentración, la destrucción del sistema educativo y la persecución de la Iglesia en todos los niveles, creando una cultura del miedo y la intolerancia a la verdad. Ante tanto mal en todas sus formas, no se convirtió en un hombre de odio ni de venganza. Fácil e incluso comprensiblemente podría haberse convertido en ese tipo de hombre. Sin embargo, sabía que las horribles acciones que lo rodeaban, aunque lo afectaran profundamente, no le quitaban la libertad de elegir el bien mayor: ¡eligió hacerse sacerdote! Un hombre totalmente entregado a servir a sus hermanos, a enseñar la verdad sobre la persona humana y los valores del Reino de Dios; no a luchar con armas que solo fomentan la cultura de la muerte, sino a luchar con el poder del amor y la verdad, el único poder que puede cambiar el corazón humano y el mundo.

Postrado en el suelo durante su ordenación, al verse ordenado solo y sabiendo que muchos de sus compañeros habían sido asesinados, Juan Pablo II oró: "Si he sido preservado, Señor, es para donarme a mí mismo". Siempre estaré sostenida e inspirada por estas palabras y por su elección de hacer libremente de su vida una entrega total de sí mismo para el bien de la Iglesia y de la humanidad.

MAESTRO PLÁCIDO DOMINGO

Reconocido como uno de los más grandes cantantes de ópera vivos, Domingo también es director de orquesta, con más de 600 representaciones de ópera y sinfónicas en su haber, y ha sido director artístico honorario del Festival del Centenario de la Arena di Verona y gerente general de la Ópera de Los Ángeles y de la Ópera Nacional de Washington. Durante más de 10 años actuó en los conciertos de Los Tres Tenores con José Carreras y Luciano Pavarotti. Ha recibido 12 premios Grammy.

¿Qué significó para usted San Juan Pablo II?

Fue como un faro, y desde su elección como papa en 1978, iluminó al mundo. Nunca olvidaré su mirada, el increíble vigor de este hombre hasta el final de sus días, a pesar de su enfermedad. Nos dijo que no tuviéramos miedo y lo demostró con su propia vida, en cada viaje y en cada prueba que sufrió.

¿Cuándo conoció la poesía de Wojtyła? ¿Hay algún poema en particular que esté cerca de su corazón?

Siempre he sentido una profunda admiración por este hombre. Una vez declaró: "El mundo de la cultura y el arte está llamado a construir la humanidad, a apoyar el viaje humano en la búsqueda turbulenta de la verdad, el bien, la belleza". Como joven sacerdote en Polonia, trabajó con niños y amaba el canto gregoriano y otras músicas. Cuando se convirtió en papa, además del vigor físico y la pasión por el deporte, que lo acercaron tanto a los jóvenes y lo hicieron tan inusual en comparación con sus predecesores, el papa Wojtyła tenía una voz hermosa. Mientras yo preparaba el disco *Amore Infinito*, pude ahondar en cada poema, y fue la fuerza de su sencillez la que me conmovió. En particular, en *Resuena mi alma*, sentí la gratitud a Dios y la energía desbordante del joven que la había escrito, y en *Madre*, su emoción melancólica frente a la tumba de su madre, y aquellas palabras conmovedoras y llenas de fe: "De mí, tu hijo, tendrás una oración, un canto, un amor que vivirá...".

¿Cómo se le ocurrió la idea de grabar canciones inspiradas en los poemas de Wojtyła?

La idea de *Amore Infinito* surgió después de un concierto especial en Ancona, Italia, en 2004, donde canté el *Canto di pace*, compuesto por Marco Tutino, quien puso música a las palabras escritas por el mismo papa Juan Pablo II. Después del concierto fui recibido con mi familia en audiencia por el Santo Padre y le pedí el privilegio de cantar sus poemas. Fue un encuentro que nunca he olvidado, un encuentro con un hombre tan extraordinario que sería proclamado santo.

En la contraportada de Amore Infinito, usted comentó: "Estas canciones tienen un significado enorme para mí… Hablarán no solo a las personas religiosas, sino a cualquiera que respete a ese gran hombre único, Juan Pablo II, quien eligió dedicar su vida al servicio de la humanidad y de Dios".

Quería rendir homenaje al Santo Padre. Había muchas composiciones para elegir, y poner música y cantar textos con un enfoque más teológico o bíblico habría requerido un enfoque diferente. Así encontramos los poemas escritos por el "hombre" Karol Wojtyła: la profunda humanidad de estos escritos me impresionó tanto, que pensé que sería maravilloso poder usar mi voz como instrumento para compartirlos y darlos a conocer.

¿Por qué decidió grabar este disco? ¿Qué tipo de mensaje quería compartir con el mundo?

Con este disco quería transmitir mi admiración sin límites por este hombre, entonces pontífice y ahora santo; quería difundir a través de la música la profundidad de su poesía.

Las canciones, en inglés, español e italiano, se basan en poemas que Wojtyła escribió antes de su elección como papa en 1978. ¿Qué criterio utilizó para seleccionar los poemas?

Compartí la idea de este disco con mi hijo Plácido Jr. Juntos seleccionamos los poemas y luego llamamos a compositores como Maurizio Fabrizio, Antonio Galbiati, Fio Zanotti, Kaballà: fue un hermoso trabajo en equipo. Para mí, este fue el disco más importante de toda mi carrera por su valor humano y espiritual.

Usted decidió poemas sin un mensaje específicamente católico. ¿Por qué?

El mensaje de estos poemas no puede ser solo para unos pocos, porque el amor expresado por Wojtyła es un lenguaje universal abierto a todos y no conoce fronteras.

En Amore Infinito, canta a dúo con Josh Groban, Andrea Bocelli, Vanessa Williams y Katherine Jenkins, así como con su hijo Plácido Domingo Jr. Explique brevemente estas colaboraciones.

Son artistas formidables y tengo amistad con ellos desde hace años. Se apuntaron con entusiasmo a este disco, también admirados y fascinados por la profundidad y humanidad de los poemas de este hombre extraordinario. He trabajado mucho con mi hijo y me ha dado mucha alegría descubrir con él la riqueza de estas páginas.

¿Qué necesitamos para construir una civilización del amor hoy?

El momento histórico que atravesamos nos lleva a pensar en los valores de nuestra civilización. Considero que el amor mutuo es el cimiento más sólido sobre el que podemos construir cualquier tipo de relación entre los seres humanos, tanto en la vida pública como en la privada. En la práctica diaria podemos aplicar la palabra "amor" en su connotación más concreta: el respeto mutuo. Esta es también la mayor enseñanza que recibí de mis padres y que he tratado de seguir en mi vida.

SU SANTIDAD EL DALÁI LAMA

Su Santidad el XIV dalái lama se describe a sí mismo como un simple monje budista. Es el líder espiritual del Tíbet.

¿Qué significó San Juan Pablo II para usted?

Su Santidad el papa Juan Pablo II era un hombre al que yo tenía en alta estima. Era una persona decidida y profundamente espiritual, por quien yo sentía un gran respeto y admiración. Desde el comienzo de nuestra amistad me reveló en privado que tenía una clara comprensión del problema tibetano debido a su propia experiencia del comunismo en Polonia. Su experiencia en Polonia y mis propias dificultades con los comunistas nos hicieron estar de inmediato en un terreno común. La primera vez que nos reunimos, me pareció muy práctico y abierto, con una amplia apreciación de los problemas globales. No tengo ninguna duda de que fue un gran líder espiritual. También tengo un profundo aprecio por la misión del papa de llevar la paz al mundo.

Comenzó su carrera profesional en el Vaticano cuando tenía 16 años. Dedicó 55 años de su vida a inmortalizar los momentos más importantes de seis papas diferentes. Acompañó al papa Juan Pablo II durante casi 27 años. Lo trató como un amigo y un padre, y pertenece a la "familia del papa" de amigos cercanos y asociados.

Usted estuvo allí casi todos los días del pontificado de Juan Pablo II. Tomó millones de fotos del papa. ¿Hay alguna foto en particular que le guste más?

La foto más importante de Juan Pablo II la tomé en su último Viernes Santo, el 25 de marzo de 2005. Fue durante el Vía Crucis en el Coliseo. Juan Pablo II estaba demasiado débil para participar personalmente en la ceremonia. Se hospedó en el Palacio Apostólico. Rezaba en su capilla privada con la cruz en las manos. Capté un gesto que de otra manera hubiera pasado inadvertido: el papa tomó la cruz, se la puso en la cabeza, besó a Cristo y luego presionó la cruz contra su corazón. Creo que esta es la foto que mejor describe todo su pontificado.

¿Recuerda su primer encuentro con Karol Wojtyła?

Conocí a Wojtyła durante el Vaticano II. Yo era amigo del cardenal Stefan Wyszyński, el primado polaco del milenio, y él me presentó al obispo Wojtyła. Tenía una mente extraordinaria. Me explicó toda la historia de Polonia y su sufrimiento. Luego, pude experimentarlo yo mismo cuando viajé a Polonia junto con el editor en jefe de *L'Osservatore Romano*, el Dr. Trassi, y Mario Ponti, como parte de la primera peregrinación papal de Juan Pablo II a Polonia. Había un gran desánimo en el aire. Vi calles, casas y largas filas por comida. También recuerdo una misa en la Plaza de la Victoria, en Varsovia, donde Juan Pablo II levantó el espíritu a los polacos, dándoles fuerza y fe. ¿Saben los polacos cuánto han cambiado sus vidas desde 1978? Quiero que el pueblo polaco recuerde cuánto hizo este hombre, Karol Wojtyła, por su nación. Un cambio muy radical tuvo lugar en Polonia. Recuerde sus palabras como papa: "La libertad no se puede poseer; debe ganarse constantemente". Recuerde eso.

¿Cuál fue su reacción cuando Karol Wojtyła se convirtió en papa?

Casi me da un ataque al corazón. Yo estaba tan feliz. Me encontraba afuera de la Capilla Sixtina y abrieron la puerta. Iba a entrar cuando lo vi a unos metros de distancia. Me miró, sonrió y luego dijo: "Mira cómo estoy vestido". Me abrazó y me bendijo, y me apresuré a ir al trabajo.

Usted dedicó gran parte de su vida a la Iglesia como laico, cámara en mano. ¿Cómo vio su servicio a Juan Pablo II?

Quería que la gente viera la gran obra del papa polaco, su personalidad, humildad y sencillez. El carisma de Juan Pablo II fue muy importante para mí. Fue un hombre adelantado a su tiempo. Es el único papa que he conocido que enfatiza maravillosamente el valor de la feminidad. Cada vez que se encontraba con mujeres, veía a la Madre de Dios dentro de ellas. Vio a la mujer como el corazón de toda la familia.

¿Cuáles fueron los momentos más memorables con Juan Pablo II, que no ha compartido con el público?

Recuerdo el 3 de junio de 1983. Se había impuesto la ley marcial en Polonia. El papa se reunió con Lech Wałęsa, líder de Solidaridad, en el valle Chochołowska, en las montañas Tatra. Fue una reunión no oficial, a puerta cerrada, sin fotógrafos, excepto yo. La policía secreta estaba haciendo todo lo posible para detenerme. Tomé fotos de Juan Pablo II con Lech Wałęsa, pero nunca se publicaron. El encuentro del papa con Wałęsa tuvo una dimensión espiritual, aunque podría ser utilizado con fines políticos y posiblemente conducir a un derramamiento de sangre. Solo después de la muerte del Santo Padre decidimos publicarlas.

En otra ocasión, durante una peregrinación papal, fui a la leprosería. Quise salir de allí cuanto antes por el hedor, pero Juan Pablo II besó y abrazó a cada una de estas personas. Yo estaba llorando detrás de la cámara.

Volvamos al intento de asesinato del papa Juan Pablo II el 13 de mayo de 1981. ¿Podría reflexionar sobre ese día?

Estaba parado frente al Arco de las Campanas. Había unas 40 mil personas en la Plaza de San Pedro. Era un día cálido. Logré fotografiar a una niña que el Santo Padre tomó en sus brazos, la levantó en el aire, la besó y se la devolvió a sus padres. Entonces escuché el primer disparo. Se produjo el segundo disparo inmediatamente. El Santo Padre se derrumbó en los brazos del padre Stanislaw Dziwisz. Yo estaba parado a unos dos pies de distancia de él. Una mueca de dolor apareció en su rostro. Mi mundo se derrumbó. El papa Juan Pablo II, mi padre, moría ante mis ojos. Empecé a tomar fotografías, instintivamente. No tengo idea de cómo tomé todas esas fotos. La Virgen debe haber guiado mi mano. Capté el momento en que el padre Dziwisz sostuvo al papa que caía. Tomé cinco o seis fotos.

El papa fue llevado a la clínica del Vaticano. Su voz seguía debilitándose. Él estaba orando. Lo escuché decir dos veces: "Madonna Negra, mi madre". Una mancha roja había aparecido en su sotana. El padre Dziwisz agarró al Santo Padre. Le apretó la mano. Le salvó la vida. Antes de que llegaran las enfermeras, el papa podría haberse desangrado. En ese momento, no tomé ninguna foto. La lucha por la vida de nuestro padre continuaba. Yo estaba rezando. No tomé ninguna foto del papa hasta unos días después de su operación.

¿Qué imagen de Juan Pablo II permanece en su corazón?

Me impresionó su humildad y su misericordia. Su *Totus Tuus* para niños, jóvenes, ancianos y enfermos. *Totus Tuus, María; todo tuyo, María*, para los demás. Él me enseñó eso y cambió toda mi vida. No se necesitan grandes palabras para hablar de Juan Pablo II. Su ejemplo, su forma de ser, de hablar y de actuar son suficiente testimonio. Eso es todo lo que pude ver con mis ojos y escuchar con mis oídos. Estaba consciente de que trabajaba en presencia de un santo.

Me gustaría enfatizar su humildad una vez más. Todo lo que hizo como papa se basó en su experiencia personal de una vida marcada desde la infancia por el sufrimiento. Juan Pablo II nos mostró cómo afrontar el sufrimiento abrazando a Dios y estando cerca de María. Llevó consigo el sufrimiento durante todo su pontificado. Para él, lo más importante era la oración, el sufrimiento y el trabajo incansable. Hablé con Juan Pablo II muchas veces durante los 27 años de su pontificado, pero fue la forma en que me miró y su vida lo que me cambió y también a mi familia.

¿Qué dejó Juan Pablo II para usted y para todos nosotros?

Nos dejó sus enseñanzas. Él nos mostró cómo vivir. Espero que nunca olvidemos sus enseñanzas; todo lo que hizo por nosotros, su experiencia y sus enseñanzas. Necesitamos cultivar los valores que él luchó por inculcarnos. Tenemos que rezarle. Como dijo el papa Benedicto XVI: Juan Pablo II nos mira desde el cielo y nos bendice. Sé que no está aquí con nosotros en la tierra, pero no lo extraño. Sé que todavía está conmigo. Puedo sentir su presencia.

¿Hay alguna foto suya con Juan Pablo II?

En 1982, el padre Dziwisz bromeó: "Santo Padre, el pobre Arturo fotografía a todos y nadie le toma a él una foto". Juan Pablo II tomó inmediatamente mis manos entre sus manos y el padre Dziwisz nos tomó una foto.

Estuviste presente en los últimos momentos terrenales de la vida de Juan Pablo II.

Hemos visto el sufrimiento del Santo Padre en los últimos años de su vida. Su mensaje para nosotros fue que debemos amar y comprender el sufrimiento. Lloré después de su muerte, pero estaba feliz en el sentido de que Juan Pablo II logró lo que quería en la vida. Este mensaje, que predicó hasta el final, era un mensaje de amor al prójimo.

¿Qué recuerdos tiene de su último encuentro con el papa?

Tuve mucha suerte de poder despedirme del papa Juan Pablo II exactamente ocho horas antes de su muerte. Entré en su habitación y me arrodillé cerca de su cama. El padre Dziwisz le dijo: "Santo Padre, Arturo está aquí". Estaba en su cama y lentamente se dio la vuelta. Cuando lo vi, mi corazón dio un brinco. Tenía una gran sonrisa, ojos que no había visto en meses. Me conmovió tanto que me arrodillé ante él. Me acarició la cabeza y bendijo mis manos. Entonces me dijo: "Arturo, gracias. Gracias". Y con esa sonrisa en su rostro, se giró hacia su lado izquierdo. Estaba claro para mí que el papa estaba listo para un viaje mucho más hermoso. Estaba listo para regresar a la Casa del Padre.

¿Recuerda la última foto que tomó del Santo Padre?

Esa foto nunca ha sido publicada. Juan Pablo II yacía en su ataúd. Capté el momento en que el entonces obispo Dziwisz y monseñor Guido Marini le pusieron un pañuelo blanco en la cara, de acuerdo con el protocolo. Fue un momento muy conmovedor que nunca olvidaré.

MELANIA TRUMP

Melania Trump es ex primera dama de los Estados Unidos de América, esposa del 45º presidente Donald Trump.

Señora Trump, explique la historia de la rosa que lleva el nombre del papa San Juan Pablo II y que usted incluyó en el Jardín de las Rosas rediseñado. ¿Por qué decidió honrarlo de esta manera?

Como católica, me complació ver que la Rosa del papa Juan Pablo II se plantó en el Jardín de las Rosas para honrar la primera visita del papa a la Casa Blanca en 1979. Cuando comenzó el proyecto de construcción del jardín en julio de 2020, se decidió que la rosa del papa, un solo arbusto de 4 pies, permanecería en su lugar. La rosa se protegió durante las mejoras del jardín y siguió floreciendo durante las semanas de construcción. En agosto, se plantó una nueva rosa compañera, "Papa Juan Pablo II", cerca del arbusto más viejo, uniéndose a más de 200 adiciones de rosas recién plantadas. Hoy, ambas rosas del "Papa Juan Pablo II" prosperan en el jardín renovado.

NORMAN DAVIES

Historiador galés de Europa y Polonia. Profesor emérito de la Universidad de Londres, miembro supernumerario del Wolfson College de Oxford y autor de varios libros sobre historia polaca y europea. El señor Davies tiene varios títulos honorarios y membresías.

¿Quién es Karol Wojtyła para usted como historiador? ¿Quién es Juan Pablo II para usted personalmente?

Personalmente, considero a Juan Pablo II como una de las grandes figuras de mi vida, una inspiración personal, probablemente la persona más grande que ha salido de la Polonia moderna. Tuvo un gran significado en mi vida. Como historiador, tengo varias reacciones. Nunca lo estudié en detalle. Te dije que esperaba escribir su biografía. Lo habría estudiado a él y sus documentos y escritos más a fondo de lo que lo he hecho. Parece encajar en tantas categorías diferentes. Obviamente, fue un gran líder de la Iglesia, probablemente el mejor que pudo haber tenido la Iglesia católica romana. Fue una gran figura internacional. Una de media docena de personas como máximo que conspiraron para derribar el comunismo soviético. Un gran líder de la nación polaca, que estaba en serios problemas cuando apareció en escena. Históricamente, es una figura distinguida en la cultura europea: en filosofía, teología y literatura.

¿Cómo llegó a interesarse por Karol Wojtyła?

Fue difícil no interesarse por él cuando fue elegido papa en 1978. Me reuní con él poco después de la elección y quedé muy impresionado. En aquellos días yo era un historiador en ciernes y la historia polaca era mi especialización. He pasado a otras cosas desde entonces. Pero Juan Pablo II no podía ser otra cosa que una figura importante. Tuvo un tremendo impacto en Polonia desde el comienzo de su papado. Creo que hablaremos un poco más sobre eso.

¿Ha visitado alguna vez los lugares relacionados con Karol Wojtyła: Cracovia, Wadowice, etc.?

Una de las razones por las que pensé que estaba bien calificado para escribir su biografía es que conocía la parte de Polonia de la que él era, Wadowice y los pueblos vecinos. También conocía muy bien Cracovia y la Universidad Jaguelónica. En la década de 1990, no había una biografía escrita por alguien que conociera esa parte del mundo. La mayor parte de lo que se escribió sobre él se refería a su papel en la Iglesia, su filosofía y teología, no de dónde venía ni qué lo formó. Yo estaba planeando escribir una biografía sobre la primera mitad de su vida, antes de que se fuera a Roma. Yo no estaba tan bien calificado para estudiar la política de la Iglesia, la teología y demás.

¿Cree que conocer la cultura e historia polacas, además de hablar polaco, le ayudó a entender a Juan Pablo II?

Yo no tenía orígenes polacos y, en cierto modo, era un extranjero, lo que le da a uno una buena perspectiva. Pero el conocimiento del país, las culturas, la gente, las tradiciones, etc., es absolutamente vital para comprender a la persona. Wojtyła era prácticamente desconocido en el resto del mundo hasta que de repente salió a ese balcón en el Vaticano. Puedo compartir una anécdota que ilustra el mundo de la falta de conocimiento. Ese día de octubre de 1978, estaba en un seminario en Oxford. No puedo recordar de qué estábamos hablando. Había un grupo de unas 30 personas en la sala. Entonces entró una secretaria de la facultad y dijo: "Algunos pueden estar interesados en saber que se eligió un nuevo papa". La gente preguntaba: "¿Quién es él?". Ella respondió: "Bueno, se llama Wodge Tyler". "¿Wodge Tyler?". "¿De qué país es él?". Sentado a mi lado estaba Włodzimierz Brus. Era un judío polaco y comunista. Fue comunista hasta el final de sus días, absolutamente no reformado. Brus se puso de pie, levantó las manos en el aire y exclamó: *"¡Habemus Papam!"*. (Risas) Me di cuenta entonces de que conocía a Wojtyła porque lo había visto 10 años antes, cuando era obispo de Cracovia. La secretaria volvió a leer el nombre y aún no tenía idea de quién era.

¿Cuál fue su sentimiento?

Fue muy, muy emocionante. Sabíamos que era un evento tremendo en el mundo comunista. Polonia fue excepcional por tener una Iglesia que, aunque no totalmente independiente, tenía cierta autonomía. Esto era inaudito en el bloque soviético. El primer secretario del Partido Comunista, al enterarse de la elección del papa, exclamó: "¿Wojtyła? ¡Jesús, María!". Ese fue el principio del fin del régimen comunista en Polonia. No había absolutamente ninguna duda al respecto. Me llenó de alegría la elección. Yo no lo podía creer. Y hubo una rápida serie de consecuencias, sobre todo cuando el papa fue a Polonia en junio de

1979, ocho meses después de su elección. Eso fue una bomba absoluta. Yo no estaba allí. Ya tenía las pruebas de *God's Playground*, un libro grande. Me estaba abriendo camino a través de mi libro. Recuerdo que agregué dos o tres páginas al final para incluir la elección del Pppa. En realidad, no tuve una experiencia personal con el papa en Polonia. Yo fui más tarde ese año. ¡Tiempos extraordinarios! ¡Tiempos extraordinarios!

¿Conoció a Juan Pablo II en Castle Gandolfo en 1979?

No, como he mencionado, conocí a Karol Wojtyła 10 años antes. Aquí hay otra anécdota. Entonces yo no podía hablar bien el polaco. En particular, no tenía idea de que uno se dirigía a un sacerdote no como "tú" – "ty" – sino como "por favor, sacerdote" (proszę księdza). Ni siquiera sabía cómo decir "por favor, señor" (proszę pana). Dije todo con "tú". Me enviaron a la cancillería para encontrar algunas cosas. Estaba buscando la habitación 9. Vi la espalda de alguien que caminaba unos pasos delante de mí, vestido con una sotana. Corrí tras él:

"Disculpe, ¿sabe dónde está la habitación 9?". En polaco: "Prze-praszam czy ty wiesz gdzie jest pokój numer 9?". Utilicé el familiar "tú", que es demasiado informal, si no totalmente irrespetuoso. Él se dio la vuelta y era Wojtyła. Él rió; estaba bastante complacido y me llevó en la dirección correcta: "Bez problemu, tutaj na lewo" ("No hay problema, tienes que girar a la izquierda"). Así que desde el principio yo estaba en términos familiares con el papa. Por supuesto que no lo conocía realmente. Pero me encontré con él una o dos veces cuando era obispo y luego arzobispo de Cracovia. Yo estaba muy consciente de quién era él. El papa no sabía quién era yo entonces, pero lo supo más tarde.

Me preguntaba cómo sucedió, pero hay una foto mía en mi estudio dándole la mano al papa. De alguna manera fui a Roma con un grupo de sacerdotes de Cracovia. Ni siquiera puedo recordar el nombre del sacerdote que me invitó. Me dijo más o menos: "Estimado señor, nos vamos a Roma; únase a nosotros". Fui a Roma en el tren. Tuvimos ese encuentro en Castel Gandolfo. Tengo la foto de él vestido de blanco. El sacerdote que me presentó le dijo al papa: "Este es el señor Davies, que es inglés". El papa comenzó a hablar en inglés. Inmediatamente le hablé bastante bien en polaco y él se notó confundido. El papa me dijo: "Oh, gracias por venir". Esa fue realmente la primera vez que hablé con él después de convertirse en papa. Fue en 1979. Mi libro

God's Playground se publicó en inglés en 1981. No estaba disponible en Polonia, pues yo estaba en la lista negra de la censura comunista. El papa lo leyó y me invitó nuevamente a Castel Gandolfo, y tuve una conversación más larga con él.

¿Cómo recuerda sus encuentros con San Juan Pablo II? ¿Qué es lo que más le sorprendió de él?

Él era muy natural. Su normalidad era asombrosa. Estaba de muy buen humor. Estaba acostumbrado a hablar con los estudiantes, con los jóvenes. No tenía esa distancia que tienen algunos prelados. Era él mismo, de buen humor, siempre con una sonrisa en los labios, esperando a ver qué le decías. Pero estaba muy bien informado. Me di cuenta de que había leído mi libro porque me decía: "Tú escribiste esto y ¿qué querías decir?". Por supuesto, le hablé en polaco y se divirtió mucho con todo eso. Era muy buen lingüista. El inglés era su cuarto o quinto idioma.

¿Cuál fue el impacto de Galicia en Karol Wojtyła?

Creo que Galicia y, en particular, su padre, obviamente fueron una gran influencia para él, ya que su madre murió temprano. Su padre era gallego, soldado profesional en el ejército austrohúngaro. La Galicia occidental era muy polaca, pero tenía una atmósfera muy diferente de la del Reino del Congreso: la Polonia rusa. En términos generales, en la Galicia tardía los polacos tenían una disposición bastante buena. No tenían plena autonomía, pero tenían una gran medida de autonomía cultural. Las escuelas y universidades polacas funcionaban en polaco, al igual que las publicaciones polacas. Gente de todo el este de Polonia publicaba cosas en polaco en Lwów y Cracovia. Pero el pueblo gallego estaba en contra de la tradición insurreccional. No era para luchar contra los poderes de partición.

A diferencia de los polacos en Rusia y Alemania, los polacos gallegos estaban contentos con su suerte, aunque solo fuera poca. Tuvieron muchas malas experiencias. Por ejemplo, en 1846, los nobles polacos fueron masacrados por campesinos polacos. Esto demostró que no había una nación polaca en ese entonces. O, más bien, que la nación polaca era solo la nobleza y la gente culta. Solo después de la liberación de los siervos, toda la nación polaca tomó conciencia de sí misma. Entonces, Galicia era muy polaca culturalmente, pero no políticamente. Creo que esto era algo que estaba muy arraigado en Wojtyła, es decir, la primacía de la cultura, incluida la cultura religiosa. Esto es más importante que la política y el estado en el que se vive; estos son efímeros, duran algunas décadas. Y luego viene algo más. Pero la cultura es muy duradera; es muy profunda y ancha. Esa fue la actitud en la que Wojtyła creció.

¿Qué diría sobre el entorno en el que el papa creció en Wadowice, incluido su vecindario?

Wadowice es una ciudad pequeña. Está situada en una línea de ferrocarril entre Cracovia y Bielsko. Bielsko era la frontera. Wadowice estaba a mitad del camino. Bajo el dominio austriaco, justo antes de que naciera Wojtyła, había una gran guarnición militar allí. También había una población judía considerable. No lo sé exactamente, pero alrededor del 10 al 15 por ciento de la población era judía. No había tantos como en el este de Galicia, como en Brody, donde el 90 por ciento de la población era judía. Wojtyła creció en un mundo de diversidad cultural; también había austriacos. Su padre era un profesional en el ejército austrohúngaro. Habían estado acostumbrados a escuchar alemán. Los judíos hablaban yidis. Había muchos ucranianos alrededor, un poco más al este. No había que ir muy lejos en Galicia, ya en Nowy Sącz estaban los Lemkos ucranianos. Era un mundo de diversidad cultural, pero también de gran devoción religiosa.

La ciudad próxima a Wadowice es Kalwaria Lanckorońska. Allí hay un famoso monasterio. Se realizan peregrinaciones. Yo he estado ahí. Miles de personas suben cientos de escalones de rodillas hasta el santuario. En agosto, durante la Fiesta de la Asunción, las celebraciones se prolongan durante días. Es una cultura religiosa muy profunda y antigua en la que Wojtyła obviamente participó. De adolescente fue monaguillo. En cierto modo, la Iglesia fue su segunda madre. Perdió a su madre. Su padre era muy religioso. Fue educado como hijo de la Iglesia.

El padre del papa, el señor Karol Wojtyła, era un patriota polaco y leal a los Habsburgo. ¿Cómo afectó esto la visión de su hijo sobre la identidad nacional polaca?

En la Galicia tardía se podía ser polaco. Todos los tribunales, escuelas y universidades usaban el polaco. No hubo restricción en el idioma polaco. La restricción estaba en las actividades políticas: tenías que ser leal a los Habsburgo. La independencia polaca estaba fuera de discusión, al igual que no se podía apoyar la independencia checa o húngara. El padre del papa habría hecho un juramento de lealtad primero al emperador Francisco José y luego a su sucesor Carlos. Para ser leal a este juramento, no podías estar a favor de la independencia de Polonia. La independencia de Polonia era un paso muy lejano. Aun así, según esta visión del patriotismo, podías ser un patriota polaco, ucraniano o judío. Los judíos gallegos fueron famosos por apoyar a la monarquía de los Habsburgo. Vivían mejor allí que en casi cualquier otro lugar. Pero no se podía estar a favor de la independencia nacional.

En su poema Pensando en mi país, Karol Wojtyła reflexiona sobre los conceptos de nación y patriotismo. ¿Cómo respondería usted a la pregunta de Wojtyła: ¿Puede la historia nadar contra la corriente de la conciencia?

Realmente, Wojtyła está preguntando aquí si la gente puede tomar un camino diferente al que dicta su conciencia. Si para usted la lealtad a la Iglesia católica era el principio fundamental, entonces, por ejemplo, no podría apoyar los levantamientos polacos del siglo XIX, no podría apoyar la violencia. La doctrina católica condena la violencia. Aunque puedas pensar que es algo noble luchar contra los rusos, matar a los rusos, es violencia. Y Wojtyła insistió en la no violencia.

Esta fue, por supuesto, su posición en la década de 1980, cuando apareció Solidaridad. El movimiento Solidaridad se vio al principio como otro levantamiento polaco. Hay dos puntos a destacar sobre los levantamientos polacos. Uno es que demostraron una valentía y un coraje increíbles. El otro es que siempre fallaban. Wojtyła estaba del lado de aquellos que decían, si puedes reprimirte de la violencia, de tratar de luchar contra el régimen, entonces es probable que ganes. Pero si recurres a matar gente, incluso a matar gente mala, entonces encontrarás que las probabilidades están en tu contra. La Unión Soviética y el bloque soviético eran la parte más fuertemente armada del mundo. Estados Unidos no tenía nada como las fuerzas del bloque soviético. La policía secreta NKVD, la SS del bloque soviético, por así decirlo, era más grande que el ejército británico. La policía, la milicia, por no hablar de los militares profesionales, los tanques y todo, constituían un sistema basado en el control, el control impositivo, y la única forma de derrotarlo era socavando su espíritu. Creo que Juan Pablo II fue el principal consejero espiritual de Lech Walesa. Los asesores de Solidaridad, como el padre Józef Tischner, tenían la sabiduría de la no violencia. Por supuesto, los comunistas no podían entender eso.

Estaban totalmente confundidos. No sabían cómo oponerse. Un tercio del Partido Comunista se unió a Solidaridad. Luego, incluso el primer secretario del Partido, el general Wojciech Jaruzelski, perdió la fe en el sistema. Falleció de muerte natural el 25 de mayo de 2014.

¿Cómo explicaría el papel de la Iglesia en la derrota del comunismo en Polonia?

La Iglesia católica en Polonia, después de 1956, fue única en el bloque soviético. Hubo un acuerdo entre el líder comunista Władysław Gomułka y el cardenal Stefan Wyszyński de que coexistirían mientras ninguno interfiriera en los asuntos del otro. El Partido y el sistema comunista no interferirían en el trabajo y los asuntos internos de la Iglesia, con la condición de que esta no se opusiera abiertamente al régimen político. Esto era algo inaudito en el mundo comunista. El marxismo-leninismo insistía en el control total de todas las esferas de la vida por parte del partido gobernante. Esto no se aplicó en Polonia.

Mi suegro fue un caso muy interesante aquí. Era un hombre educado, pero políticamente era de izquierda; tenía simpatías socialistas. No era un gran apoyo para la Iglesia. Iba a Misa, pero nunca entraba a la iglesia; se paraba en la parte de atrás. Siempre había grupos, principalmente de hombres, de pie en la parte de atrás, fumando cigarrillos. Estaban allí, pero no estaban allí. Mi suegro pasó la mayor parte de la guerra en Dachau y otros campos de concentración nazis. Después de la guerra, él decía: "A pesar de todo, esta Iglesia mantiene todo unido. Sin la Iglesia estaríamos perdidos". Creo que muchos polacos están en esa categoría. Pueden ser muy críticos con el clero. Pero la Iglesia es la institución que los ha preservado. Eso no sucedió en otros países como Hungría o Checoslovaquia. La Iglesia polaca era única. Personalmente, creo que la Iglesia polaca estaba en su mejor momento en los años de Juan Pablo II. Las cosas han ido mal desde entonces.

Juan Pablo II fue el catalizador de la contrarrevolución anticomunista. ¿Cómo impactó su primera peregrinación papal a Polonia con Solidaridad y la caída del comunismo?

La primera visita del papa a Polonia ocurrió antes de Solidaridad, por lo que no influyó directamente. Sin embargo, en cierto modo, creó Solidaridad. Creó el estado de ánimo nacional que lo hizo posible. Cuando fue allí, fue absolutamente electrizante. Los medios comunistas trataron de no mostrar cuántos millones de personas acudieron en masa para ver al gran hombre en Cracovia. Lo sorprendente es que nunca dijo una mala palabra sobre el régimen comunista. ¡Ni una palabra! Lo que dijo fue políticamente neutral: "Levanten sus corazones" o "No tengan miedo". Todo el mundo sabía lo que significaba. No significaba: "No le tengas miedo al régimen comunista". Él no tenía que decir eso. Tenía un dominio absoluto del lenguaje político donde no se mencionaba la política. Era un diplomático, si se quiere. O, mejor dicho, era un gran persuasor, hablando en el código no escrito para que la gente entendiera el mensaje, pero la censura comunista no podía criticarlo por nada.

Solidaridad dio a los polacos comunes la confianza para ser ellos mismos. No se trataba de gritar consignas anticomunistas. Nadie gritaba: "¡Abajo Lenin!". Ellos exigían lo que el sistema comunista les había prometido. Se suponía que era un estado obrero. Entonces los trabajadores dijeron, sí, está bien, somos trabajadores y exigimos sindicatos libres. ¿Qué está mal con eso? Fue electrizante para la gente no solo en Polonia, sino en todo el bloque soviético. Yo tenía buenos amigos en Estonia. Ellos estaban viendo esto. Y dijeron: "Dios, si eso puede suceder en Polonia, entonces puede suceder aquí algún día". Las huelgas de Gdańsk de agosto de 1980 se inspiraron en este movimiento de liberación de seguir al partido y de ser uno mismo, de tomar decisiones por uno mismo. Y eso fue obra del papa.

Usted ha dicho que no había forma de impugnar el poder soviético por la fuerza. Tenía que ser impugnado por el poder espiritual. Y Juan Pablo II lo hizo.

El sistema comunista se basaba en la fuerza bruta, en el miedo, en aterrorizar a las personas para que obedecieran al sistema, no decir lo que pensaban, etc. En todos los niveles, el sistema comunista tenía una fuerza abrumadora a su disposición, desde el lugar de trabajo hasta los niveles más altos de la sociedad. Nadie podría haberse opuesto con éxito por la fuerza. En el período estalinista, los comunistas estaban matando a mucha gente. A Polonia no le fue tan mal como a otros países, ni tan mal como a Rusia o Ucrania. No obstante, el comunismo fue un régimen asesino. Se sabía que no se detendría ante nada si se le oponía directamente. Pero cuando los trabajadores se opusieron y empezaron a exigir cosas que parecían ser normales para ellos, como el control de los trabajadores, el régimen se perdió. Estaba totalmente desconcertado. Simplemente no sabía cómo oponerse a esto. Solidaridad enseñó a los comunistas que su régimen era falso, que las supuestas ideas comunistas eran falsas, que era un régimen fraudulento y violento. Y, posteriormente, se derrumbó por su propio peso.

¿Cómo moldearon Karol Wojtyła la historia y el patrimonio?

Te hablé de Galicia. Galicia formaba parte del Imperio de los Habsburgo y allí había muchas nacionalidades: alemanes, polacos, húngaros, ucranianos y judíos. Karol Wojtyła estuvo muy influenciado por la diversidad étnica. Se inspiró mucho en la cultura polaca, pero no pertenecía al estrecho campo de "Polonia para los polacos". Uno de los eventos realmente interesantes a los que asistí, creo que en 1988, nuevamente en Castel Gandolfo, fue una conferencia histórica sobre la antigua Commonwealth (Mancomunidad) de Polonia-Lituania. Juan Pablo II invitó a Roma a historiadores de todas las nacionalidades de la antigua Mancomunidad: lituanos, bielorrusos, ucranianos, polacos, judíos, alemanes, etc. Una de las reglas de la conferencia era que se podía hablar cualquier idioma siempre que fuera un idioma de la Mancomunidad. Y el papa abrió la conferencia hablando en latín. Naturalmente, el grupo más numeroso lo formaban los polacos. Pero entonces fue la primera vez que yo escuché hablar bielorruso. Podía entender a algunos. Entonces los lituanos se pusieron de pie y, por supuesto, nadie pudo entender una palabra. Pero ese era el objetivo: recrear la atmósfera en una habitación de la antigua Mancomunidad. Él absolutamente nos desafió. Eso es lo que le gustaba: la Mancomunidad multicultural. El papa era en gran medida un protector de la Iglesia católica griega, que estaba prohibida en Rusia. De hecho, los rusos mataron a los católicos griegos donde pudieron apoderarse de ellos. Podría decirse que fueron perseguidos más severamente que los católicos romanos. Pero los católicos griegos estaban protegidos en Polonia. Cracovia ciertamente tenía una iglesia uniata, aunque yo no creo que hubiera una en Wadowice.

Cuando se convirtió en obispo de Cracovia, las partes del sur de la diócesis, la región de Bieszczady, él vio deportaciones de los Lemkos. Realmente, los comunistas polacos persiguieron una especie de genocidio. Miles fueron asesinados y cientos de miles fueron deportados. Sus casas fueron arrasadas hasta los cimientos. Yo fui allí por primera vez en la década de 1960 con mi suegro. Los pueblos de la región estaban absolutamente vacíos. Solo quedaron cementerios y lápidas con cruces ortodoxas. Sé por varias fuentes que Wojtyła apoyó discretamente a la Iglesia católica griega, la cual, por supuesto, era ilegal en la Polonia comunista. Los rusos o los soviéticos no toleraron a la iglesia uniata. Pero esta existía oculta. Los jóvenes de Cracovia iban en verano a Bieszczady para arreglar los cementerios y limpiar los pueblos hasta que regresaran los habitantes.

¿Qué es lo que más aprecia de Juan Pablo II?

Creo que la calidez de su personalidad. Era extremadamente afectuoso. Nunca se hizo pasar por el gran hombre. Era una figura amigable que bajaba a tu nivel. Le daba confianza a la gente. Nunca fue el prelado de la Iglesia poniéndose de moda. Era muy humano, un hombre muy cristiano.

¿Qué necesitamos para construir la civilización del amor?

Oh, querida, eso está más allá de mí. Obviamente, Wojtyła dio un ejemplo personal de amor, compasión, llegar a las personas, sentir sus problemas, sus dificultades, su dolor. Es absolutamente lo contrario de lo que vemos hoy: gente enriqueciéndose cuando puede; aprovechando al máximo cada oportunidad para seguir adelante; haciendo mendigar al prójimo; una actitud de "que se lo lleve el diablo". Algunas personas la llaman una actitud capitalista. No creo que eso sea exacto. El capitalismo no es ni bueno ni malo.

MAREK JAN CHODAKIEWICZ

Titular de la cátedra Kościuszko de Estudios Polacos, director del Centro de Estudios Intermarium y Profesor de Historia en el Instituto de Política Mundial. El profesor Chodakiewicz forma parte del consejo académico de la Fundación en Memoria de las Víctimas del Comunismo. Se desempeñó como designado presidencial en el Consejo Conmemorativo del Holocausto de los Estados Unidos durante la presidencia de George W. Bush y es autor de más de 30 libros.

¿Qué significó para usted Juan Pablo II?

Es difícil expresarme al respecto, porque mi aprecio por el papa polaco se ha desarrollado gradualmente. Era realmente asombroso en tantos niveles que alguien muy joven no podría haberlo imaginado. Yo era apenas un adolescente cuando lo eligieron papa. Recuerdo claramente que cuando escuché la noticia de su escogencia, inmediatamente se lo dije a mi padre. Él no me creyó; hicimos una apuesta que había oído bien sobre la elección de Karol Wojtyła y mi padre perdió 20 zloty polacos. Entonces, desde mi punto de vista, mi suerte mejoró y el pontificado tuvo un buen comienzo. El papa llegó a Polonia poco después. No me sorprendió tanto él y su autoridad papal como el impacto que tuvo en mis compatriotas polacos. Observé de cerca su visita a Varsovia y vi a gente sonriendo, lo cual era inusual bajo el comunismo. Además, parecía que la gente dejaba de tener miedo. No fui a la escuela para verlo conducir por el casco antiguo de Varsovia. Los maestros, consciente o inconscientemente, lanzaban propaganda comunista de que las turbas nos pisotearían hasta la muerte. En cambio, fui testigo de una enorme autodisciplina y alegría entre la gente. Eso realmente me impresionó.

El papa no dijo nada que me asombrara, pero me maravilló el impacto que su mensaje tuvo en el pueblo polaco. "¡No teman!", dijo él. "Que el Espíritu descienda y renueve la faz de esta tierra. Esta tierra". Se refería a Polonia. Y el Espíritu descendió, dando como resultado la solidaridad humana que condujo al estallido de Solidaridad, un sindicato independiente anticomunista, que enmascaraba un movimiento de liberación nacional. Este fue directamente el resultado de la influencia de Wojtyła. Una vez más, mi familia y yo estábamos listos. Mi padre y mi madre eran disidentes; estábamos en las trincheras de la guerra por la libertad. Pero sin el mensaje de Juan Pablo II dudo que nuestro esfuerzo hubiera tenido éxito. Él movilizó a millones de personas contra los comunistas. Fue simplemente increíble. Lo entendí entonces, aunque tuve problemas para comprender por qué la gente no entendió lo que era obvio antes de que Wojtyła viniera de visita. Me estoy enfocando en su primera visita a Polonia en 1979, porque la experimenté de primera mano emocionalmente, más que de forma intelectual. Y pude sentir y ver claramente los resultados. Cuanto más he crecido, más he llegado a apreciar a Wojtyła en muchos niveles, pero también a mirar críticamente ciertas cosas que hizo. La primera impresión del primer encuentro con esta imponente personalidad se ha grabado de manera permanente en mi cerebro.

¿Cómo entendía Juan Pablo II la cultura? ¿Qué papel desempeña en la vida pública y privada?

Creo que Juan Pablo II restauró la cultura al lugar central que le corresponde en la experiencia humana. Él destiló y universalizó el mensaje de Jesucristo para que nos amemos unos a otros. Pero también nos mostró, de una manera mucho más accesible que T. S. Eliot, qué es la cultura y qué papel desempeña. La palabra "cultura" proviene de "culto", es decir, religión.

Sin fe nos perdemos la cultura, quizás la faceta más crucial de la experiencia humana. La cultura combina tanto la fe como la razón para reflejar lo mejor de la humanidad. La cultura se manifiesta naturalmente de múltiples maneras y en varios niveles. Wojtyła tenía la extraña habilidad de abordar nuestra sed de cultura en todos los niveles, desde el más sofisticado hasta el más común, y nunca abarató su mensaje, nunca lo comprometió por urgencia. El hombre absorbe la cultura de su entorno; la busca para realzar su humanidad, y luego devuelve el don de la cultura, tal como la entiende y la procesa, al tesoro nacional común de la cultura. Pero el hombre también va más allá de una estrecha dimensión nacional de la cultura. Al comprender cuán importante es el sabor nacional de la cultura, Wojtyła nos enseñó que debemos compartir nuestros dones culturales individuales y nacionales con toda la humanidad. Eso es lo que realmente contribuye a la diversidad humana, y no algunas fantasías izquierdistas artificiosas y reglamentadas sobre "personas" nebulosas y el "globalismo"; la cultura es la síntesis del individuo, de su nación y del mundo cristiano al que pertenece el hombre.

¿Fue la elevación de Karol Wojtyła a la Sede de Pedro un evento histórico mundial o simplemente una casualidad de la historia?

Esa es una pregunta difícil para una mente secular rigurosa. Pero para un católico es realmente simple. Si Dios tiene un plan, y lo tiene, entonces el plan se desarrolla de acuerdo con la Voluntad del Señor. Metafísicamente, Karol Wojtyła fue puesto en esta tierra para convertirse en el papa Juan Pablo II. Por lo tanto, era la persona adecuada en el momento adecuado y en el lugar adecuado: el Vaticano. Por supuesto, muchos intelectuales no estarán de acuerdo; unos pocos avanzarán una teoría de un Gran Hombre en la Historia; algunos argumentarán sobre la primacía de los factores materiales; otros señalarán las supuestas maquinaciones y conspiraciones dentro de la Santa Sede que llevaron a Wojtyła al "poder". Pero creo firmemente que hay un plan divino que en última instancia dirige nuestras vidas, aunque, paradójicamente, el Señor nos dotó de libre albedrío y somos, por tanto, libres para tomar nuestras propias decisiones, incluso hasta el punto de rechazar nuestra cruz. Cuando Wojtyła se convirtió en el pontífice romano, aceptó la cruz, una cruz mucho más pesada que la que había llevado durante las ocupaciones nazi y comunista de Polonia.

¿Qué pasa con la experiencia de Wojtyła del nazismo y el comunismo?

La experiencia del nazismo y el comunismo fue fundamental para moldearlo en muchos niveles. Wojtyła entendió y evaluó ambos totalitarismos como igualmente malos. Desde su posición ventajosa en Cracovia, sabía que el nazismo era más asesino en menos tiempo que el comunismo. Debido a la victoria de Stalin sobre Hitler, el comunismo provocó una mayor destrucción durante un período de tiempo más largo. Nuevamente, estoy hablando de las experiencias personales de Wojtyła. Naturalmente, a medida que él creció y aprendió, entendió que globalmente los comunistas exterminaban a más personas que los nazis, pero su experiencia en Cracovia le permitió relacionarse con ambos males de manera concreta e individual, en lugar de abstracta y colectiva. Para él, el período de 1939 a 1945 fue sorprendentemente revolucionario, y el período de 1945 a 1978 fue principalmente uno de corrupción gradual del alma por parte de los rojos; pero los años 1949 a 1956 se acercaron un poco al terror nazi en los ataques contra la Iglesia y los opositores políticos del régimen de ocupación soviético. Wojtyła sirvió fielmente a la Iglesia y a su pueblo (y a Polonia), y muchas veces fue más allá de lo que se esperaba de él para dar testimonio frente a la opresión comunista, como en 1960 durante la famosa "batalla por la cruz" en Nowa Huta, un suburbio de Cracovia, donde los trabajadores de la acería se enfrentaron con la policía comunista por el derecho a rezar. Wojtyła intervino a su favor intrépidamente. Todo eso lo moldeó tanto como su experiencia como trabajador forzado bajo el régimen nazi. Habiendo sufrido en muchos niveles, Juan Pablo II pudo relacionarse muy bien con el sufrimiento de los demás.

¿En qué sentido la historia polaca dio forma a Karol Wojtyła? ¿Cuánto de la historia polaca retuvo usted en su corazón como Juan Pablo II?

El impacto de la historia polaca, con lo que me refiero no solo al pasado sino también a la cultura de Polonia (incluidas la literatura y la poesía), fue absolutamente primordial. Permaneció con Wojtyła durante toda su vida. Habló a través de él. Primero, estaba su experiencia personal, que mencioné anteriormente. Luego, estaba la experiencia colectiva. Esto consistió no solo en su educación, comenzando en la escuela secundaria en Wadowice y luego continuando en la universidad en Cracovia. Era un sentido de pertenencia a una cadena de generaciones que lucharon, sangraron y sufrieron por Polonia, pero también se rieron, defendieron y trabajaron por ella. Wojtyła internalizó completamente este esquema de la historia; se identificó totalmente con él. Era nacionalista (o como se dice en Europa: un patriota). No hay duda en mi mente al respecto. El polaco siguió siendo su medio de comunicación preferido. Fue un fenómeno sobresaliente: seguir siendo un patriota cómodo mientras abrazaba el mundo. Ese es el misterio del nacionalismo católico polaco. Y Wojtyła lo encarnó.

¿Juan Pablo II necesitaba a Ronald Reagan para derrocar al comunismo? Si es así, ¿por qué?

Bueno, ¿por qué no? Si hubo un plan divino, entonces Reagan debe haber sido parte de él. Por lo tanto, podemos suponer que necesitaba a Reagan. Ambos eran agentes conscientes de Dios. Digo "agentes", en lugar de "herramientas", porque las herramientas tienden a ser ciegas. Pero ambos hombres sabían que estaban en una misión del Señor para llevar la libertad a los esclavos; eso implicaba destruir el comunismo. Cada uno de ellos tenía una tarea diferente, pero el mismo objetivo. El trabajo de Reagan era político. La tarea de Wojtyła era espiritual. Uno se complementó del otro. La misión de Juan Pablo II era predicar la

Buena Palabra. El cristianismo en sí mismo es la antítesis del comunismo. La Palabra de Dios, si los esclavos y sus amos la tomaban en serio, tenía el poder de destruir el comunismo. El papa polaco predicaba el amor, que era la contradicción del comunismo. Y prevaleció porque la gente creyó en la Palabra. Esa es la explicación metafísica. Pero no olvide que el presidente Reagan intervino y la Palabra se hizo Carne. En otras palabras, él destruyó físicamente el Imperio del Mal. Y Margaret Thatcher también ayudó.

¿Cuál fue la base de la alianza de Ronald Reagan y el papa polaco contra la Unión Soviética?

Ronald Reagan siempre dijo la verdad sobre el comunismo. Eso fue indispensable para el éxito de su alianza con Juan Pablo II, quien también habló verdaderamente sobre esta ideología de izquierda. Además, Reagan era actor, al igual que Wojtyła. Como yo aprendí de su trabajo hace mucho tiempo, ambos entendieron el poder de la palabra hablada. Reagan apreció la necesidad de comunicar su mensaje de liberación al pueblo y conquistarlo. Ese es un enfoque misionero clásico. Wojtyła practicaba lo mismo. Así entendieron juntos la necesidad de hacer proselitismo antes de golpear el mal, la necesidad de comunicar el mensaje con claridad. Para Reagan, la lucha contra el comunismo era ante todo un imperativo moral. Lo mismo ocurrió con Wojtyła, aunque, naturalmente, él se relacionó con eso más teológica y espiritualmente. En general, el presidente y el papa fueron una pareja hecha en el cielo. Por lo general, estaban en la misma página.

¿Cuáles fueron los momentos decisivos del pontificado de Juan Pablo II?

Si hablamos de comunismo, debe haber sido su primer viaje a Polonia; su escarmiento a los teólogos de la liberación, incluso en Nicaragua, y su manejo hábil y compasivo de Mikhail Gorbachev. Más allá del comunismo, sus contribuciones más importantes, que lo convierten en un gigante imponente en la historia, fueron, primero, sus múltiples peregrinaciones a prácticamente todos los rincones del mundo; y, en segundo lugar, su preocupación por los jóvenes, que se expresó mejor en las llamadas Jornadas Mundiales de la Juventud, festivales virtuales de la fe católica con la participación de millones de jóvenes. Es una lástima que sus sucesores no parezcan capaces de replicar la relación de Juan Pablo II con los jóvenes y les resulte difícil continuar con este crucial esfuerzo misionero.

¿Qué elementos del pensamiento de Juan Pablo II deberían aplicarse en la política actual?

Bueno, no solo su pensamiento. Toda su personalidad falta en la política actual. Me refiero a su intelecto, su ejemplo, su amabilidad, su liderazgo y, ante todo, su claridad moral. Es cierto que Wojtyła fue puesto en esta tierra en circunstancias específicas, lo que implicó desafíos particulares. Sin embargo, mucho de lo que dio de sí mismo para enfrentar la adversidad fue universal. Entonces, debemos aprender sobre la universalidad de Juan Pablo II y, si es possible, aplicarla a los desafíos que enfrentamos hoy.

¿Qué necesitamos para construir una civilización del amor?

Debemos empezar amándonos a nosotros mismos para que podamos amarnos unos a otros. Debemos restaurar el mundo en congruencia con nuestras creencias para hacerlo hermoso y, tras la victoria, debemos ser capaces de perdonar a nuestros enemigos. Debemos entender nuestra vida como una buena batalla, ya sea una cruzada, una contrarrevolución o de cualquier otra índole, incluso escribiendo libros. Dios nos ha prometido que las puertas del infierno no vencerán al reino de los cielos. Eso significa que al final ganaremos. Mientras tanto, sin embargo, el Señor no garantiza que triunfaremos en nuestras vidas. Estamos aquí para enfrentar una buena batalla desde ahora hasta que muramos. Esa es la manera de construir una civilización del amor.

Vengo ante ustedes como un testigo: un testigo de la dignidad humana, un testigo de la esperanza, un testigo de la convicción de que el destino de todas las naciones está en manos de una Providencia misericordiosa.

Juan Pablo II

GEORGE WEIGEL

Autor, analista político y activista social. Actualmente se desempeña como Miembro Principal Distinguido del Centro de Políticas Públicas y Ética, y es el autor de la biografía más vendida del papa Juan Pablo II, Testigo de Esperanza, *y otras publicaciones.*

¿Cuándo y dónde usted aprendió sobre Karol Wojtyła por primera vez?

Empecé a estudiar seriamente su vida después de su elección y especialmente después de quedar impresionado por su primera encíclica, *Redemptor Hominis.*

"En los designios de la Providencia no existen puras coincidencias". ¿Cómo lo prepararon los acontecimientos de su vida para ser biógrafo de Juan Pablo II?

Esto se describe en detalle en mis memorias *Lecciones de esperanza: Mi vida inesperada con San Juan Pablo II.* Algunos de los "preparativos" clave incluyeron mi trabajo académico en filosofía y teología, y mi trabajo sobre temas de derechos humanos detrás de la Cortina de Hierro, especialmente la libertad religiosa.

¿Cómo marcó su vida el tiempo que pasó con Juan Pablo II?

Espero que me haya hecho un mejor cristiano. Ciertamente, y de manera inesperada, me convirtió en un "experto" mediático sobre el papado.

¿Cuáles fueron los mayores logros de Juan Pablo II en geopolítica, derechos humanos, teología y ecumenismo?

(1) El colapso no violento del comunismo europeo en 1989; (2) su persistente defensa de la libertad religiosa como el primero de los derechos humanos, comenzando con su primer discurso ante la ONU en 1979; (3) *Redemptor Hominis, Veritatis Splendor* y la *Teología del Cuerpo;* (4) la Declaración Conjunta de la Santa Sede y la Federación Luterana Mundial.

Hablemos de la primera peregrinación papal de Juan Pablo II a los Estados Unidos en octubre de 1979. ¿Cómo contribuyó el papa polaco a la vida católica estadounidense?

La visita realmente importante y decisiva fue la Jornada Mundial de la Juventud en Denver, en 1993. Eso encendió la Nueva Evangelización en los Estados Unidos y los efectos todavía se pueden sentir hoy. En cuanto a 1979, creo que el papa se enteró de que la Iglesia de los Estados Unidos estaba mucho más viva de lo que había descubierto durante sus dos visitas anteriores como cardenal.

¿Qué piensa sobre el papel de Ronald Reagan y Juan Pablo II en la derrota del comunismo?

Estaban trabajando en vías paralelas y respetaban la competencia única y la influencia de cada uno. No hubo una "alianza santa". Ambos creían que el comunismo moriría por su inverosimilitud inherente.

¿Cuál de las encíclicas de Juan Pablo II es la más cercana a su corazón y por qué?

¡Estoy mucho menos interesado en mi corazón que en mi cerebro! *Redemptor Hominis* es crucial como "programa" para todo el pontificado. *Redemptoris Missio* es la carta de la Nueva Evangelización. *Centesimus Annus* es la declaración más desarrollada de la tradición clásica de la doctrina social católica. *Evangelium Vitae* es una advertencia crucial para las democracias modernas de que los errores declarados como correctos conducen a la dictadura del relativismo. *Fides et Ratio* es un poderoso desafío para los intelectuales occidentales.

¿Cómo definió Juan Pablo II la nación y la cultura, y su papel en la vida de una nación?

Ciertamente, él creía que la cultura es la fuerza más dinámica de la historia, más que la política o la economía, y desplegó esa convicción en sus esfuerzos por ayudar a Europa central y oriental a liberarse del comunismo.

La historia reciente y los hechos trágicos evidencian el mal uso de la libertad. Juan Pablo II dijo: "La libertad es para el amor". Siguiendo sus enseñanzas, ¿en qué consiste la libertad y para qué debe servir?

La "virtud" de la libertad para el individuo es un asunto de elegir libremente el bien (que podemos conocer por la razón y la revelación) y hacerlo como una cuestión de hábito moral. La libertad en la vida pública es una cuestión de tener el derecho de hacer lo que debemos, como dijo Juan Pablo II en su homilía en Baltimore en 1995.

¿Cuál es el significado de la defensa de la libertad religiosa del papa Juan Pablo II en la encíclica Redemptor Hominis?

Él puso las bases para su desarrollada defensa de los derechos humanos a lo largo del pontificado.

El papa Juan Pablo II comentó una vez: "Tratan de entenderme desde afuera. Pero solo puedo ser entendido desde adentro". ¿Qué era ese "interior" de Karol Wojtyła?

Quería decir que sus acciones solo podían entenderse como expresión de sus convicciones, formadas por la oración. Esa intensa vida de oración, de conversación con el Señor, fue el "motor" de su ministerio.

En su libro The End and the Beginning, usted escribió: "Sin embargo, incluso sus críticos tuvieron que admitir que se había convertido en un punto de referencia moral mundial, un hombre cuyo pensamiento importaba, incluso para aquellos que se oponían a él y a la Iglesia que dirigía". ¿Cómo había llegado Juan Pablo II a este punto?

Siendo fiel a sus convicciones, viviéndolas él mismo y demostrando que una vida de fidelidad a Cristo y al Evangelio era una gran aventura de liberación humana.

¿Qué lecciones del pontificado de Juan Pablo II son más aplicables ahora?

¡No tengan miedo!

¿Qué necesitamos para construir una civilización del amor?

La conversión a Cristo.

JOHN RADZILOWSKI

Historiador estadounidense y autor de numerosos libros y artículos. Recibió la Cruz de Caballero de la Orden del Mérito de Polonia, entre otros premios. Es director del Instituto Polaco de Cultura e Investigación en Orchard Lake, Michigan.

¿Cuál fue el pensamiento político de Juan Pablo II?

Su política creció orgánicamente a partir de su profunda fe, la cultura e historia polacas y un fuerte encuentro con la teología y la filosofía católicas. Elementos de cada uno de estos son visibles en su política. Hay una tendencia, incluso entre los admiradores de Juan Pablo II, a pensar en él simplemente como el papa que inició el colapso del comunismo en Europa. Si bien eso es ciertamente importante, tal punto de vista limita las ideas políticas de Juan Pablo II al pasado. Sin embargo, sus ideas son muy relevantes hoy en día.

Juan Pablo II nos instruye sobre la correcta ordenación de la política como parte de la vida humana y de las sociedades humanas. Por "ordenar" quiero decir algo más que simplemente "prioridades" o una clasificación de cosas por importancia: es establecer las relaciones apropiadas entre los diferentes elementos de la vida humana. Evitaría el término "ideología", ya que él defendió más que un programa político en particular. La política para Juan Pablo II nunca es un fin en sí misma, sino que existe para servir a la humanidad y para acercar a Dios a los hombres y mujeres y a la sociedad humana. En otras palabras, el objetivo de la política es la prosperidad humana en el sentido de la observación de San Ireneo: "La gloria de Dios es el hombre plenamente vivo".

La política de Juan Pablo II se aleja radicalmente de casi todas las formas de pensamiento político moderno, especialmente en el último siglo y medio. Ya sea el comunismo, el fascismo, el posmodernismo o incluso la democracia estatal que es común en Europa y América del Norte: todos ponen al hombre al servicio de la política, que invierte el orden correcto de las cosas. Si bien profesan altos ideales, estos enfoques de la política rápidamente se convierten en alguna forma de esclavitud, ya sea una esclavitud literal como en la Unión Soviética o una forma de esclavitud espiritual más común en Occidente hoy. A partir de la década de 1960, en los Estados Unidos la política se convirtió cada vez más en un fin en sí misma. Fueron las feministas de la década de 1970 quienes acuñaron la frase "lo personal es político", anunciando la intrusión de la ideología política en los aspectos más íntimos de la familia y la vida humana. En Estados Unidos y Europa, cada vez vemos más personas dividiéndose por partido político o ideología, incluso separándose de familiares y amigos por diferencias políticas. (No solo lo personal se ha vuelto político, sino que lo político se ha vuelto personal). Esto ha causado una profunda disfunción en nuestro tiempo, hasta el punto de que nadie es inmune a convertirse en el medio para lograr algún fin político. Incluso el valor de la vida humana es una mercancía política. Juan Pablo II nos señala en la dirección opuesta.

La crítica de Juan Pablo II a la política moderna refleja su enfoque de la economía. Las economías y los mercados existen para servir a la humanidad, no para ser servidos. Su crítica del comunismo se basaba en el mismo principio que su crítica de lo que él consideraba un capitalismo desenfrenado. Dicho más sencillamente, el hombre existe para amar y servir a Dios, y todo lo que tiene el hombre, incluida la política, debe estar ordenado para ese fin. Sin este ordenamiento adecuado, incluso con las mejores intenciones, la política puede convertirse y se ha convertido en una forma de idolatría. Por lo tanto, comprender el pensamiento político de Juan Pablo II sigue siendo tan relevante hoy como en 1978.

Por favor, reflexione sobre la recepción de San Juan Pablo II en los Estados Unidos, en particular con respecto a su política exterior.

Su acogida en Estados Unidos fue en general muy positiva, aunque hubo excepciones. La mayoría de las personas, hasta las no católicas, estaban fascinadas con él, incluso si los matices de su mensaje se "perdían en la traducción". Antes de Juan Pablo II, los papas eran figuras muy austeras y distantes. El papa Pablo VI había comenzado a hacer que el papado fuera más visible en todo el mundo católico, y Juan Pablo II continuó con esto y lo amplificó al mundo en general, convirtiéndose en uno de los líderes mundiales más visibles de la historia. Era tremendamente carismático, con capacidad para relacionarse con cualquiera, pero también un hombre de gran santidad y autenticidad, algo que la gente anhelaba tanto entonces como ahora.

Dicho esto, también había muchos a quienes no les gustaba o incluso odiaban al papa. Los círculos católicos liberales en los Estados Unidos se opusieron particularmente a él y no lo ocultaron. Era bastante común incluso entre algunos clérigos decir abiertamente que estaban orando por la muerte de Juan Pablo II. Esto estaba directamente relacionado con su fuerte afirmación de la enseñanza de la Iglesia sobre la santidad de la vida, la verdad de la *Humanae Vitae* del papa Pablo VI y la vocación sacerdotal. Sin embargo, esta oposición también encontró su camino en la política exterior, ya que muchos de los católicos que se le opusieron en estos temas también eran claramente favorables a los regímenes marxistas, especialmente en América Latina y, por supuesto, a la llamada Teología de la Liberación. "Anticomunista" fue considerado un insulto entre la gente "culta", tanto dentro como fuera de la Iglesia. Todo esto estaba ligado a que fuera polaco. Era (y hasta cierto punto sigue siendo) un prejuicio común entre los estadounidenses, especialmente entre las élites, que los polacos son atrasados, ignorantes, emocionales y supersticiosos. Estos prejuicios se remontan al siglo XIX, pero resurgieron en la década de 1960, cuando ser demasiado patriótico y demasiado religioso se consideraba un signo de una personalidad defectuosa (la llamada Personalidad Autoritaria). Los polacos estaban (y siguen estando) en este punto de vista demasiado apegados a la fe y a la nación y, por lo tanto, fuera de sintonía con el mundo moderno. Entonces leemos en la prensa de ese período comentarios desdeñosos como "por supuesto que es anticomunista… después de todo, él es de Polonia".

¿Fue conveniente para Estados Unidos la elección de un papa de la Polonia comunista? ¿Cómo percibió Estados Unidos a Polonia en 1978?

Para quienes habían estado dirigiendo la política exterior estadounidense hasta entonces, era un inconveniente. Pero tenemos que recordar la intensa oposición y el miedo que Ronald Reagan también enfrentó en el campo de la política exterior. Había un fuerte sesgo a favor del *statu quo* y un miedo real de "provocar al oso". Mientras que hoy el movimiento Solidaridad tiene un lugar preciado en los libros de historia, en 1980 había muchos en Occidente que estaban alarmados por las huelgas en Gdańsk y por la postura del papa contra el marxismo. Después de todo, la Unión Soviética era un hecho permanente en la vida del mundo (o eso creía la mayoría), por lo que enfrentarse a ella se consideraba una forma de locura.

También recordamos que muchas instituciones occidentales eran bastante amistosas con los regímenes comunistas. Esto incluyó a muchos bancos que, con el apoyo de sus gobiernos, habían prestado miles de millones de dólares al régimen comunista para 1980. Junto a ellos vienen Juan Pablo II, Solidaridad, Ronald Reagan y Margaret Thatcher… bueno, ¡puede imaginar cómo se sentirían! Esta es una parte que a menudo queda fuera de los libros de historia.

Los estadounidenses tenían una visión muy pobre de Polonia en 1978. Había bastante prejuicio antipolaco, que experimenté con frecuencia mientras crecía. Fue instigado por los medios populares estadounidenses. Algunos pocos recordaban la historia de Polonia de oponerse a la Alemania nazi y al comunismo soviético, pero incluso esa resistencia a menudo se consideraba inútil o sin esperanza. Aquí resultó útil el mito de la caballería polaca cargando contra los tanques alemanes, y esta historia apareció en todos los libros de texto escolares. (En la escuela, a menudo leíamos en voz alta nuestros libros en clase, y como yo era el único niño polaco en mi clase, el maestro me hizo leer en voz alta la sección sobre la caballería polaca siendo masacrada por los tanques alemanes, para diversión de mis compañeros de clase.) Muchos estadounidenses veían a Polonia como parte de Rusia o como existente en un lugar llamado "Europa del Este", que era prácticamente parte de la Unión Soviética. Para la Polonia americana, la elección de Juan Pablo II fue un verdadero milagro. Junto con el movimiento Solidaridad, marcó un cambio importante en la forma en que los estadounidenses percibían a Polonia y al pueblo polaco. Hasta el día de hoy, todavía puedo recordar dónde estaba cuando escuché la noticia de la elección de Juan Pablo II, cuando se anunció en la radio de nuestro pequeño pueblo. Para muchos estadounidenses de origen polaco ese sigue siendo uno de los mejores momentos de la historia.

Juan Pablo II interactuó con cinco presidentes diferentes de los Estados Unidos. ¿Por qué trabajó tan bien con Ronald Reagan?

Los dos hombres tenían un interés común en detener y hacer retroceder el poder soviético y comunista en Europa y en otras regiones, por ejemplo, América Latina. Esto es obvio. Pero también había una dimensión más profunda. En las décadas de 1970 y 1980, la mayoría de los líderes políticos y expertos en política exterior —y de hecho la mayoría de las personas— asumieron que el poder soviético era una característica permanente de la escena mundial. Sin embargo, aquí había dos líderes que ciertamente no eran ingenuos (de hecho, ambos eran bastante realistas en sus políticas), pero que no daban por sentada una realidad tan sombría. En cambio, pudieron ver posibilidades más allá de lo que parecía un problema sin solución. Tanto el presidente Reagan como San Juan Pablo II eran optimistas, pero en un nivel más profundo podemos ver que compartían la virtud de la esperanza. Esta fue la base sobre la que se fundó su asociación. Si bien el Santo Padre tenía sentimientos cálidos por otros presidentes de los Estados Unidos y por los Estados Unidos, en general, ninguno de los otros presidentes con los que interactuó se acercó tanto a él como lo hizo Reagan.

Durante la Guerra Fría, Estados Unidos ayudó a Polonia a vencer el mal del comunismo. ¿Puede Polonia, con su fuerte fe católica polaca, ayudar a Estados Unidos a vencer el mal de nuestro tiempo?

No directamente. Las batallas más duras de Estados Unidos son contra los males que vienen desde adentro. Esto también es cierto para Polonia. No podemos estar satisfechos con la fuerza de la fe en Polonia. Si bien ciertamente es más fuerte que en Europa occidental, si observamos las tendencias desde 1990 en términos de asistencia regular a misa, tasas de natalidad, etc., vemos un panorama inquietante. Por supuesto, también hay muchos elementos positivos, pero el "alma" de Polonia pende de un hilo y queda por ver si terminará como Irlanda o trazará un rumbo diferente y lo mantendrá en las próximas décadas. Convertirse en un modelo para un tipo diferente de sociedad donde la prosperidad humana no esté completamente subordinada a las políticas o las economías sería una gran victoria, no solo para Polonia sino como un faro para los estadounidenses. Muchos estadounidenses, no solo conservadores, han buscado en Hungría y Polonia un enfoque diferente de la política, la cultura y la identidad nacional. El ejemplo de Polonia podría ser bastante importante para esto. Asimismo, los polacos deberían aprender de lo que está sucediendo en los Estados Unidos, tanto positivo como negativo.

Esto no es para minimizar las amenazas de países como Rusia y China. China, por ejemplo, se está convirtiendo rápidamente en la versión del siglo XXI del "imperio del mal" del presidente Reagan y pronto puede representar una amenaza mucho mayor para el mundo que la Unión Soviética durante la Guerra Fría. La cultura soviética no atrajo a los estadounidenses; China comprende claramente la importancia de la cultura y ha dedicado recursos masivos para controlar y manipular la cultura, la educación y la información pública en los Estados Unidos. La pérdida de la identidad nacional y la confianza en sí mismos de los estadounidenses, resultado de años de mala educación en nuestras escuelas y corrupción en nuestra política, brinda una oportunidad a China que está explotando. En este sentido, Polonia y los Estados Unidos se encuentran en una situación paralela, en la que sus mayores desafíos provienen de fuerzas morales y culturales internas, pero los problemas internos crean debilidades que los adversarios extranjeros pueden explotar.

¿Cómo ve la relación actual entre los Estados Unidos y el Vaticano? ¿Cómo ha cambiado desde los tiempos de Juan Pablo II?

Ha cambiado mucho. En el Vaticano hemos visto un retorno a alguna forma de acomodo con regímenes como China, como caracterizó la diplomacia vaticana antes de octubre de 1978. El Santo Padre actual tiene una visión muy diferente del papado y su papel en el mundo, y una manera muy diferente a la de sus dos predecesores de comunicar ese punto de vista. Mucha gente no estuvo de acuerdo con Juan Pablo II o Benedicto XVI, pero no recuerdo a nadie que se haya quedado confundido por el mensaje que transmitía el papa o que afirmara que los medios lo habían traducido mal. También debemos recordar que los fuertes papados de Juan Pablo II y Benedicto XVI convirtieron a la Iglesia y al Vaticano en blanco de fuerzas en Occidente que se oponen fuertemente a la enseñanza de la Iglesia sobre cuestiones morales fundamentales, como el aborto. Antes de octubre de 1978, la Iglesia y la Santa Sede simplemente no eran lo suficientemente importantes como para merecer tales ataques sostenidos. Cuando el gobierno estadounidense promueve el aborto o defiende el matrimonio homosexual a nivel internacional, coloca a los Estados Unidos y al Vaticano en oposición directa, incluso si las figuras de ambos lados intentan disimular las diferencias.

Los políticos estadounidenses de izquierda e incluso algunos de los llamados moderados suelen ser intensamente anticatólicos y, cuando están en el poder, la política estadounidense sigue su ejemplo. (Aparte, el hecho de que algunos de estos políticos sean católicos bautizados es irrelevante para su intensa oposición a lo que enseña la Iglesia. Han dominado una forma de pensamiento "dialéctico" que les permite proclamar simultáneamente dos o más cosas que son completamente contradictorias sin la menor vergüenza o sentido de hipocresía).

Como dijo Juan Pablo II, "la democracia . . . (se) entiende no solo como un sistema político, sino también como una actitud mental y un principio de conducta". ¿Cómo ve el lugar de Estados Unidos en el mundo a la luz de esa declaración?

¡Cómo desearía que más líderes estadounidenses hubieran recordado estas palabras al establecer la política hacia Afganistán, Irak y Siria! La democracia no es simplemente un proceso o conjunto de procedimientos, sino una cultura y un conjunto de hábitos y prácticas sociales. Nosotros, los estadounidenses, olvidamos que se necesitaron generaciones después de la fundación para que nuestro sistema funcionara sin problemas. Muchas elecciones anticipadas, especialmente en las principales ciudades, a menudo parecían disturbios. Incluso peleamos una guerra civil para restaurar una comprensión adecuada del significado de la Declaración de Independencia.

Juan Pablo II entendió muy bien a los fundadores estadounidenses. John Adams dijo: "La virtud pública no puede existir en una nación sin la virtud privada, y la virtud pública es el único fundamento de las repúblicas". En 1997, el Santo Padre se hizo eco de esto en un asombroso discurso sobre el ideal estadounidense al recién nombrado embajador de Estados Unidos ante el Vaticano, el cual debería ser una lectura obligatoria en las escuelas. En él, expone por qué Estados Unidos desempeña un papel único y consecuente en el mundo, y no se debe al poder económico o militar. Estados Unidos, dijo, se basaba en

> una libertad destinada a permitir a las personas cumplir con sus deberes y responsabilidades hacia la familia y hacia el bien común de la comunidad. (Los fundadores) entendieron claramente que no puede haber verdadera libertad sin responsabilidad moral y rendición de cuentas, ni felicidad sin respeto y apoyo a las unidades o agrupaciones naturales a través de las cuales las personas existen, se desarrollan y buscan los propósitos superiores de la vida para el bien de los demás.

Los dones de Estados Unidos y sus ideales fundacionales, creía el Santo Padre, estaban destinados a fomentar una cultura de vida y amor que realmente sirviera como un faro para el mundo. Hoy estamos bastante lejos de ese ideal, pero tenemos que enfrentar los desafíos de vivirlo con esperanza.

Desde la muerte de Juan Pablo II en 2005, se han producido muchos cambios en los Estados Unidos y Europa, que empujan a la Iglesia a adaptarse a las nuevas realidades culturales. ¿Qué es esencial para la identidad católica en el mundo de hoy?

La belleza y la gloria de la Iglesia católica es que mantiene el esplendor de la Verdad sin cambios a través de los siglos. A lo largo de la historia, no rechazó las culturas que encontró, sino que las bautizó y cristianizó. Trató de retener creativamente lo mejor de esas culturas en un lenguaje católico. Entonces, cuando hablamos de la Iglesia "adaptándose" a una nueva realidad cultural, estamos mirando el problema al revés. En cambio, deberíamos preguntarnos cómo la Iglesia adaptará las culturas del mundo a la Verdad que proclama. La Iglesia tiene que presentarse como un "signo de contradicción" para el mundo, y cuando no lo hace, fracasa en su misión.

Los católicos, especialmente en los Estados Unidos y Europa, se han conformado demasiado con una versión de la cultura secular moderna que es similar a la laicidad. Hemos adoptado un sentido del catolicismo que trata la fe como un elemento separado de identidad, aislado de nuestra vida cultural, política o económica. Esto es desordenado y no sostenible. El catolicismo prosperó en los Estados Unidos durante décadas, porque los fundamentos culturales de la vida estadounidense eran, en términos generales, cristianos. Pero ahora nos acercamos a un período "post-cristiano" donde los cimientos de nuestra sociedad se asemejan a una especie de paganismo nietzscheano o materialista. Nuestro desafío, sin embargo, sigue siendo el mismo: estar en el mundo, pero no ser del mundo. Debemos vivir, dialogar y evangelizar la cultura en la que vivimos sin dejarnos subsumir por ella.

¿Qué necesitamos para construir hoy una civilización del amor?

En una palabra: Dios.

El último siglo y medio estuvo lleno de esfuerzos para crear sociedades o comunidades humanas ideales, ya fueran cristianas o seculares, que terminaron en fracaso y, en algunos casos, en un derramamiento de sangre masivo. Nada de eso puede ser creado en la tierra por el poder humano, y ciertamente no por medios políticos. Como señaló C. S. Lewis, un partido político cristiano es una contradicción en los términos, ya que el cristianismo verdadero nunca puede producir una política efectiva y la política efectiva nunca puede resultar en un cristianismo verdadero. En cambio, tenemos que recordar Mateo 22:37–39 y dar al César lo que le corresponde al César: nada más, nada menos. Nuestro verdadero reino, la verdadera civilización del amor no es de este mundo. Nuestra tarea es ayudar a que la mayor cantidad posible de nosotros llegue a nuestro verdadero hogar. Por eso necesitamos la Iglesia, la Escritura y los sacramentos: no podemos hacerlo sin ayuda.

Nuestro mundo tiene una noción muy desordenada del amor. En el ámbito de la política, tenemos ideologías que dicen amar a la clase trabajadora o "el pueblo", y movimientos que dicen amar a la "gente de color" o a la gente "LGBTQ". Pero estos términos son abstracciones. No es posible amar una abstracción: solo podemos amar a una persona humana real. Una vez que transferimos nuestro amor de lo real a lo abstracto, resulta todo tipo de mal. Esta es la razón por la que los marxistas proclamaron su amor por la idea abstracta de la clase trabajadora, mientras asesinaban a los trabajadores reales, o por la que BLM proclama su amor por la "gente negra", mientras persigue políticas que causan devastación para las familias e individuos negros reales. "Ama a tu prójimo como a ti mismo" es el samaritano vendando las heridas del verdadero extraño al borde del camino, no del prójimo teórico.

Una civilización saludable evitaría lo abstracto por lo real. Valoraría a las familias como un bloque de construcción fundamental, abrazándolas con todas sus fallas e imperfecciones humanas. Ordenaría correctamente que la política y la economía sirvieran al objetivo del florecimiento humano. Sería, sobre todo, humilde en lo que busca como fines, y prudente y humana en los medios que utiliza para perseguir esos fines. No vivimos en tal civilización, pero esto no nos libera de la obligación de amar el mundo que tenemos ni del deber de esperar la salvación.

Sí, necesitas enseñar libertad, necesitas madurar la libertad. Solo sobre esa base pueden fundarse la sociedad, la nación y todos los ámbitos de su vida. No podemos crear una libertad ficticia que supuestamente libera al hombre pero que, de hecho, lo esclaviza y lo deprava… Es mucho más fácil destruir que reconstruir…

Juan Pablo II

JAN ŻARYN

Historiador, profesor, político, autor y conferencista. Es el director del Instituto para el Legado del Pensamiento Nacional Polaco en Varsovia.

Cuéntenos sobre su relación con San Juan Pablo II.

Los míos son recuerdos muy privados. Cuando estaba prevista la llegada de Juan Pablo II a Polonia en junio de 1979, yo asistía a una escuela "postsecundaria", donde las instrucciones también tenían lugar los sábados (el día de la llegada del Santo Padre). Me anoté en mi parroquia para hacer vigilia el sábado, primero en el centro de Varsovia para recibir al papa y luego en la Plaza de la Victoria. El viernes, el director de la escuela preguntó si alguien se atrevería a llamar ausente el sábado. Fui el único en mi clase (y, según escuché, en toda mi escuela) que se puso de pie y anunció que sí, que estaría ausente porque tenía la intención de estar con el papa y no en la escuela ese día. La directora estaba furiosa, pero yo insistí con la suficiente terquedad que ella cedió. Yo era el único al que se le permitió ir, pero el resto de los estudiantes de todos modos no fueron a la escuela.

No podía conocer suficiente al papa, así que después de su partida, cuando comenzaron las vacaciones de verano, hice autostop hasta Roma. Solicité un pasaporte y obtuve una visa de tránsito italiana por 5 días, que la embajada italiana me emitió sin problemas. Viajé a Italia con un ciudadano italiano, por lo que en la frontera nadie me pidió mi pasaporte. Permanecí en Roma durante 10 días. Conocí a algunas personas maravillosas allí, como el recientemente fallecido padre Kazimierz Przydatek, SJ, que atendió a todos los peregrinos polacos, especialmente a los estudiantes; nos consiguió un descuento en un campamento. Anunciar "soy polaco" y mostrar mi bandera polaca me abrió las puertas de muchos autos.

¿Cómo llegó a conocer al papa en persona?

Me encontré personalmente con el papa varias veces, como profesor y activista católico en Włocławek. La reunión más importante fue un asunto familiar, con mi esposa Małgosia y nuestros hijos: Ania, Staś y Krzyś. Recuerdo que estaba nervioso hablando con el papa, o más bien caí en un monólogo nervioso. Le presenté mi libro *Sobre la historia polaca*.

Había una foto de Juan Pablo II en la portada; le dije que el libro era sobre los más grandes polacos. Finalmente me agarró la mano, me interrumpió y me dijo: "Bueno, eso es importante, pero mira, ¡tienes unos hijos tan espléndidos!". Hablamos durante unos 10 minutos. Me preguntó qué hacíamos y dónde trabajábamos. Nos preguntó a todos: a toda la familia. Lo recuerdo porque el papa estaba en lo cierto. La familia es la base de nuestro sentido de vida individual y nacional. Cuando estamos, aun sin culpa nuestra, fuera de su campo de interacción, estamos alejados de la acción del amor.

¿Qué estado de ánimo prevaleció en el Comité Central del Partido de los Trabajadores Unidos (comunista) de Polonia (PZPR) después de la elección de Karol Wojtyła como papa?

El 16 de octubre de 1978, desde la calle Książecka, pudimos ver luces encendidas en la sede de las autoridades comunistas. Me dijeron que las luces permanecieron encendidas toda la noche. Ahora sabemos que los miembros del Comité Central del PZPR estaban bastante deprimidos. Finalmente, el camarada Józef Czyrek, ministro de Relaciones Exteriores, calmó a todos. Dijo que al menos "Wojtyła ya no estará en Polonia". El cardenal Wyszyński, en un pequeño círculo de confidentes, algunos de los cuales no eran discretos, le había dicho a Wojtyła que lo veía como su sucesor. La propaganda comunista presentó las elecciones en su neolenguaje como "¡Mira lo que puede hacer un polaco!". Por lo tanto, el régimen concedió permiso para transmitir la misa de inauguración del pontificado. Según las encuestas, cuyos resultados se mantuvieron en secreto en ese momento, el 96% de todos los polacos la vieron por televisión. Desde el principio, los comunistas se dieron cuenta de que la primera consecuencia de esto sería el deseo de Juan Pablo II de visitar su patria. Y tenían miedo de eso.

Fue el cardenal Stefan Wyszyński quien invitó a Juan Pablo II a Polonia. ¿Cómo reaccionó el régimen ante el hecho de que un "particular", no un funcionario del Ministerio de Relaciones Exteriores, y sin consultar con los comunistas, hubiera invitado al jefe de un estado extranjero a Polonia? ¿Cuál fue la reacción del Kremlin ante la visita de Juan Pablo II? ¿Qué fue lo que finalmente hizo que el Primer Secretario Edward Gierek concediera permiso para que el papa viniera a Polonia?

Documentos secretos del partido revelan una imagen de funcionarios terriblemente asustados. Cualquiera que sea la forma en que fueran las cosas, siempre se consideró malo. No se podía negar la visita del papa por ser ciudadano polaco. Sin embargo, si se le permitiera entrar, amenazaría a todo el Pacto de Varsovia. Al papa Pablo VI se le negó la entrada al menos dos veces, incluso en 1966 para las celebraciones milenarias del cristianismo polaco. Pero Pablo VI era italiano. Finalmente, en enero de 1979, durante una conversación con el Primado de Polonia, Gierek consintió en el establecimiento de una comisión conjunta del gobierno y la Iglesia para organizar una visita, pero eso no garantizaba una visita en mayo de 1979, el 900 aniversario del martirio del obispo San Estanislao, patrón de Polonia. El obispo fue asesinado por el gobierno real o, más precisamente, por los hombres del rey, y está enterrado en la ciudad del papa, Cracovia. Los comunistas temían las analogías históricas. Por lo tanto, insistieron en una visita en 1982, que sería el 600 aniversario de la entrega de la pintura de Nuestra Madre de Częstochowa en Jasna Góra. Por supuesto, faltaría mucho tiempo para eso y podrían pasar muchas cosas, por ejemplo, un intento exitoso de asesinato del papa. Finalmente, sin embargo, acordaron un viaje papal en junio de 1979.

Por otro lado, Moscú aconsejó a los comunistas polacos que no concedieran permiso para tal visita, porque el Kremlin predijo correctamente que significaría una pérdida ideológica para los comunistas. En marzo de 1979, todo el aparato de seguridad comunista al mando del general Bogusław Stachura inició la Operación Verano de 1979. Miles de policías secretos y otros agentes participaron en toda Polonia. Su objetivo era minimizar, a través de actividades legales y extralegales, como solían decir, las consecuencias negativas de la visita. Consistía en vigilancia, detención, allanamientos para descubrir imprentas ilegales, etc. Los comunistas tenían miedo de las actividades de la oposición democrática, cuyos activistas también querían reunirse con el Santo Padre. Al mismo tiempo, sin embargo, la comisión conjunta régimen-Iglesia comenzó a funcionar, también a nivel local, dondequiera que el Santo Padre visitara.

¿Cuál era el ambiente en Polonia durante la visita papal? ¿Cómo reaccionó el régimen ante los millones de fieles que participaron en la Santa Misa con el papa?

En el lapso de esos 8 días de junio (2-10) de 1979, el espacio público en un país totalitario y ateo pertenecía al jefe de la Iglesia católica. El papa se dirigió a nosotros y también habló por nosotros; dijo en

Varsovia que uno no podría entender Polonia y a los polacos, nuestra cultura, sin Cristo. Nos exhortó en Cracovia a proteger nuestra herencia polaca, incluso si eso requiere sacrificio. El 5 de junio, en Jasna Góra, se reunió con el Episcopado de Polonia para discutir las relaciones entre Iglesia y Estado. Afirmó característicamente que los comunistas primero tendrían que cumplir todas las condiciones necesarias para un pleno desarrollo de una sociedad católica y su Iglesia antes de establecer relaciones diplomáticas con la Santa Sede. Eso significaba que sin una Polonia Libre, la Iglesia no legitimaría al régimen comunista. Juan Pablo II, junto con el primado Stefan Wyszyński, subrayó que su elevación al Trono de San Pedro era también una elevación de la Iglesia en Polonia y un reconocimiento de sus logros en la lucha contra el comunismo. Al mismo tiempo, el papa y los obispos subrayaron que todo esto significaba que la Iglesia Universal necesitaba una fuerte presencia en Polonia, que, por tanto, tenía una misión que cumplir. Juan Pablo II significó no solo la liberación de la mitad de Europa detrás de la Cortina de Hierro del bolchevismo inhumano, sino también la de Europa occidental de un complejo de inferioridad frente al comunismo. El catolicismo en Polonia era fuerte.

Los polacos se unieron a esto. El intento de atomización total de la sociedad fracasó. Y la nación comenzó a hablar abiertamente en un código cultural común. Además, como señaló un miembro del Consejo de Estado, un dignatario comunista pero también un buen sociólogo, el profesor Jan Szczepański, los comunistas efectivamente dejaron de gobernar la nación, dejando en pie solo al primado de Polonia. El marxismo como doctrina se vino abajo.

El papa dijo no solo a los fieles, sino también al régimen que, entre otras cosas, "Cristo no puede ser excluido de la historia humana en ningún lugar de la tierra". ¿Cómo reaccionó el régimen a sus palabras?

El primado de Polonia habló a Gierek en nombre de la Iglesia y también de la nación: "Me gustaría pedirle al Partido (comunista) que emprenda algún tipo de reorganización, para que pueda haber una curación moral de la gente, porque en su situación actual en el bloque soviético, el Partido no puede ser reemplazado. Así que ellos (los comunistas) deben aguantarse. Para perdurar, deben emprender una renovación moral entre ellos. Hablé así durante dos horas y media".

En su diario del 2 de junio (1979), una hora antes del desembarco del papa, el primado escribió: "Grandes días comienzan hoy para

Polonia. Estamos esperando la llegada del Santo Padre a Varsovia". El primado se dio cuenta de que la predicación pública del Evangelio levantaría la nación. Para acompañarlo en el estado de alegría invitó también a Gierek durante una conversación que mantuvo con él a fines de mayo, pocos días antes del viaje papal. Confidencialmente, Gierek afirmó que necesitaba el respaldo del Santo Padre y del primado porque no todos los de su lado, y Moscú en particular, quisieran que el papa visitara Polonia. Así que por un lado teníamos plena libertad, y por otro el miedo y la esclavitud.

Durante su primera peregrinación a Polonia, Juan Pablo II pronunció palabras memorables: "Que el Espíritu Santo descienda y renueve la faz de la tierra. ¡Esta tierra!"; "¡No teman!". Estas palabras significaron mucho para Polonia. ¿Habría habido Solidaridad o el eventual derrocamiento del sistema comunista sin esta visita?

Los eruditos que estudian la historia de la Iglesia católica en Polonia están de acuerdo en que si no hubiera existido una generación salvada de la sovietización por medio del Programa de Nueve Años de la Gran Novena y las conmemoraciones del milenio (1957-1966), no habría habido Solidaridad como movimiento cristiano. Además, si no fuera por la elección del papa polaco y su visita a Polonia, Solidaridad no habría surgido después de las huelgas de julio y agosto de 1980. Las huelgas fueron una función de la influencia de la Iglesia; en cuanto a los astilleros de la Costa Báltica, estaban preocupados. De acuerdo con la ley positiva (comunista), los huelguistas eran, por supuesto, ilegales. Los comunistas, que en Occidente —en el mundo capitalista— tenían sus propios sindicatos fuertes, en las naciones que gobernaban sin limitación alguna, al otro lado de la Cortina de Hierro, liquidaron los verdaderos sindicatos allá por los años 40 y reemplazaron el derecho de huelga con la llamada competencia laboral socialista y con falsos sindicatos integrados por activistas designados por el Buró Político del Comité Central del PZPR.

En agosto de 1980, los trabajadores se dieron cuenta de que por encima del derecho positivo y la organización forzosa del trabajo estaba el derecho moral y natural, que estaban garantizados por la Iglesia y sus enseñanzas sociales. No tenían que verbalizar eso. Se daba por hecho. En la puerta del Astillero Lenin en Gdańsk había imágenes de la Virgen Negra y de Juan Pablo II; y el sábado 16 de agosto de 1980, cuando comenzó una huelga allí, una delegación de trabajadores encabezada por Anna Walentynowicz llegó ante el obispo local, Lech Kaczmarek, con una solicitud (¿o demanda?) de una Santa Misa en el astillero al día siguiente. Los sacerdotes comenzaron a entrar en un espacio que hasta ahora había sido administrado exclusivamente por gente del partido comunista. Hubo confesión masiva y recepción masiva de la Sagrada Comunión. Los huelguistas no sabían si ese día, 17 de agosto, la huelga terminaría como en diciembre de 1970, con una pacificación de la policía comunista, cuando perecieron 40 personas, también en Gdańsk.

La exhortación papal a "no temer" permitió a los trabajadores, así como a otros polacos, confiar en su capacidad para construir su propia narrativa comunitaria y nacional. El movimiento Solidaridad acogió a unos 9,5 millones de personas, incluidos miembros del Partido. Las células de Solidaridad comenzaron a entrar en las estructuras de poder, como la policía o las Milicias Ciudadanas (MO). El sistema comunista fue paralizado desde abajo. Al mismo tiempo, se estaba produciendo una llamada revolución autolimitada con la cooperación activa de la Iglesia, desde el primado hasta los religiosos, los sacerdotes diocesanos y los laicos. Habiendo sido a la vez teórico y activista sindical en el período de entreguerras, el cardenal Wyszyński se convirtió en uno de los asesores más importantes de los líderes de Solidaridad. Al mismo tiempo, junto con otros obispos, obligó al régimen a ceder (por ejemplo, ejerciendo presión para que los comunistas permitieran que los agricultores individuales crearan sus propios sindicatos libres). Los sacerdotes bendijeron pancartas sindicales, ofrecieron misa y abrieron centros parroquiales para que los sindicalistas junto con los abogados pudieran armar los documentos sindicales básicos.

¿Qué palabras de Juan Pablo II significan más para usted y por qué?

Las palabras y los pensamientos son tantos; hoy creo que vale la pena recordar sus preocupaciones sobre nuestro egoísmo y deseo de "liberarnos" no solo del comunismo, sino también de valores y deberes, como la protección de la vida desde la concepción hasta la muerte natural, o el cuidado de la familia, la patria y la comunidad. Ciertamente repetiría su advertencia de 1991:

> ¡Es mi madre, nuestra patria! ¡Estos son mis hermanos y hermanas!
> Y entiendan, todos ustedes que tratan irreflexivamente tales asuntos, entiendan que tales asuntos no pueden dejar de preocuparme;

no pueden sino lastimarme. ¡La destrucción ha estado ocurriendo durante demasiado tiempo! ¡Ahora debemos intensificar el esfuerzo de reconstrucción! No podemos destruir sin pensar.

Hoy, la generación joven de polacos se ha sumergido en el pantano de conceptos sesgados, mentiras y definiciones perniciosas de valores reales, una realidad de la que será difícil liberarse.

Una vez usted dijo: "El pontificado de Karol Wojtyła allanó el camino a la independencia de Polonia… Le dio alas a la nación polaca". ¿Podría dar más detalles?

Fue Juan Pablo II quien extendió nuestras alas para mi generación, la "generación JPII". Quizás su declaración más fuerte se produjo en Westerplatte, donde en 1939, los soldados polacos se habían opuesto a los invasores alemanes, que los superaban ampliamente en número: "Cada uno de ustedes, mis jóvenes amigos, encuentra en su vida una especie de 'Westerplatte'; una dimensión de tareas que debe asumir y cumplir; una causa justa por la que hay que luchar; una especie de deber, una obligación, que uno no debe eludir. Uno no debe 'desertar' ". También dijo que incluso si nadie nos exige eso, entonces debemos exigírnoslo a nosotros mismos. El papa buscó hacernos mejores de lo que éramos. Él nos elevó, mientras que los comunistas nos derribaron del trono del hombre, que fue creado a imagen del mismo Dios.

¿Qué tipo de mensaje dejó Juan Pablo II para nuestro mundo?

Para el mundo contemporáneo, Europa en particular, quizás el mensaje más importante es algo que aprendió de su hogar polaco y de la experiencia histórica polaca, y sobre lo que escribió en *Memoria e identidad*:

> Sin embargo, todavía parece que la nación y la patria, como la familia, son realidades permanentes… La formación de toda sociedad se realiza a través de la familia: de esto no cabe duda. Sin embargo, algo similar podría decirse de la nación. La identidad cultural e histórica de cualquier sociedad se conserva y nutre de todo lo que está contenido en el concepto de nación.

Parece que en la familia el individuo descubre su capacidad de amar sin límites, y cuando ama a la patria es capaz de defender su cultura y la herencia de las generaciones pasadas. Sin esta armonía en el espacio público abrazado por la comunidad nacional, un hombre no podrá encontrar en sí mismo suficiente amor para abrazar al mundo entero y sus necesidades.

¿Qué necesitamos para construir una civilización del amor?

Para construir una civilización del amor necesitamos un trabajo constante en nuestra conciencia. El trabajo libera a un hombre. No quiero sonar como si estuviera predicando un sermón, pero en el pasado las personas que pecaron tenían suficiente honor y dignidad para sufrir las consecuencias de su debilidad. Ahora, como dicen, a los pecadores les gustaría tener su pastel y comérselo también, sin darse cuenta de los costos. Esta actitud es visible en todo el mundo, por ejemplo, con el aborto y la eutanasia. Pero ese mal se extenderá si no lo controlamos. Matar a los no nacidos por razones eugenésicas es el primer paso para construir una "raza pura" y buscar eliminar a los "inútiles". ¿Cómo puede un hombre tomar tal decisión? Pero el amor es difícil y exigente, porque abraza a los enemigos; estamos llamados a amar a los que nos odian.

ZBIGNIEW STAWROWSKI

Profesor de Filosofía en el Instituto de Ciencias Políticas de la Universidad Cardenal Stefan Wyszyński, de Varsovia, cofundador y director del Instituto Józef Tischner, de Cracovia.

Profesor Stawrowski, ¿cómo empezó su fascinación por Juan Pablo II?

Todo comenzó el 3 de junio de 1979 en Varsovia. Yo era un hombre joven y confundido. Había perdido la fe y me mantenía alejado de la Iglesia. Me topé con una Santa Misa celebrada por el papa para estudiantes. Lo escuché predicar que si bien era muy importante para nosotros completar la universidad y entrar en una profesión rentable, aún era más importante que nuestras vidas se convirtieran en la revelación de los hijos e hijas de Dios. No era un idioma fácil de escuchar para mí en ese momento, pero entendí una cosa: yo no era cualquiera; yo pertenecía a la familia de Dios. Tenía mi dignidad y mi vida podía tener sentido. Años más tarde, me di cuenta de que todo lo que había vivido ese día en la iglesia de Santa Ana en Varsovia era el efecto de la obra del Espíritu Santo. Por cierto, era el mismo día de Pentecostés. A partir de entonces, Juan Pablo II se convertiría en mi guía y en un punto de referencia para mí. Absorbí sus enseñanzas. Traté regularmente de leer todas sus encíclicas y homilías.

¿Cuál Wojtyła está más cerca de su corazón: el filósofo, el papa, el defensor y campeón de Solidaridad?

Definitivamente, él está más cerca de mí como papa, porque vino a mí predicando la Buena Nueva. Era, después de todo, su principal esfuerzo. Su formación filosófica, por supuesto, facilitó eso en gran medida. Sin embargo, no fue su investigación filosófica la que finalmente cambió al mundo. Su apoyo al movimiento Solidaridad en Polonia también resultó de su trabajo pastoral. En última instancia, toda forma de solidaridad interpersonal brota del amor fraterno y debe ser una actitud cristiana natural hacia las personas necesitadas.

¿Cuáles palabras de Juan Pablo II están más cerca de su corazón?

Las más cercanas a mí siguen siendo las que escuché en sus peregrinaciones a Polonia durante la era comunista. Ellas llegaban a la gente, especialmente a los jóvenes, porque eran directas e inflexibles: "Debes exigirte a ti mismo, aunque los demás no te exijan"; y también: "La libertad se da al hombre como medida de su humanidad. Sin embargo, también le está encomendado… (a fin de) edificar, no destruir". Y, finalmente, las más bellas y conmovedoras palabras:

> Cada uno de ustedes, jóvenes amigos, encuentra también en su vida su propia tarea que hay que emprender y cumplir, alguna causa justa por la que hay que luchar, algún deber que no se puede eludir, que no se puede abandonar. Finalmente, un conjunto de verdades y valores que hay que "mantener" y "defender"… para ustedes mismos y para los demás.

¿Habría sido posible el movimiento de Solidaridad polaco sin Juan Pablo II y sus enseñanzas?

Creo que sin las enseñanzas de Juan Pablo II durante su primera peregrinación a su tierra natal en 1979, las huelgas y protestas masivas del año siguiente habrían tomado un curso completamente diferente, si es que se hubieran producido. El Santo Padre despertó el sentido de la dignidad humana en cientos de miles de personas, dándoles fuerza y paz interior, y evitando que recurrieran a acciones desesperadas. Las autoridades comunistas también necesitaron considerar que el papa polaco era el sucesor de San Pedro, y cualquier uso de la fuerza contra los huelguistas provocaría una fuerte reacción internacional. Así nació el movimiento Solidaridad. Este conectó a personas de buena voluntad con un sentido de responsabilidad por toda la comunidad.

¿Cuál fue la idea detrás de Solidaridad?

Esta la expresó muy acertadamente el padre Józef Tischner, quien recordó las palabras de San Pablo: "Lleven las cargas los unos de los otros, y cumplan así la ley de Cristo" (Gal 6:2). En el libro de Tischner, *La ética de la solidaridad*, leemos:

> La solidaridad no necesita ser impuesta a una persona desde afuera por medio de la violencia. Esa virtud nace por sí misma, espontáneamente, del corazón… La solidaridad nace de la buena voluntad y despierta la buena voluntad en las personas. La solidaridad es como el cálido rayo del sol; donde cae, deja un calor que se irradia sin violencia… Una solidaridad nacida de las páginas y del espíritu del Evangelio no necesita de un enemigo o de un adversario para fortalecerse y desarrollarse. Está dirigida a todos, y no contra nadie.

Una vez establecido el movimiento Solidaridad, el Santo Padre acompañó fielmente a su hijo espiritual. Él era su defensor y campeón. ¿Cómo impidió Juan Pablo II que Solidaridad perdiera su espíritu evangélico?

El papa se dirigió a Polonia a través de Radio Vaticano y otros medios de la Iglesia. Sin embargo, proteger el espíritu de Solidaridad se convirtió en un tema candente solo después de la introducción de la ley marcial por parte de los comunistas en diciembre de 1981. Entre aquellos que fueron perseguidos, encarcelados, despedidos del trabajo, expulsados de las universidades u obligados a emigrar, podría surgir una tentación para vengarse o para recurrir a la violencia. La respuesta a esta tentación fue el mensaje de Juan Pablo II durante su segunda peregrinación a su patria en 1983: "No se dejen vencer por el mal, sino venzan el mal con el bien" (Rm 12:21). El Santo Padre afirmó que la tarea más importante de ese tiempo era "el programa del Evangelio. Era un programa difícil, pero posible". ¡Qué difícil fue este programa y qué precio se podía pagar por él! El martirio del padre Jerzy Popiełuszko se manifestó poco después de la peregrinación papal.

¿Cómo situó Juan Pablo II la solidaridad dentro de la enseñanza social católica?

El Santo Padre entendió inmediatamente que el movimiento Solidaridad era una "idea encarnada", que en una forma nueva y sorprendentemente atractiva expresaba aspectos esenciales del mensaje cristiano. Desde la encíclica *Dives in Misericordia* (1980) hasta sus últimos documentos, Juan Pablo II hizo de la solidaridad la categoría básica de la enseñanza social católica. Regresaba constantemente a ella y revelaba siempre su significado teológico más profundo: "La solidaridad de Dios con el hombre es el origen de toda solidaridad humana. La solidaridad de Dios con el hombre proviene del hecho de que Él se sacrifica a sí mismo". Basta remitirse a las encíclicas *Sollicitudo Rei Socialis* (1987) o *Centesimus Annus* (1991), donde Juan Pablo II dice explícitamente: "El principio de la solidaridad, cuya vigencia tanto en el orden interno de cada nación como en el orden internacional que he discutido en la Encíclica *Sollicitudo Rei Socialis*, se ve claramente como uno de los principios fundamentales de la visión cristiana de la organización social y política". Sus sucesores no se han basado en este concepto, volviendo en cambio a otros conceptos presentes en la tradición de la Iglesia. El papa Francisco, en su encíclica *Fratelli Tutti* (2020), prefiere utilizar la idea de fraternidad.

Usted dijo una vez: "Esta relación no fue para nada unilateral, porque Solidaridad también le dio algo al papa y le enseñó algo". ¿Qué le dio Juan Pablo II a Solidaridad y qué le dio Solidaridad a él?

El papa sembró la semilla del Evangelio durante su primera pere-grinación a Polonia, y la semilla cayó en buena tierra y produjo una cosecha abundante. Los ojos del Santo Padre pudieron ver cómo la palabra se hacía carne —precisamente en el movimiento Solidaridad— y con su poder comenzó a transformar no solo a Polonia, sino pronto a todo el mundo dividido y hostil.

¿Qué debería aprender el mundo del movimiento Solidaridad en Polonia?

Ciertamente, hay cosas en el mundo con las que los filósofos y los politólogos nunca han soñado. No logran comprender que lo impo-sible puede volverse posible; y que el poder del espíritu y el poder del amor pueden ser más fuertes que la fuerza de los tanques enemigos. Pero también es obvio que estas luchas espirituales nunca terminarán definitivamente, y el llamado a llevar las cargas de los demás sigue siendo válido.

Una vez Juan Pablo II dijo: "No hay solidaridad sin amor". ¿Está de acuerdo con él?

Ciertamente, no hay solidaridad sin amor. Sin embargo, esto no significa que la solidaridad sea una forma de amor. La solidaridad es algo más, algo que se construye sobre el amor. La solidaridad es un vínculo que une a las personas que saben amar a los demás y a las que tienen el coraje de ofrecer su ayuda y sacrificio a los necesitados. El vínculo entre la persona que ayuda y la que necesita ayuda se llama amor. El vínculo que une a las personas que se ayudan mutuamente es la solidaridad.

Por favor, reflexione sobre la posición del Santo Padre con respecto al estado laico fundamentalista que domina Occidente, especialmente en la Unión Europea. ¿Cómo explicaría estas situaciones en relación con la solidaridad?

Probablemente seguiría sus palabras de la encíclica *Centesimus Annus* (46): "Una democracia sin valores se convierte fácilmente en totalitarismo abierto o apenas disimulado". Por otro lado, la solidaridad se funda en el valor de la dignidad humana, fundamental para toda comunidad política bien organizada. Usted no puede ser solidaria con otra persona necesitada sin darse cuenta de que él o ella merecen no solo respeto absoluto, su tiempo y su fuerza, sino que a veces incluso su propia vida.

¿Qué necesitamos para construir una civilización del amor?

Para construir una civilización de amor, debemos estar conscientes de que somos amados por un Padre amoroso. Solo así podremos vivir con amor todos los días e irradiarlo a los demás. Entonces todo comienza con la experiencia del amor en nuestros corazones. Esto suscita además la sensibilidad hacia los demás, el deseo de cambiar el mundo a algo mejor, el valor de actuar y la vivencia de un vínculo de solidaridad que une a personas que saben amarse con amor fraterno, siempre dispuestas a ayudar a otros a llevar sus cargas.

JOHN HITTINGER

Profesor de Filosofía y director del Instituto San Juan Pablo II de la Universidad de St. Thomas en Houston, Texas. Fundó el Foro del papa Juan Pablo II para la Iglesia en el Mundo Moderno en 2009 y ha publicado libros y artículos sobre una variedad de temas.

¿Cómo empezó su camino con San Juan Pablo II?

Conocí al cardenal Karol Wojtyła en la Universidad Católica de América en 1976. Yo era estudiante de posgrado en el programa de filosofía en ese momento. El cardenal asistía al Congreso Eucarístico en Filadelfia y fue invitado por Jude Dougherty, de la Escuela de Filosofía, para ir a Washington, D.C., y presentar un documento. Presentó, en inglés, un artículo ahora famoso sobre la trascendencia y la autoteleología. Su trabajo me impresionó profundamente; todavía tengo una copia del manuscrito que usó ese día. Tuve la oportunidad de verlo después; bromeó diciendo que el "diálogo marxista-cristiano" (tan popular en ese momento en Occidente) era mucho más un "monólogo". Me sentí profundamente atraído por su trabajo desde ese día en el verano de 1976. El cardenal Ratzinger lo dijo mejor durante el 20 aniversario de la elección de Juan Pablo II como papa: "Es una manera de pensar en diálogo con lo concreto, fundada en la gran tradición, pero siempre en busca de confirmación en la realidad presente. Es una forma de pensamiento que brota de la mirada de un artista y, al mismo tiempo, está guiada por el cuidado de un pastor". Su vida y obra continúan sorprendiéndome con su poder iluminador y su influencia rejuvenecedora.

Juan Pablo II dijo: "El hombre vive una vida verdaderamente humana a través de la cultura... La cultura es aquello por lo que el hombre como hombre se hace más hombre, es más, entra más en el 'ser'". ¿Qué está pasando con nuestra cultura?

La cultura se extiende por muchos frentes y espacios, principalmente a través de la educación, según Juan Pablo II. Muchos espacios de la cultura hoy están enfermos o son superficiales porque han cercenado la búsqueda de Dios, que es la raíz de la cultura. La cultura se ha convertido en nada más que la construcción de una burbuja alrededor de los miedos y apetitos humanos. En *Fides et Ratio*, Juan Pablo II observó con tristeza que "aquellos cuya vocación es dar expresión cultural a su pensamiento ya no buscan la verdad, prefiriendo el éxito rápido al trabajo de la paciente investigación de lo que hace que valga la pena vivir la vida".

Sin embargo, el impulso creativo todavía se muestra. Como escribió Juan Pablo II en *Redemptor Hominis*: "En esta inquietud creadora late y pulsa lo más profundamente humano: la búsqueda de la verdad, la necesidad insaciable del bien, el hambre de libertad, la nostalgia de lo bello y la voz de la conciencia". El Espíritu Santo está siempre obrando en lo más profundo del corazón humano y en el impulso creativo.

Hoy estamos en una batalla histórica entre una cultura de vida y una cultura de muerte. ¿Qué salió mal con nuestra civilización?

La raíz de la causa de la perdición y nuestra desaparición es ahora y siempre ha sido el alejamiento de Dios y la exaltación del yo, la ciudad del hombre en oposición a la Ciudad de Dios, como lo explica San Agustín. En el mundo moderno también vemos las tremendas obras de nuestra propia creación volviéndose contra nosotros, y seduciendo y arruinando la mente y la voluntad mismas, que esperaban prosperar por medio de ellas; de nuevo para citar a *Redemptor Hominis*:

"El hombre de hoy parece estar siempre amenazado por lo que produce, es decir, por el resultado del trabajo de sus manos y, más aún, del trabajo de su intelecto y de las tendencias de su voluntad… Se vuelve contra el hombre mismo, al menos en parte, a través de las consecuencias indirectas de sus efectos que regresan sobre él mismo". Hemos magnificado nuestras mentes y nuestra voluntad, hemos tomado un tremendo poder, solo para descubrir que no podemos usarlos bien o sostener un crecimiento moral y espiritual. Carecemos de sabiduría y amor social, por lo que hoy estamos más en peligro que nunca. Las amenazas externas a la dignidad humana son obvias, pero las muchas formas de autodegradación voluntaria a menudo se celebran como una verdadera libertad.

¿Qué quiso decir Juan Pablo II con una civilización del amor?

La civilización del amor es un nuevo término para la Ciudad de Dios, un vínculo entre las personas basado en el amor, el amor a Dios y al prójimo. No es un proyecto de utopía, sino una realidad concreta que se encuentra en la vida cotidiana de muchas personas y asociaciones que se esfuerzan por vivir en la amistad y el amor. El amor es entrega mutua. La comunión de personas se arraiga ante todo en el amor conyugal, el matrimonio de un hombre y una mujer abiertos a la vida nueva. Brota de la ley de la gratuidad, del autosacrificio; es bendecido por una alegría en la verdad y la bondad. Por supuesto, el bautismo en el Señor Jesucristo empodera a los seres humanos caídos para sostener una vida de crecimiento moral y espiritual en la Iglesia. A través de la solidaridad se irradia a todas las asociaciones para la renovación de la sociedad temporal.

¿Es la civilización del amor un fuerte llamado a una nueva revolución estadounidense: una revolución de la virtud?

Sí, hay una revolución en marcha, y Juan Pablo II continúa inspirando a sus fieles conspiradores a decir "sí" como lo hizo María a la gracia de Dios en nuestros corazones, "porque el amor de Dios ha sido derramado en nuestros corazones por el Espíritu Santo" (Rom 5:5). Las exigencias del Evangelio presentan formidables desafíos personales y sociales, pero Juan Pablo II nos instó con frecuencia: "No tengan miedo". En su libro *Cruzando el Umbral de la Esperanza*, él dijo:

> Aceptar las exigencias del Evangelio significa afirmar toda nuestra humanidad, ver en ella la belleza deseada por Dios, reconociendo al mismo tiempo, a la luz del poder de Dios mismo, nuestras debilidades: "Lo que es imposible para los hombres es posible para Dios" (Lc 18:27). Estas dos dimensiones no pueden separarse: por un lado, las exigencias morales que Dios hace al hombre; por el otro, las exigencias de su amor salvador —el don de su gracia— al que Dios, en cierto sentido, se ha comprometido.

Nuestra época está marcada por una "crisis de la verdad". ¿Por qué es tan importante el "esplendor de la verdad"?

Como maestro, pastor y erudito, Juan Pablo II buscó vigorosamente la verdad y promovió su expresión. Recordamos que Juan 8:32 era su pasaje bíblico favorito: "Conocerán la verdad y la verdad los hará libres". La conexión íntima de la verdad y la libertad se encuentra en el centro de su enseñanza. En *Redemptor Hominis* escribió que la verdad es una condición fundamental de la libertad y nos sirve de advertencia para ejercerla. Sin la verdad, nos vemos apresados en formas de vida superficiales y a menudo degradantes. Con la verdad descubrimos nuestra verdadera grandeza y el llamado a la grandeza de cada ser humano. "El nombre de ese profundo asombro ante el valor y la dignidad del hombre es el Evangelio, es decir: la Buena Noticia". ¿Cómo podemos elevarnos a la plena estatura de nuestro ser sin considerar toda la verdad sobre la persona humana?

*En su encíclica Evangelium Vitae, el papa Juan Pablo II condenó una
"cultura de la muerte" creciente y generalizada. ¿Cómo definió esta "cultura de la muerte"?*

La cultura de la muerte se manifiesta en la libertad desenfrenada de
quitar la vida a los demás, e incluso de reclamar el derecho a suicidarse.
La raíz más profunda de la cultura de la muerte es la pérdida de Dios:

> El eclipse del sentido de Dios y del hombre, propio de un clima social
> y cultural dominado por el laicismo, que, con sus omnipresentes ten-
> táculos, consigue a veces poner a prueba a las mismas comunidades
> cristianas. Quien se deja influenciar por este clima cae fácilmente
> en un triste círculo vicioso: cuando se pierde el sentido de Dios, se
> tiende también a perder el sentido del hombre, de su dignidad y de su
> vida; a su vez, la violación sistemática de la ley moral, especialmente
> en la grave cuestión del respeto a la vida humana y a su dignidad,
> produce una especie de oscurecimiento progresivo de la capacidad
> de discernir la presencia viva y salvadora de Dios.

Más que un asombro por el don de la vida, más que una celebración de la buena creación de Dios, más que una vida de reconciliación y perdón, encontramos semillas venenosas de odio, ira y lujuria:
"Porque del corazón sale el mal: pensamientos, homicidios, adulterios,
fornicaciones, hurtos, falsos testimonios, blasfemias" (Mt 15:19). Estas
semillas son cultivadas constantemente por la cultura popular, alentadas
por las ideologías modernas y fácilmente adoptadas por los individuos,
para la perdición de muchos. Así que ahora la cultura de la muerte
nos mira de soslayo a través de la mayoría de los lugares de la cultura,
la educación y la política.

*¿Cómo hacen los padres para criar a sus hijos en un mundo radicalmente
secularizado, donde el despertar y la cultura de la cancelación contradice
la civilización del amor?*

Siempre debemos cultivar un sentido de responsabilidad y conciencia en nuestros hijos. Debemos fomentar siempre la "búsqueda
de la verdad, la necesidad insaciable del bien, el hambre de libertad, la
nostalgia de lo bello y la voz de la conciencia". Sobre todo, el niño debe
ser presentado a la persona de Jesucristo y encontrar su palabra salva-
dora en las diversas etapas de la vida. Pero debemos anticipar reveses y
pérdidas desgarradoras; a veces podemos sembrar con lágrimas, con la
esperanza de cosechar con alegría en un futuro. Para aquellos atraídos
por la mentalidad de la cultura de la cancelación, debemos repetir el

consejo de Alyosha a Iván en *Los hermanos Karamazov*: "Resucita en la verdad o perece en tu propio odio".

¿Cómo salvamos nuestra cultura? ¿O ya no es redimible?

Juan Pablo II fue un hombre de auténtica fe, tremenda esperanza e intensa caridad. Siempre hay esperanza, dado el poder del Espíritu Santo y la "inquietud del corazón". Encendemos nuestra vela en lugar de maldecir la oscuridad. Juan Pablo II nombró a Maximiliano Kolbe el santo de la dificultad del siglo XX, porque fue testigo del amor en medio del odio y la degradación total de la persona humana. Citando al Apóstol San Juan — "Esta es la victoria que vence al mundo, nuestra fe" (1 Jn 5:4) —, Juan Pablo II proclamó: "La victoria por la fe y el amor la obtuvo él en este lugar (Auschwitz), que fue construido para la negación de la fe — fe en Dios y fe en el hombre— y para pisotear radicalmente no solo el amor sino todos los signos de la dignidad humana, de la humanidad. El padre Maximiliano obtuvo una victoria espiritual como la del mismo Cristo".

¿Qué necesitamos para construir la civilización del amor hoy?

Como siempre, dos cosas son necesarias: la oración y la contemplación. En *Evangelium Vitae*, el papa Juan Pablo II dice que primero debemos fomentar, en nosotros mismos y en los demás, "una perspectiva contemplativa". Tal perspectiva debería formarnos para ser aquellos "que ven la vida en su sentido más profundo, que captan su total gratuidad, su belleza y su invitación a la libertad y la responsabilidad". Porque las personas así educadas no "ceden al desánimo cuando se enfrentan a los que están enfermos, sufriendo, marginados o al borde de la muerte. En cambio, en todas estas situaciones uno se siente desafiado a encontrarles sentido, y precisamente en estas circunstancias uno está abierto a percibir en el rostro de cada persona una llamada al encuentro, al diálogo y a la solidaridad". Creo que demasiados católicos estadounidenses provida se sienten tentados por el activismo y buscan soluciones políticas solos. Se invierten grandes cantidades de dinero en campañas políticas y centros de oración, mientras que los programas educativos reciben un escaso apoyo. Juan Pablo II estaba muy interesado en lo que él llamó "autoeducación": cada persona debe hacer un plan de lectura y estudio, usando tanto la fe como la razón, para profundizar su propia comprensión de la verdad y ampliar la conciencia de toda la verdad sobre el hombre y Dios. Esta es la semilla para la civilización del amor.

Venerable y amado cardenal primado (Stefan Wyszyński), permítame decirle lo que pienso. Este papa polaco, que hoy, lleno de temor de Dios, pero también de confianza, inicia un nuevo pontificado, no estaría en la silla de Pedro si no fuera por su fe, que no retrocedió ante la prisión y el sufrimiento. ¡Si no fuera por su heroica esperanza, su ilimitada confianza en la Madre de la Iglesia! ¡Si no fuera por Jasna Góra, y todo el período de la historia de la Iglesia en nuestro país, junto con su ministerio como obispo y primado!

Juan Pablo II

RAFAŁ ŁATKA

Historiador con enfoque en la relación entre la Iglesia y los estados comunistas. Profesor de la Universidad del Cardenal Stefan Wyszyński, en Varsovia. Conferencista. Trabaja en el Instituto de la Memoria Nacional, en Polonia.

Después del final de la Segunda Guerra Mundial, Polonia no pudo recuperar su independencia, sino que se encontró bajo el dominio soviético. ¿Cuál era la situación de la Iglesia en Polonia bajo el régimen comunista?

La Iglesia estaba luchando con una gran pérdida de personal entre el clero durante la Segunda Guerra Mundial. Como resultado de las acciones de los ocupantes alemanes y soviéticos (así como de los nacionalistas ucranianos), alrededor del 20 por ciento de todos los sacerdotes católicos polacos fueron asesinados. Al mismo tiempo, sin embargo, la Iglesia disfrutó de una importante autoridad social y moral. Esto reflejó el aprecio por la actitud firme de los sacerdotes de 1939 a 1945, que, entre otras cosas, implicó mantener la identidad nacional polaca.

Después de que los comunistas tomaron el poder, la Iglesia estuvo bajo vigilancia y las autoridades, instaladas por Moscú, se prepararon para subordinarla o incluso destruirla. El objetivo no se logró, a pesar del trabajo del aparato terrorista rojo y la Oficina Comunista para Asuntos Religiosos. Esta última institución, establecida en 1950, fue responsable de hostigar administrativamente a la Iglesia en Polonia. La Iglesia sobrevivió a las represiones más drásticas de 1949 a 1955, cuando los sacerdotes fueron arrestados, incluido el primado Stefan Wyszyński, encarcelado de 1953 a 1956. Después de regresar a su sede en octubre de 1956, el cardenal Wyszyński comenzó a implementar su programa pastoral más importante: "Gran Novena", que duró de 1957 a 1966. Su culminación fue la celebración del Bautismo del Milenio de Polonia, su cristianismo latino, en 1966. Esto profundizó la fe de los polacos y los acercó a la Iglesia. En los años 70, las capellanías académicas se hicieron más prominentes. Gracias a ellas, los jóvenes se adhirieron más a la Iglesia.

En 1978, el cardenal Wojtyła se convirtió en papa y un año después peregrinó a Polonia. Esto mejoró aún más la autoridad moral de la Iglesia en Polonia y se convirtió en un factor clave en el comienzo de la revolución de Solidaridad en 1980. La Iglesia apoyó al pueblo en su búsqueda de libertades y derechos sociales. Juan Pablo II desempeñó un papel especial durante el período de la ley marcial, apoyando poderosamente a los reprimidos. Los obispos también ayudaron a facilitar una transformación política pacífica en 1989.

¿Qué papel desempeñó el cardenal Wyszyński en la Polonia comunista?

Wyszyński, el "primado del milenio", fue un verdadero líder tanto de la Iglesia polaca como de la nación polaca. En este sentido, llenó el vacío axiológico creado por el sistema comunista, que nunca había sido apoyado por la mayoría de los polacos, y el vacío de una figura de autoridad impecable. El primado estuvo a la altura de estas expectativas, aunque nunca tuvo miedo de tomar la posición que creía correcta, incluso si iba en contra de las expectativas del público. Mostró valor no solo en la gestión de la Iglesia polaca, sino que también pudo observar la situación política con objetividad. Siempre que creyó que las autoridades estatales, de alguna manera, actuaban por el bien común y también se preocupaban por el destino de la sociedad, apoyó su actividad, como en la lucha contra las patologías sociales, especialmente el alcoholismo.

¿Cómo describiría la relación entre el primado Wyszyński y el cardenal Wojtyła?

El primado fue, para el joven obispo Karol Wojtyła (consagrado obispo en 1958), un modelo a seguir y un líder de la Iglesia católica. Su relación maduró a lo largo de los años, en particular durante el Concilio Vaticano II, cuando el cardenal Wyszyński vio al obispo Wojtyła como un intelectual destacado que podía hablar en nombre de toda la Iglesia polaca. Después de recibir el nombramiento como arzobispo metropolitano de Cracovia, Karol Wojtyła se convirtió poco a poco en uno de los colaboradores más cercanos del cardenal Wyszyński. Wojtyła fue nombrado cardenal en 1967. Se convirtió en vicepresidente del episcopado polaco dos años después. El cardenal Wyszyński lo vio como su sucesor en el cargo de primado de Polonia.

Después de que Karol Wojtyła fuera elegido papa, el primado Wyszyński dijo: "En Polonia, todos están felices, incluidos nuestros hermanos rojos (es decir, los comunistas), porque creo que Polonia no es tan mala en absoluto y las cosas no son tan malas allí, desde que el papa emergió de ella. Tal vez sea más triste para mí, el primado, porque he perdido para Polonia a mi colaborador y asistente más valiente y más cercano. Por la Iglesia de Dios, por la profundización del espíritu de Dios, por la fe viva en la Iglesia universal, debo alegrarme. Y me allegro". ¿Cómo ayudó el primado Wyszyński a facilitar la elección del cardenal Wojtyła como Sumo Pontífice?

Sin la actividad del cardenal Wyszyński como líder de la Iglesia católica en Polonia e incluso como líder de la nación, el cardenal Wojtyła no habría sido elegido papa. Después de ocupar el trono de San Pedro, Juan Pablo II enfatizó claramente el papel del primado. El cardenal Wyszyński probablemente contribuyó directamente a la decisión del cónclave, ya que persuadió a algunos miembros del Colegio Cardenalicio para que votaran por el cardenal Wojtyła. La elección de Wojtyła como papa no cambió la estrecha relación entre ambos; además, Juan Pablo II consultó al cardenal Wyszyński sobre decisiones importantes, por ejemplo, en el ámbito de la política oriental de la Santa Sede. El primado desempeñó un papel clave en la preparación de la primera peregrinación del Santo Padre a Polonia en 1979. La emotiva reacción de Wyszyński ante el intento de asesinato de Juan Pablo II el 13 de mayo de 1981 da testimonio de la cercanía entre ambos. El primado pidió a los fieles que no oraran por él (ya estaba gravemente enfermo y murió 15 días después), sino por Juan Pablo II.

¿No habría habido un "papa de un país lejano" sin el primado?

Sin duda, el cardenal Wojtyła no habría estado en la silla de Pedro si no hubiera sido por el cardenal Wyszyński. Es gracias al primado, quien reconstruyó una Iglesia católica fuerte en Polonia, que el cardenal Wojtyła pudo comparecer en el Concilio Vaticano II y convertirse en una figura reconocible para los obispos de todo el mundo. Representó una de las partes más fuertes de la Iglesia: la fe de los polacos creció continuamente, mientras que en Occidente decayó gradualmente.

¿Cómo influyó Wyszyński en Wojtyła?

El cardenal Wojtyła fue un pensador destacado y original. De la enseñanza del cardenal Wyszyński tomó la noción de un fuerte vínculo entre la Iglesia y la nación. Ambos clérigos estaban preocupados por el nivel moral de la familia católica como unidad social primaria, así como por la dignidad inherente a la persona humana y la santidad de toda vida humana.

¿Cuál fue el éxito y la fuerza de la cooperación entre Karol Wojtyła y el "primado del milenio"?

Su éxito se basó principalmente en la comprensión mutua y el cuidado racional de la Iglesia y la nación polaca. Su fuerza se derivaba del hecho de que el cardenal Wojtyła estaba consciente de la necesidad de apoyar al primado en su misión y de evitar sembrar divisiones entre los eclesiásticos.

¿Cómo contribuyó el cardenal Wyszyński al éxito de la primera peregrinación de Juan Pablo II a Polonia?

El cardenal Wyszyński contribuyó significativamente al éxito de la primera peregrinación de Juan Pablo II a Polonia, en 1979, al ocuparse de algunos de los problemas organizativos más difíciles. Él mismo negoció con el gobierno, liderando al primer secretario del gobernante Partido de los Trabajadores Unidos de Polonia, Edward Gierek, para otorgar el permiso para la visita del papa.

En el centro de la visión moral de sus documentos fundacionales está el reconocimiento de los derechos de la persona humana, y especialmente el respeto a la dignidad y santidad de la vida humana en todas las condiciones y en todas las etapas de desarrollo. Te lo vuelvo a decir, América, a la luz de tu propia tradición: ama la vida, atesora la vida, defiende la vida, desde la concepción hasta la muerte natural... Al final de su himno nacional, se encuentran estas palabras: "Entonces vencer debemos, cuando nuestra causa sea justa, / Y este sea nuestro lema: '¡En Dios está nuestra confianza!' ". América: Que tu confianza esté siempre en Dios y en ningún otro. Y luego: "La bandera estrellada en triunfo ondeará, / Sobre la tierra de los libres y el hogar de los valientes".

Juan Pablo II

MARGARET MELADY

Expresidenta de la Universidad Americana de Roma, fue presidenta electa de la Asociación Federal de la Orden de Malta. Está casada con Thomas P. Melady, exembajador de Estados Unidos ante la Santa Sede.

Dra. Melady, ¿cómo comenzó su camino con San Juan Pablo II?

Como muchos católicos, estaba entusiasmada con la elección de un papa de Polonia en octubre de 1978, como el primer papa no italiano en cuatro siglos. Yo vivía en Connecticut en ese momento y había estado activa ayudando a organizar a los muchos grupos étnicos en el área de Bridgeport. La comunidad católica polaca estaba extasiada. Antes de su elección como papa, el cardenal Wojtyła había viajado a los Estados Unidos visitando comunidades polacas y recaudando fondos para su diócesis en Polonia. Mi esposo Tom, entonces presidente de la Universidad del Sagrado Corazón, lo había invitado a recibir un doctorado *honoris causa* en uno de esos viajes. El cardenal había programado un viaje a Boston y accedió a venir a Connecticut para participar en la ceremonia. Pero la agenda del cardenal se volvió muy ocupada y llamó a Tom para ver si la universidad podía otorgar el título en Massachusetts. Mi esposo tuvo que decirle al cardenal que, desafortunadamente, la universidad solo tenía el poder de otorgar este título en Bridgeport. El cardenal prometió que en su próximo viaje vendría a Bridgeport. Por supuesto, eso nunca ocurrió. Y el papa mostró su sentido del humor cuando mi esposo Tom presentó sus credenciales como embajador de los Estados Unidos ante la Santa Sede en 1989. El papa Juan Pablo II preguntó en broma: "¿Qué pasa con ese título honorario que me ibas a dar?".

¿Qué fue lo que más le fascinó del papa polaco?

Juan Pablo II tuvo experiencias tan diversas antes de convertirse en papa. Y esas experiencias influyeron en su papado. Trabajó como obrero. Recuerdo que sus manos eran tan fuertes y grandes cuando saludaba a la gente. Por lo tanto, podía empatizar con aquellos que se ganaban la vida como agricultores, trabajadores de la construcción, trabajadores de fábricas. También fue poeta, dramaturgo y actor. Como poeta tenía la capacidad de buscar significados más profundos, y como actor aprovechaba la comunicación a través de la acción simbólica para transmitir una historia. Por supuesto, su encuentro con la escena política polaca —sus líderes comunistas y sus intentos de desalentar la expresión religiosa— le permitió al papa comprender el complejo camino hacia la libertad religiosa.

¿Por qué eligió a Juan Pablo II como tema de su doctorado?

Estaba estudiando para mi doctorado en Comunicaciones Sociales en la Pontificia Universidad Gregoriana de Roma y estaba particularmente interesada en la rica historia de la Iglesia en el uso de nuevos métodos de comunicación para evangelizar. Durante el siglo XIX, las crecientes poblaciones urbanizadas e industrializadas se volvieron menos dependientes del púlpito para obtener información que guiara sus decisiones cotidianas. Estas sociedades cada vez más pluralistas fueron atendidas por periódicos baratos dirigidos a las masas. Al principio, la Iglesia parecía temer la creciente influencia de la prensa y su papel en el fomento de la expresión democrática. Luego, el papa León XIII empleó un nuevo enfoque al emitir la primera de una larga serie de encíclicas sociales dirigidas a una audiencia mucho más amplia de ricos y pobres, capital y trabajo, católicos y no católicos. Advirtió que sería un error dejar fuera a la Iglesia en esta discusión pública.

Durante la Primera Guerra Mundial, el Vaticano siguió una política de neutralidad que culminó en 1929, cuando el papa Pío XI renunció a los reclamos territoriales de la Iglesia a cambio de un estado vaticano soberano e independiente. Dos años después, Pío XI transmitió el primer mensaje de Radio Vaticano a través de transmisores construidos por el inventor de la radio, Marconi. Al estallar la Segunda Guerra Mundial, personas de todas partes del mundo escuchaban Radio Vaticano, y especialmente los mensajes de Navidad del papa Pío XII, que se convirtieron en importantes hitos retóricos. Después de la guerra, Radio Vaticano, transmitiendo en muchos idiomas diferentes, se convirtió en un enlace vital con las iglesias locales que habían sido forzadas a la clandestinidad por los gobiernos comunistas y ateos.

En 1962, el papa Juan XXIII inauguró el Concilio Vaticano II y estableció una oficina de prensa para satisfacer las demandas de información tanto de la prensa religiosa como laica. También comenzó a aventurarse fuera de los muros del Vaticano para visitar hospitales, iglesias y prisiones. Estas visitas aparentemente no fueron planeadas por el papa, quien se detenía en el camino para mezclarse informalmente con la gente. El Concilio Vaticano II continuó bajo el pontificado de Pablo VI, quien acogió con entusiasmo el mandato del

Concilio. Al colaborar estrechamente con obispos de muchas partes del mundo, él entendió el alcance global de la Iglesia y así comenzó una nueva era de viajes papales internacionales. Hizo 9 viajes fuera de Italia durante 7 años. Muchos de estos viajes fueron para asistir a eventos únicos, como reuniones internacionales de las Naciones Unidas o Congresos Eucarísticos Internacionales. Su última visita, a varios países asiáticos, podría considerarse más pastoral y prefigurar las de Juan Pablo II. Sin duda, este último tomó el modelo de Pablo VI y lo convirtió en una parte importante de su papado. Estas visitas emplearon el discurso público como técnica persuasiva. Lo que es más importante, el papado comunicativo de Juan Pablo II presentaba infinitas posibilidades y, como comentó el director de mi tesis, yo estaba en una posición única para utilizar la investigación original en mi estudio.

Juan Pablo II se consagró como un "gran comunicador". ¿Qué tácticas lo ayudaron a tener éxito?

Cuando Juan Pablo II se convirtió en papa, la Iglesia era parte de un mundo cada vez más diverso y pluralista. Las instituciones y la tradición ya se habían vuelto sospechosas. El autocultivo y el individualismo amenazaban los lazos comunitarios. Los vocabularios sagrados a menudo parecían desconectados de las decisiones pragmáticas cotidianas. Una de sus tácticas comunicativas más importantes fue salir al mundo para dar a la Iglesia y a quienes la encontraban una forma de experimentar lo sagrado en comunidad. No hizo esto a través de pequeñas reuniones personales a puerta cerrada, sino en eventos públicos, a menudo masivos. Las grandes reuniones en estadios y campos abiertos fueron diseñadas para tocar e inspirar a miembros de la Iglesia de todos los sectores de la población. Asistían a estos eventos personas que no necesariamente podían hacer la peregrinación a Roma o a Jerusalén. Para ellos, fue una experiencia única en la vida. La visita papal fue misionera en cuanto a la edificación de la Iglesia. Las personas no solo experimentaron esto a través de su participación en esos lugares llenos de gente, sino que la cobertura de los medios transmitió imágenes de los eventos en todo el mundo.

Otra táctica importante fue que el papa se movió entre la multitud, besando a los bebés, abrazando a los niños, bromeando con el público joven, acariciando a los ancianos y discapacitados, todo con una actitud afectuosa y accesible. Juan Pablo II se convirtió en una persona corriente con las mismas cualidades humanas que sus interlocutores. Era una mezcla de lo ordinario y lo extraordinario, lo mismo que nos permite experimentar lo sagrado en medio de lo secular.

Juan Pablo II fue particularmente sensible a la influencia de la cultura. Fue invitado por muchos países, y una vez que tomó la decisión de aceptar la invitación, la Iglesia local se involucró en la planificación. Los planificadores de la Santa Sede buscaron las sugerencias de los líderes locales de la Iglesia para el itinerario, sitios específicos para eventos, temas e incluso puntos de discusión. Ciertamente, eso fue evidente en las visitas a los Estados Unidos, donde nuestro panorama religioso incluye diversidad étnica y racial, así como una tradición bien formada de trabajar con personas de todas las religiones.

Cada papa trae su propio estilo a la Iglesia. ¿Cómo moldeó el estilo de Juan Pablo II su pontificado?

El estilo del papa Juan Pablo II era íntimo y personal. Primero, con frecuencia usaba el pronombre personal singular, ya no el "nosotros" de los papas anteriores. A veces recordaba su herencia polaca o una canción de su juventud. Él exhibió momentos espontáneos como un alivio de situaciones más formales, con guión de sus visitas. En esos momentos demostró su personalidad natal. Recuerdo que un día, cuando salió de una reunión con el presidente y la señora Reagan, le dije que mi esposo y yo acabábamos de regresar de Polonia, donde visitamos la casa de su niñez. Se detuvo y soltó una carcajada ruidosa, comentando lo asombroso que era que su sencilla casa se hubiera convertido en un museo. Los expertos fotógrafos papales captaron ese momento, y ahora tengo la foto enmarcada en mi escritorio.

¿La experiencia de Karol Wojtyła en el Teatro Rapsódico le ayudó a llevar a cabo su misión como papa?

Juan Pablo II tuvo una poderosa presencia escénica. Siempre estuvo pendiente de ser captado por la cámara. Las visitas pastorales normalmente incluían una oportunidad para que el público joven se reuniera con él. Una vez saltó del escenario y corrió hacia un joven sin brazos que estaba tocando la guitarra con los pies y lo abrazó, llamándolo por su nombre: "Tony, Tony". Se humilló ante este valiente joven, mostrando sus emociones y haciendo llorar al público.

¿Cómo utilizó Juan Pablo II la retórica en su pontificado?

Sus visitas pastorales consumieron gran parte de su papado. A través de estos, trató de demostrar que la Iglesia como comunidad no estaba muerta, sino muy viva en todas partes del mundo. El lenguaje religioso no puede ser del todo claro porque un vocabulario sagrado no se capta solo como un concepto científico, racional. Por lo tanto, las visitas fueron mediatizadas y de carácter visual, fomentando la producción dramática de símbolos sagrados, con emoción y un sentido de intimidad.

¿Qué significa la retórica de Juan Pablo II para el mundo y la Iglesia?
Creo que gran parte del estilo de comunicación del papa Juan Pablo II es y será continuado por los futuros papas. Como sucesor de Pedro, un papa ostenta todo el esplendor y la majestuosidad del oficio. Y, sin embargo, anhelamos un papa que sea accesible. Juan Pablo II a veces hablaba como un "tío accesible". También nos sorprendieron sus momentos espontáneos de comentarios sin palabras ni acciones planificadas que contrastaban con las fórmulas conocidas y predecibles del ritual. A veces esos momentos espontáneos producían reacciones emocionales. Demostraron que lo sagrado puede ser divertido, triste y aterrador por turnos. Ahora vemos algunos de esos mismos rasgos retóricos en el papa Francisco.

En "La retórica del papa Juan Pablo II" usted dijo: "Él es el primer papa que utiliza la visita internacional como una nueva forma de comunicarse con los confines de la Iglesia católica, contribuyendo con un carácter único al desarrollo del papado retórico moderno". ¿Podría dar más detalles sobre esto?
El papa Juan Pablo II no fue el primer papa moderno en viajar fuera del Vaticano e Italia. Sin embargo, fue el primero en hacer de esto una parte importante de su papado. La visita pastoral se ha convertido en una parte central del papado. Durante el papado de Juan Pablo II, se dedicó mucho esfuerzo a la planificación de las visitas pastorales. En mi investigación, pude mostrar cómo la planificación no fue solo de arriba hacia abajo, desde el papado hasta la Iglesia local, sino que se le pidió a la Iglesia local que brindara orientación, no solo sobre sitios y audiencias especiales, sino también sobre el contenido de los textos. Este consejo influyó mucho en el carácter de las visitas. Juan Pablo II se adaptó a su audiencia, ya sea en el África rural o en la Europa urbana. Habló usando una mezcla de símbolos que resonaban

con los de varios puntos de la resistencia continuada o adaptación al mundo secular. Presentó sin dudar lo esencial de la fe cristiana, pero también llevó a su audiencia a experimentar la complejidad de una fe más profunda y mística.

¿Cuál fue la mayor fortaleza de Karol Wojtyła como maestro?

Durante el tiempo en que mi esposo fue embajador de los Estados Unidos ante la Santa Sede, a menudo teníamos invitados en Roma. A veces recibíamos una llamada del secretario del papa diciendo que se esperaba que nuestro invitado almorzara con el papa. Por supuesto, nosotros después asaríamos carne a la parrilla para nuestros invitados; a menudo no era lo que decía el papa, sino los temas que más quería discutir lo que resultaba especialmente interesante.

Cuando hicimos nuestra última visita al papa antes de salir de Roma, pensamos que sería una ceremonia formal de despedida, pero en lugar de eso, nos invitaron a sentarnos ante su escritorio, simplemente para hablar. Yo estaba trabajando en los comienzos de mi disertación, así que planteé algunas preguntas al papa. Él nunca respondió, sino que me devolvió las preguntas; quería saber qué pensaba yo. Y esa fue la experiencia de la mayoría de nuestros invitados que almorzaron con él: los invitó a su mesa para hacerles preguntas y explorar sus pensamientos. Entonces, como maestro, era un oyente y un aprendiz.

¿Qué necesitamos para construir una civilización del amor?

A través de las visitas de Juan Pablo II se había entretejido un optimismo extraído de una fuerte fe en la potencialidad humana para alcanzar la santidad. Tanto en su vida como en su comunicación escrita y oral, Juan Pablo II reconoció que el camino de la santidad a veces requiere aventurarse en dominios desconocidos e inexplorados. A menudo destacó a los que sufren, elogiándolos por su coraje y mostrando cómo la compasión puede formar una comunidad. Dramatizó públicamente mensajes de amor y compasión. Abrazar a un bebé con SIDA, tocar suavemente a un paciente anciano y visitar a su asesino en prisión transmitían el mensaje de que los golpes y los desacuerdos de la vida pueden ser oportunidades para que las personas abandonen su aterradora soledad y se acerquen amorosamente a los demás. Recordamos la famosa exhortación de San Juan Pablo II a "No tengan miedo".

Cuando pienso en mi País, expreso lo que soy,
anclando mis raíces.

Y esto es lo que dice el corazón, como si una
frontera escondida corriera de mí a los demás.

Abrazándonos todos dentro de un pasado más
antiguo que cada uno de nosotros.

Y de este pasado salgo cuando pienso en mi
Patria, la llevo en mí como un tesoro,

Preguntándome constantemente cómo aumen-
tarla, cómo dar una medida más amplia a ese
espacio que llena.

. . . La libertad tiene que ganarse continuamente,
no puede ser simplemente poseída.

Viene como un regalo, pero solo se puede mantener con una lucha.

Don y lucha están escritos en páginas, ocultas
pero abiertas.

La libertad la pagas con todo tu ser, por eso
llámala tu libertad, que pagándola continuamente te posees de nuevo.

A través de este pago entramos en la historia y
tocamos sus épocas.

Juan Pablo II

LEE EDWARDS

Académico, periodista, historiador, autor, fundador de la Fundación Conmemorativa de las Víctimas del Comunismo.

¿Qué lecciones aprendemos de Juan Pablo II y Ronald Reagan?

Hay ciertas lecciones que podemos aprender.

Las ideas importan. Ellas importan. Hicieron una diferencia en las mentes de Juan Pablo II y Ronald Reagan.

Los amigos y las alianzas importan. No puedes hacerlo solo. Tanto Juan Pablo II como Ronald Reagan se dieron cuenta de que no puede ser una sola potencia, ni siquiera un gran y poderoso Estados Unidos, la que venza al comunismo.

Dios importa. Le importaba a Juan Pablo II, a Ronald Reagan y a la gente que los rodeaba.

La moralidad importa. Tanto Juan Pablo II como Ronald Reagan entendieron que de lo que se trataba en el mundo era de una lucha moral.

El liderazgo importa. Debes tener los líderes adecuados. Debes tener mujeres y hombres que hablen en contra de la tiranía. Debes tener líderes que sean a la vez carismáticos y valientes, e impulsados no solo por su propio lugar en la historia, sino también por tratar de cambiar la historia para todos.

Recuerdo con profunda gratitud el compromiso inquebrantable del difunto presidente Ronald Reagan al servicio de la nación y a la causa de la libertad, así como su fe permanente en los valores humanos y espirituales, que aseguran un futuro de solidaridad, justicia y paz en nuestro mundo.

Juan Pablo II

MICHAEL REAGAN

Comentarista político estadounidense, periodista, expresentador de programas de entrevistas y autor de muchos libros. Es hijo de Ronald Reagan.

Lo criaron en una familia políticamente involucrada. Conocía a Ronald Reagan mejor que nadie en la actualidad. ¿Qué puede decir de Juan Pablo II? ¿Cuándo oyó hablar por primera vez del papa polaco?

Me criaron como católico, así que oí hablar del papa polaco probablemente antes que mi padre. Mi madre, Jane Wyman, actriz, se convirtió al catolicismo. Maureen (mi hermana) y yo éramos parte del paquete, ya que todos fuimos bautizados en 1954 en la iglesia Good Shepherd, en Beverly Hills, el mismo día que nuestra madre. Había oído hablar de Juan Pablo II, el papa polaco, antes de que realmente apareciera en la pantalla del radar de mi padre. Fue interesante que Juan Pablo II se convirtiera en el papa de Polonia en el momento en que lo hizo, con todo lo que estaba pasando en Europa del Este.

¿Cuándo le mencionó su padre por primera vez a Juan Pablo II? ¿Recuerda alguna conversación en particular?

No recuerdo ninguna conversación en particular con mi papá sobre el papa Juan Pablo II. Pero estaba pensando en su relación en la década de 1980. Hablé con Margaret Thatcher al respecto después del funeral de mi padre en 2004. Nos alojábamos en el mismo hotel en Bel Air. Ella dijo: "Oh, Michael, piensa en cómo habrían sido diferentes las cosas si tu padre hubiera sido elegido en 1976. Piensa en todo lo que podríamos haber hecho". Respondí: "Lady Margaret, si mi padre hubiera sido elegido en 1976, el Muro de Berlín todavía estaría en pie y la Guerra Fría todavía estaría en su apogeo". Ella se sorprendió: "¿Por qué dices eso?". Entonces le dije: "¿Dónde estaba usted en 1976? ¿Dónde estaba Lech Wałęsa? ¿Dónde estaba Václav Havel? ¿Dónde estaba Juan Pablo II? ¿Y dónde estaba Mikhail Gorbachev? Ninguno de ustedes estaba en el poder. ¡Ninguno de ustedes! Si mi papá hubiera sido elegido en 1976, en el mejor de los casos, si fuera reelegido, se iría en 1984. Mikhail Gorbachev no entró en juego hasta 1985. Entonces, la Guerra Fría continuaría. Lady Margaret, soy una de esas personas que cree que Dios elige sus momentos. Se suponía que mi padre no ganaría en 1976. Se suponía que ganaría en 1980 porque entonces todos ustedes estaban en su lugar. Y necesitaban a ese líder de los Estados Unidos que pudiera unir a todos y que, en última instancia, pudiera derribar el Muro de Berlín y llevar la libertad a gran parte del mundo". Ella me miró y dijo: "Nunca pensé en eso". Y yo le dije: "Bueno, ahora tiene la respuesta".

¿Qué era lo que más apreciaba su padre de Juan Pablo II?

Mi padre realmente creía en la Divina Providencia. William Clark, conocido como el Juez, sirvió a mi padre como abogado y fue un asesor cercano y su amigo. Bill Clark abrió la puerta del Vaticano. También llegó a Roma antes que mi padre para ayudar a sentar las bases del histórico encuentro entre Juan Pablo II y Ronald Reagan. Él consultó con varios funcionarios del Vaticano y con el pontífice durante un par de horas. Tanto Clark como mi padre creían que Polonia era la clave para acabar con el Imperio Soviético. Tenemos el 30 de marzo, fecha del intento de asesinato de mi padre. Y poco después está el intento de asesinato del papa Juan Pablo II. Lo digo cuando hablo a grupos: hay tantos que rezan el Padrenuestro, pero entonces hay que preguntarse cuántos viven el Padrenuestro. Ambos hombres, Ronald Reagan y el papa Juan Pablo II, vivieron el Padrenuestro, porque ambos perdonaron a sus posibles asesinos incluso antes de que regresaran a trabajar: uno a la Casa Blanca y el otro al Vaticano.

Mi padre creía que había sido salvado con un propósito. Lo que estaría pensando Juan Pablo II, no lo sé, pero debe haber estado pensando lo mismo. No mucho después de ambos intentos, mi padre y el papa se encontraron por primera vez en Roma. Mire la conexión que tenían. Mire de lo que eran capaces de hablar. Mire lo que ambos habían vivido. Mi padre me habló de eso y de conocer al papa. Ambos hombres vivieron y comenzaron una relación que realmente empezó con balas de asesinos en ambos casos.

Ronald Reagan, el líder político del mundo libre, y Juan Pablo II, el líder espiritual de la Iglesia, colaboraron para derrotar al comunismo en Polonia y en otros lugares. ¿Fue esto Providencia o coincidencia?

Oh, creo que fue la Providencia. Ronald Reagan luchó contra el comunismo desde que estuvo en Hollywood. Como presidente del

Screen Actors Guild, hablaba de comunismo y socialismo. Además, mi papá era un gran lector de la historia. Simplemente por eso habría sabido de Juan Pablo II y su lucha por la libertad del pueblo polaco. Estaban ambos en la misma página, ambos luchando contra el comunismo y el socialismo. Uno era el presidente de los Estados Unidos, que no quería que estos vinieran a América; el otro venía de una parte del mundo que estaba bajo su control. Los dos hombres pudieron trabajar juntos porque mi padre comprendió que el camino hacia el Muro de Berlín pasaba por Polonia. Y el papa Juan Pablo II sabía lo mismo: Polonia era la clave. Tenían que pasar por Polonia para abrir el Muro de Berlín y traer la libertad. Si no liberaban a Polonia, no podían liberar al resto del bloque soviético.

Mi padre tenía valor y fe. Piense en el discurso sobre el "Imperio del Mal" en 1983. Hasta que apareció mi padre, no había ningún líder mundial comprometido con la lucha contra el comunismo. Maggie Thatcher estaba allí, pero estaba allí por Gran Bretaña. Su relación con Reagan fue fuerte; tenían la misma actitud. Sin embargo, el papa Juan Pablo II fue la clave. Si el papa no iba a Polonia, no iba a pasar nada. Sin Juan Pablo II en el equipo, nunca hubiera pasado nada. Mi padre entendió eso. Margaret Thatcher también. Hasta que Ronald Reagan apareció en los escalones de la Casa Blanca, no había habido ningún líder en los Estados Unidos dispuesto a enfrentarse a la Unión Soviética. Antes de eso, la palabra era, "simplemente no lastimen a los estadounidenses y los dejaremos en paz". Mi papá cambió esto. "Nosotros ganamos, ellos pierden". Esto fue a pesar de los medios. La gente hoy se queja de los medios de comunicación. Los medios no eran tan diferentes en ese entonces. La única diferencia es que no teníamos redes sociales. Pero teníamos NBC, ABC, CBS, el New York Times y el Washington Post. Estaban absolutamente en contra de mi padre en todo momento. Solo se enamoraron de él en su funeral. Pero mi papá se enfrentó a la prensa con un guiño y un movimiento de cabeza. Hizo lo que sintió que tenía que hacer. Su visión era derribar el Muro de Berlín y llevar la libertad a esa parte del mundo. Tenía que haber una manera de hacer eso. Y por eso el papa Juan Pablo II y mi papá hablaban, no sé, ¿cuántas veces a la semana? Hablaban por teléfono todo el tiempo el uno con el otro.

¿Cómo podemos redescubrir el legado de valentía, esperanza y libertad que nos dejaron dos líderes extraordinarios?

Yo le digo, tenemos que seguir su ejemplo. Cuando los protestantes y los católicos se unieron, descubrieron una forma de traer la libertad al mundo. Ronald Reagan y Juan Pablo II coincidieron en la fe, aunque uno desde una posición protestante y otro desde la católica. Pero la conclusión es que Jesús fue el centro en ambos casos. Así que no permitieron que la religión se interpusiera en el trabajo conjunto. Ellos comprendieron que eso podía molestar a la gente.

A ambos les dispararon, así que lo entendieron. Pero también comprendieron que valía la pena todo lo que habían pasado para lograr el resultado final: traer la libertad a Polonia y, en última instancia, derribar el Muro de Berlín. El papa Juan Pablo II estaba dispuesto a luchar debido a su experiencia en Polonia antes de convertirse en papa. No decidió, bueno, ahora soy papa, así que no puedo luchar por Polonia. No dejó de luchar por Polonia. Estaba feliz de tener un compañero de armas en la Casa Blanca que lo apoyaba. El resto es historia.

Juan Pablo II y Ronald Reagan fueron hombres de teatro. ¿Cómo les ayudó su experiencia teatral a comprender la condición humana?

Ambos eran hombres de teatro. Creían en el poder de la palabra hablada, la palabra que finalmente les ayudó a cambiar la vida de personas de todo el mundo. El hecho de que fueran actores los ayudó no solo en términos de habilidades de comunicación y contacto con la multitud; también dio forma a cómo ambos se veían como seres humanos. A su manera, usaron el poder de la palabra para confrontar el mal. Ambos hicieron la pregunta: ¿Cómo ponemos de rodillas al comunismo? Es por eso que 1980 fue una elección en Estados Unidos tan importante. Creo que Juan Pablo II y Ronald Reagan realmente podían ver el futuro. Tenían una visión compartida de lo que podría ser.

¿La fe y la vida espiritual de su padre le ayudaron a comprender mejor a Juan Pablo II?

Absolutamente. Mi papá era un gran lector. De hecho, leyó, y con frecuencia releyó, todos los libros de su biblioteca. Realmente se convirtió en alguien muy conocedor de todo. Tenía una memoria fotográfica, al menos hasta cierto punto.

Cuando hablo con los niños de la Fundación Young America en Rancho del Cielo, les digo: "Si solo escuchan una cosa que digo, recuerden esto: los lectores son líderes". Juan Pablo II y Ronald Reagan fueron lectores. Y por lo tanto eran líderes. Demasiada gente ahora no lee. Encienden esa mirilla de 60 pulgadas al paraíso y creen que lo saben todo. Y terminan sin saber nada.

Donald Trump no lee nada. Escucha programas de radio y ve Fox News. Luego, basado en esto, tuitea. Él dirigió su presidencia en consecuencia. Y puedes decirlo. Los lectores son líderes. Ronald Reagan y Juan Pablo II fueron lectores y líderes. Ambos sabían el uno del otro antes de encontrarse por primera vez. Y no está de más tener a alguien como Bill Clark de tu lado. Paul Kengor no escribiría esto en su libro sobre Bill Clark porque Bill no quería que lo dijera, pero Bill Clark era la conciencia de Ronald Reagan. Este era su chico. Ronald Reagan iría a un millón de personas en Washington, D.C., para obtener una respuesta, pero al final del día acudiría a Bill Clark; sabía que no obtendría la respuesta política, pero sí obtendría la respuesta correcta.

¿Por qué su padre decidió ayudar a Juan Pablo II y a Polonia?

Él entendió la dinámica política. En primer lugar, ya tenía un amigo en el Vaticano. Antes de ese momento, ¿qué aliado habría tenido Estados Unidos para tratar de ayudar a Solidaridad y traer la libertad a Polonia? Ni siquiera había un embajador de los Estados Unidos ante la Santa Sede. Ronald Reagan abrió esa puerta con la ayuda de Bill Clark. Reconoció a Roma como una fuerza crucial. Vio a Juan Pablo II como un aliado crucial, de la misma manera como el papa vio a Reagan. Tenían una dinámica de trabajo. Reagan había estado luchando contra el comunismo desde siempre, desde la década de 1940. Ahora fue elegido presidente de los Estados Unidos. Ahora tenía al papa como aliado. ¡Hablando de la tormenta perfecta! Thatcher también estaba allí.

¿Habría colapsado el comunismo sin Juan Pablo II y Ronald Reagan?

Por supuesto, se habría derrumbado en algún momento. ¿Pero quién sabe cuándo? Después de todo, podría no haber pasado. Habría dependido del liderazgo mundial. ¿Haría el papa Francisco lo mismo que el papa Juan Pablo II? ¿Daría el mismo paso? No lo creo. Pero Juan Pablo II lo hizo, siendo de Polonia; no tanto Francisco, que es de Argentina. Fue una tormenta perfecta para estos dos hombres: Reagan y Wojtyła. Estaba el papa polaco que quería traer la libertad a su país de origen, Polonia. Y había un presidente estadounidense que quería traer la libertad al mundo. Necesitaban una puerta para pasar. Ambos coincidieron en que la puerta era Polonia.

¿Qué opina de la primera visita de Juan Pablo II a los Estados Unidos?

Cada vez que el papa venía a los Estados Unidos era un gran problema. Hay muchos católicos aquí. En ese momento, debido a las cosas de agresión sexual que me sucedieron en la década de 1970, había dejado la Iglesia y toda religión. Me alejé de Dios y de todos los demás. Solo encontré mi camino de regreso después de 1984. Se lo conté a mi papá por primera vez y luego escribí un libro que aborda esos temas. Siempre quise a Juan Pablo II.

Cuando estaba en la escuela, Pío XII era papa. Mi madre, que era católica, me enseñó el amor y el respeto por los pontífices. Me encantaba Karol Wojtyła. Cuando Juan Pablo II vino a Los Ángeles e hizo su aparición, fue grandioso para Los Ángeles. Luego se fue a Florida, donde se reunió con mi papá. Tengo esa estatuilla que usted me envió de mi papá y Juan Pablo II juntos. Ninguna otra religión tenía este tipo de líder mundial. Lo mismo ocurre con el presidente de los Estados Unidos. No había gente más poderosa que el papa polaco y Ronald Reagan.

¿Qué significó para usted personalmente Juan Pablo II?

Probablemente fue una de las principales razones por las que regresé al catolicismo. Le tenía mucho respeto, tal vez por su trabajo con mi padre y lo que pudo lograr. También fue increíble ir a su canonización. Chris Ruddy organizó un grupo; nos llevó a Roma. Fue fenomenal. Cenamos con Lech Wałęsa antes de la ceremonia. Fue tremendo para mi hija Ashly estar allí. Ella es católica. Ella enseña en una escuela católica. Mi esposa se hizo católica. Mi hijo es católico. Mi nuera ahora es católica. Los nietos son bautizados. Alguien me preguntó: "¿Por qué vas hasta Roma para la canonización de Juan Pablo II?". Respondí: "Porque no quiero ir al infierno. No quiero morirme hoy y subir a las Puertas del Cielo, donde estará Juan Pablo II, y no poder responder por qué no fui a la canonización". Fue increíble estar en la canonización de Juan Pablo II también porque el papa Juan XXIII fue canonizado al mismo tiempo. Además, había dos papas presidiendo las ceremonias: el papa Emérito Benedicto XVI y el papa Francisco. ¡Así que teníamos cuatro papas! Eso probablemente nunca vuelva a suceder. También fue importante para mí porque nunca conocí a Juan Pablo II en persona. Nunca antes había ido a Roma.

¿Qué lección aprendió de Juan Pablo II?

La lección que aprendí fue mirar hacia adelante. Demasiadas personas miran hacia atrás. Mi esposa me dice: "No dejes que la mala actitud de otra persona influya en el resto del día". Mi papá y Juan Pablo II nunca permitieron que la mala actitud de nadie determinara su actitud por el resto del día. Mantuvieron su enfoque. Como Ronald Reagan, el papa hizo limonada con limones. Creía que podía cambiar el mundo en el que vivía para convertirlo en un lugar mejor para todos. Reagan sintió lo mismo. Ambos miraron lo positivo.

¿Qué harían ellos hoy en nuestro mundo de caos?

Creo que serían líderes. En este momento nos faltan líderes. Los líderes están en China y Rusia. ¿Dónde están nuestros líderes? Permitimos que las redes sociales destruyan los cimientos de Estados Unidos. Lo entiendo: los medios han estado en contra de Donald Trump desde el primer día. Pero se trata de cómo lo manejan. Ronald Reagan sabía cómo hacerlo. Usaba el humor. No tenemos eso hoy.

¿Por qué, a pesar de la presencia de Zbigniew Brzezinski, Juan Pablo II y Jimmy Carter no encajaron?

Jimmy Carter tenía a Brzezinski, pero Carter no quería enfrentarse al comunismo. Brzezinski solo no pudo hacer nada, porque el presidente no estaba a bordo. Ronald Reagan lo hizo. Y Carter no tenía a Bill Clark.

¿Cómo conoció su padre a Bill Clark?

Ambos eran miembros de los Rancheros, un grupo de equitación de Solvang, California. Todos los años se reunían para cabalgar durante siete días. Bill Clark metió a mi papá en los Rancheros. La mayoría de los miembros eran capitanes de industria o empresarios destacados. A su vez, mi papá incorporó más tarde a Bill a su administración gubernativa en Sacramento. Bill se convirtió en su jefe de gabinete.

¿Cómo construimos una civilización del amor?

No mire las noticias; apague la televisión y pase tiempo con las personas que ama y no con el televisor. En realidad, me encanta el fútbol, pero lo más importante para mí es la relación con mi esposa. Hemos estado juntos durante 47 años y acabamos de celebrar nuestro 45 aniversario de bodas. Muy a menudo, llegamos a casa, servimos una copa de vino y pasamos al menos una hora sentados frente a la chimenea, hablando de cómo fue nuestro día. Somos solo nosotros.

Debo reconocer que toda la experiencia del teatro me marcó profundamente, aunque en cierto momento me di cuenta de que esa no era mi verdadera vocación.

Juan Pablo II

Y así, antes de que te deje…

Te lo ruego

— nunca pierdas tu confianza, no te dejes vencer; haz, no te desanimes;

— no te separes por tu cuenta de las raíces de las que tuvimos nuestros orígenes.

Te lo ruego

— ten confianza, y a pesar de todas tus debilidades, busca siempre el poder espiritual de Aquel a quien han encontrado incontables generaciones de nuestros padres y madres.

— nunca te desligues de Él.

— no pierdas nunca tu libertad espiritual, con la que "Él hace libre al ser humano".

— no desprecies nunca la caridad, que es "la mayor de ellas" y que se manifiesta a través de la Cruz. Sin ella la vida humana no tiene raíces ni sentido.

Juan Pablo II

GRZEGORZ GAŁĄZKA

Fotógrafo papal; tomó la imagen oficial para la beatificación y canonización de Juan Pablo II.

¿Cómo empezó su viaje por Italia?

Siempre había soñado ir a Italia. Mi abuelo luchó allí, en la batalla de Monte Cassino en 1944, bajo el mando del general Władysław Anders. Una vez que Karol Wojtyła se convirtió en papa, quería estar cerca de él. Necesitaba una acreditación para convertirme en fotógrafo papal. Recuerdo que el arzobispo Bronisław Dąbrowski me ayudó a obtener la acreditación y el primado de Polonia Józef Glemp me entregó una carta que confirmaba que trabajaba para el episcopado polaco. Tomé mi primera foto de Juan Pablo II el 8 de diciembre de 1985 en la basílica papal de Santa María la Mayor, en Roma.

¿Dónde tomó la fotografía que fue elegida como imagen oficial para la beatificación y canonización de Juan Pablo II?

Esta es la foto de toda la vida. Fue tomada cuando el papa visitó una parroquia romana el 19 de febrero de 1989, en una de sus muchas visitas a las parroquias romanas.

¿Cómo se destacó esa foto?

He estado colaborando con la revista *Totus Tuus*, afiliada al vicariato romano. Regularmente les daba fotos de Juan Pablo II. Por lo tanto, allí conocían muy bien mi arte. Eligieron esta foto para el proceso de beatificación y canonización, solo cambiando el fondo.

¿Cómo se sintió cuando vio su foto el 1 de mayo de 2011, en la Plaza de San Pedro?

Me sentí honrado y profundamente conmovido. No puedo encontrar las palabras para describir mis emociones. Fue la culminación de mi carrera, resultado de mi arduo trabajo, determinación y perseverancia. Fue un sueño hecho realidad. Fue también mi agradecimiento y muestra de aprecio a Juan Pablo II por su servicio.

¿Qué es lo que más recuerda de Juan Pablo II?

Sus oraciones. El papa rezaba por todas partes. No había lugar donde no rezara. Estaba increíblemente concentrado en la oración. Su rostro era muy expresivo; se notaba que estaba en una relación con alguien cuando oraba.

¿Juan Pablo II tenía algunos lugares favoritos?

Creo que uno de los lugares favoritos de Juan Pablo II fue su capilla papal privada en Castel Gandolfo. Pasó mucho tiempo allí. El icono de la capilla de la Virgen Negra de Częstochowa, del que guardaba una copia allí, le recordaba a Polonia.

¿Qué necesitamos para construir una civilización del amor?

Oración. Y amarnos unos a otros como Dios nos ha amado.

Yo los invito a estudiar con detenimiento la doctrina social de la Iglesia, para que sus principios inspiren y orienten sus acciones en el mundo. Que el Espíritu Santo los haga creativos en la caridad, perseverantes en sus compromisos y valientes en sus iniciativas, para que puedan ofrecer su contribución a la edificación de la "civilización del amor". El horizonte del amor es verdaderamente ilimitado: ¡es el mundo entero!

Papa Benedicto XVI

EDWIN MEESE III

Abogado estadounidense y profesor de Derecho. Se desempeñó en cargos oficiales dentro de la administración Reagan y como el 75º fiscal general de los Estados Unidos. Es Miembro Distinguido Emérito de Ronald Reagan, Centro Meese de Estudios Legales y Judiciales, en la Fundación Heritage.

Señor Meese, una vez usted dijo: "Entré a esta reunión como luterano con gran aprecio por el líder de la Iglesia católica". ¿Cuáles fueron las circunstancias de su encuentro con San Juan Pablo II?

Yo era el fiscal general en ese momento. Fui a Roma por otros asuntos y el embajador de Estados Unidos ante el Vaticano, Frank Shakespeare, me invitó a reunirme con Juan Pablo II. Conocí al papa en febrero de 1988 y me alegré mucho de verlo. Fue un gran privilegio para mí. Tenía un gran respeto por el papa. Tuve una audiencia de aproximadamente 15 minutos con él.

Hablamos de varias cosas, como el estado de la moral en los Estados Unidos. Hablamos sobre el aprecio del papa por los Estados Unidos, su apoyo a nuestro pueblo y al presidente Reagan, quien lo admiraba por su firme posición moral como líder de la Iglesia católica.

¿Qué es lo que más le inspiró del papa polaco?

Era un hombre de gran presencia y un hombre de gran fe. Recuerdo el intento de asesinato y su reacción apropiada y cristiana. Echemos un vistazo a la forma como manejó este momento difícil por sí mismo, como también lo hizo Ronald Reagan. Ambos fueron víctimas de intentos de asesinato. Admiré la sabiduría, la inteligencia y la franca dedicación del Santo Padre a las enseñanzas morales, los valores morales y las acciones morales. También me impresionó su gran sentido del humor.

¿Cuáles son sus pensamientos sobre la ley natural a la luz de las enseñanzas de Juan Pablo II? ¿Están alineados con los suyos?

Sí, lo están. Creo que el papa pudo expresar claramente la ley natural con mucho sentido común. Reconoció que el hombre es una criatura única y especial de Dios por su dignidad y libre albedrío. Su libre albedrío le da la razón y la oportunidad de entender las cosas y decidir, como parte de su naturaleza libre; pero también le da al hombre el derecho de elegir alinear sus acciones con la ley natural. Los seres humanos tenemos la responsabilidad de nuestras propias acciones. La libertad es un estado natural del hombre.

¿Podemos hablar de una amistad entre Reagan y Juan Pablo II?

Eran amigos en el sentido de que tenían ideas similares, particularmente en términos de la Unión Soviética. Había un espíritu amistoso entre ellos, aunque no tenían la oportunidad de estar juntos muy a menudo. También tenían puntos de vista muy similares sobre la humanidad y se apreciaban mutuamente como líderes. La fe de Ronald Reagan lo ayudó a comprender mejor a este papa. Reagan admiraba a Juan Pablo II como líder de su Iglesia.

En With Reagan: The Inside Story, usted escribió: "Un vívido ejemplo de la estrategia de Reagan en acción fue la liberación de Polonia. Reagan llevó a cabo este esfuerzo en conjunto con el papa Juan Pablo II, nativo de Polonia, a quien el presidente admiraba mucho". ¿Hubo alguna razón particular por la que Ronald Reagan quisiera ayudar a Polonia o era solo parte de su gran estrategia para derrotar a los soviéticos?

El presidente Reagan quedó impresionado por Juan Pablo II. Lo admiraba mucho. El presidente estaba muy dedicado a la causa de la libertad en el mundo y deseaba quitar a Polonia de la opresión de la Unión Soviética. Era parte de la gran estrategia general para derrotar a los soviéticos. La estrategia de Reagan tenía tres partes: (1) comprometer a la Unión Soviética en un plano moral; por eso llamó a la URSS un "Imperio del mal", algo en lo que él y el papa estuvieron definitivamente de acuerdo; (2) detener la agresión de la Unión Soviética, que estaba tratando de socavar a los países libres y de extender el marxismo a esos países; (3) apoyar a los movimientos de libertad en todo el mundo. Tanto el presidente como el papa buscaron traer la libertad a Polonia. Polonia en ese momento era el país líder detrás de la Cortina de Hierro y brindó una seria resistencia a la Unión Soviética. Reagan confiaba en que Polonia, con su Iglesia fuerte y su compromiso único con Dios, derrotaría al régimen comunista. En 1978, Polonia recibió esa oportunidad de Dios, cuando Karol Wojtyła se convirtió en papa.

¿Cómo explicaría el fenómeno de la colaboración entre el presidente protestante y el jefe de la Iglesia católica? ¿Hasta qué punto la fe de Reagan impactó su relación con el Pontífice?

Creo que partieron de las mismas premisas básicas en lo que se refiere a la fe, aunque provenían de diferentes tipos de cristianismo. Ellos creían en la Biblia y creían en Dios. Ambos creían que Dios afecta el curso de los acontecimientos humanos. Ambos tenían una visión similar del papel que desempeña la religión en la vida. El Presidente Reagan tenía un conocimiento enciclopédico de la Biblia y la religión era una parte importante de su vida diaria. La razón por la que no vimos mucho al respecto en las noticias es porque Reagan nunca quiso que nadie pensara que estaba usando su religión con fines políticos o que estaba presumiendo de cuán religioso era.

¿Qué fue lo que más apreció Ronald Reagan en Juan Pablo II?

Las cosas que más recuerdo están relacionadas con el intento de asesinato y el aprecio de Reagan por la valentía y la gracia del papa. El papa fue un hombre de grandes principios morales y un gran ejemplo de fuerte liderazgo cristiano. También era muy conocedor e inteligente. El era un hombre muy bueno. Reagan sabía eso y lo admiraba mucho.

Una vez Richard Allen dijo: "Esta fue una de las grandes alianzas secretas de todos los tiempos". ¿Reagan y Juan Pablo II tenían una alianza secreta o simplemente una estrategia de política exterior alineada que ayudó a poner fin a la Guerra Fría?

No era una alianza en un sentido formal. Eran dos hombres trabajando por un mismo objetivo, cada uno a su manera: uno desde el punto de vista religioso y el otro desde el punto de vista político. Tuvieron una gran cantidad de comunicación informal durante ese período. Reagan se comunicaba a través de su Asesor de Seguridad Nacional, Bill Clark, quien trabajó en estrecha colaboración con el cardenal Pio Laghi, Delegado Apostólico de Juan Pablo II y luego Pro-Nuncio en los Estados Unidos.

¿Cree que el comunismo se habría derrumbado sin Reagan y Juan Pablo II?

Creo que el comunismo estaba destinado a colapsar en algún momento. No hay duda de que la colaboración entre el presidente y el papa definitivamente aceleró su colapso y provocó el final de la Guerra Fría con la victoria de las naciones libres.

¿Podrían ambos líderes haber hecho algo mejor o diferente?

En mi opinión lo hicieron muy bien. No puedo pensar en nada en particular que pudieran haber hecho mejor. La relación de ellos fue muy delicada. Por un lado, no querían hacer nada que provocara y enfureciera indebidamente a la Unión Soviética y a los líderes marxistas, para hacerlos más opresores. Al mismo tiempo, querían brindar esperanza y motivación a las personas que trabajaban por la libertad en Polonia y en otras partes del mundo. Creo que lo manejaron muy bien.

¿Qué debe saber la generación más joven sobre ambos líderes y su trabajo para traer libertad al mundo?

Lo primero sería la importancia de la religión, la fe y Dios como base para que las personas trabajen juntas para mantener la libertad. Nuestras generaciones jóvenes tienen que aprender un sentido de libertad y un sentido de responsabilidad. Tienen que saber de historia y de qué se trata la libertad. Ese conocimiento las ayudará a comprender lo que sucedió durante la Guerra Fría y por qué fue tan importante liberar a Polonia y otras naciones. Pero también es importante aprender cómo las personas de buena voluntad pueden cooperar y apoyarse mutuamente en la lucha por la libertad en todo el mundo. Hablando sobre el presidente Reagan y el papa Juan Pablo II, también nos referimos a su responsabilidad de proporcionar liderazgo moral a las personas a las que servían y dirigían. Su claridad moral y liderazgo moral fueron parte de su éxito contra la Unión Soviética, contra el comunismo y el marxismo. Bendecidos con optimismo, Ronald Reagan y Juan Pablo II demostraron que la libertad funciona, no solo para el pueblo de Polonia, sino también para aquellos que sufrieron en otros lugares por el poder excesivo del gobierno. Como dijo el propio presidente: "¡Vinimos a cambiar la nación y cambiamos el mundo!".

¿Juan Pablo II cambió su vida? ¿Qué aprendió de él?

Admiré su personalidad y su firme posición por los principios morales. Mostró su amor y respeto por otras personas. Fue un gran líder de la Iglesia católica, que defendió la libertad de la persona humana. Defendió la dignidad y los derechos de todas las personas.

¿Cómo este hombre de Wadowice, que vivió la Segunda Guerra Mundial, perdió a su familia y luchó contra el comunismo se convirtió en la cabeza de la Iglesia católica? ¿Cómo ocurrió eso?

Creo que Dios desempeñó un papel decisivo al poner a las personas en el lugar correcto, en el momento correcto. Esto se aplica al presidente Reagan y al papa Juan Pablo II. Ambos ejercieron el liderazgo cuando fue necesario para traer la paz y la eliminación de la opresión en el mundo.

¿Qué necesitamos para construir una civilización del amor?

Creo que esto representa el principio básico del respeto por los demás, incluso por aquellos que se nos oponen políticamente. Necesitamos tener buena voluntad hacia los demás. Si tenemos respeto por los demás y actuamos de manera civilizada, con amor e interés genuinos, tendremos un marco para enfatizar aquellas cosas en las que la gente está de acuerdo, en lugar de enfocarnos en las áreas de desacuerdo.

PETER ROBINSON

Pasó seis años en la Casa Blanca, sirviendo de 1982 a 1983 como redactor jefe de discursos del vicepresidente George Bush, y de 1983 a 1988 como asistente especial y redactor de discursos del presidente Ronald Reagan. Escribió el histórico discurso sobre el Muro de Berlín en el que el presidente Reagan llamó a Mikhail Gorbachev a "¡derribar este muro!". Es el Miembro Distinguido de Política de Murdoch en la Institución Hoover, donde escribe sobre negocios y política, edita la revista trimestral de Hoover, "Hoover Digest", y presenta el programa de la serie de videos de Hoover, "Uncommon Knowledge".

¿Quién o qué lo inspiró a convertirse al catolicismo?

El proceso comenzó cuando empecé a estudiar historia en la universidad y descubrí, para mi asombro, que solo una institución se remontaba a los comienzos de la civilización occidental: la Iglesia de Roma. Asumiendo que la Reforma protestante había hecho todo tipo de argumentos sin respuesta, de los cuales yo simplemente no estaba al tanto, tomé un curso sobre ese mismo tema. Pero los fundadores protestantes a menudo parecían tendenciosos y frecuentemente equivocados. Cuando Lutero tenía razón, decidí que no era original, ya que a menudo presentaba una idea de Agustín como propia, y cuando era original, eso me parecía, él estaba equivocado. El día antes de graduarme, un profesor de inglés, Jeffrey Hart, él mismo un converso, hizo un comentario que se me quedó grabado: "La Iglesia católica es la iglesia. Todo lo demás son notas al pie de la página y críticas". Después de la universidad, trabajando en la Casa Blanca de Reagan, recibí instrucción del difunto monseñor Lorenzo Albacete, y finalmente me convertí en 1984. Sobre todo esto, sin embargo, asomaba la figura de Juan Pablo II: titánica, santa, atrayente, a la vez desafiante y tranquilizadora. Me uní a la Iglesia porque decidí que lo que afirmaba esta era cierto, pero también por el papa. Quería estar del lado de ese hombre.

¿Por qué es importante la fe en su vida?

Una pregunta fascinante, y una que apenas sé cómo responder. Es como preguntar por qué el aire es importante en mi vida. Como una cuestión práctica, que supongo que es a lo que se refiere la pregunta, debo admitir que encuentro bastante difícil la vida. ¿Proveer un hogar estable para los niños? ¿Tratar de unir una carrera, como puede ser, a partir de las rarezas que brindan mis experiencias y talentos? ¿Cómo? Y si tuviera que manejar todo eso de alguna manera, ¿qué hay de perder a los padres, luego a los amigos? ¿Qué pasa con la enfermedad? ¿Qué hay de la muerte? Busco a tientas lo mejor que puedo, confiando, de nuevo, lo mejor que puedo, en que Dios está ajustando los eventos de mi vida, de la de mi esposa, de la de mis hijos, y de la de mis amigos y colegas, en un plan amoroso. Esa es la única forma en que puedo proceder. De alguna manera, el pasaje central del Evangelio para mí, el que parece hablarme directamente, es aquel en el que Nuestro Señor llama a Pedro a caminar sobre el agua hacia él. Cuando Pedro quita la mirada de Jesús, se hunde. Cuando en cambio fija su mirada en Jesús, puede hacer lo que se le ordene.

Peter, acababa de cumplir 30 años cuando le encargaron redactar uno de los discursos presidenciales más famosos e importantes de Reagan: "Señor Gorbachev, derribe este muro". ¿Cómo influyó esto en la situación de Polonia, que preocupaba mucho a Juan Pablo II?

Creo que ese discurso dio a los disidentes de toda Europa del Este un importante sentido de ánimo, recordándoles que no estaban solos. Joachim Gauck llegaría a ser presidente de una Alemania reunificada, pero en el momento del discurso era pastor luterano, cargo en el que defendía los derechos humanos en la ciudad de Rostock, en Alemania Oriental. Gauck dijo en una cena en la que estuve presente no hace mucho: "Ronald Reagan dijo exactamente lo correcto, en el lugar correcto, en el momento correcto".

¿Cómo se le ocurrió la idea de "derribar este muro"? ¿Cuál fue su inspiración para este discurso?

De Ingeborg Elz, una mujer de Berlín Occidental. "Si Gorbachev habla en serio acerca de esta charla sobre la glasnost y la perestroika", me dijo, "puede demostrarlo. Puede venir aquí y deshacerse del muro".

¿Cómo reunió todo el material para el discurso?

Visité Berlín Occidental para investigar el discurso. Fui al sitio donde el presidente pronunciaría el discurso: debía pararse inmediatamente frente al Muro de Berlín. Hablé con diplomáticos en Berlín Occidental. Me dieron un paseo en un helicóptero del ejército de los Estados Unidos sobre el perímetro de Berlín Occidental; nuestro vuelo seguía el muro. Y pasé una velada con berlineses occidentales; fue en este evento donde conocí a Ingeborg Elz.

¿Había algún otro discurso en su mente cuando estaba redactando ese discurso?

Solo uno: quería evitar cualquier comparación entre el discurso *Ich bin ein Berliner* de John Kennedy y cualquier cosa que diría el presidente Reagan. Los tiempos eran demasiado diferentes.

El discurso estaba poniendo a Gorbachev en un aprieto en el propio Moscú. ¿Recibió alguna oposición de la administración Reagan con respecto al discurso?

Tanto el Departamento de Estado como el Consejo de Seguridad Nacional se opusieron amargamente al discurso. El propio Presidente Reagan tuvo que desautorizarlos para entregarlo.

¿Qué sintió cuando escuchó al presidente Reagan leer sus palabras? ¿Sintió que hizo una diferencia en el mundo?

A decir verdad, la pelea por ese discurso había sido tan intensa —el Departamento de Estado y el Consejo de Seguridad Nacional habían tratado de suprimirlo—, que cuando el presidente lo pronunció solo sentí una cosa: alivio. No se me ocurrió —o, por lo que puedo decir, a nadie más— que el discurso fuera histórico de alguna manera hasta 28 meses después, cuando para mi asombro, cayó el Muro de Berlín.

¿Qué más del discurso de Reagan vale la pena recordar hoy?

Al final del discurso, el presidente improvisó un comentario. Hablando de los manifestantes que habían tratado de interrumpirlo con cánticos y gritos, dijo esto: "Quisiera saber si alguna vez se han preguntado que si tuvieran el tipo de gobierno que aparentemente buscan, nadie podría volver a hacer lo que están haciendo". Una observación perfecta e incontestable.

¿Qué apreciaba Ronald Reagan, un protestante del Medio Oeste, en Juan Pablo II?

Empiezo recordando que el padre de Reagan era católico y que su hermano mayor, "Moon", se hizo católico él mismo (aunque la única vez que escuché a Reagan comentar sobre eso, fue para decir que su hermano se había convertido "para casarse con una chica católica"). Esto significaba que Reagan no tenía nada del sentimiento anticatólico que era común entre los protestantes de su generación. Agrego a eso que Juan Pablo II era un hombre de hombres, el tipo de figura fuerte que Reagan admiraba: el papa sabía cómo actuar en público, cómo conmover al público, cómo hacer las cosas. Y, por supuesto, Reagan vio en el papa a un compañero anticomunista. Sin embargo, siempre sentí que lo más importante era que Reagan reconocía que el papa no era simplemente un compañero jefe de estado sino, como el mismo Reagan, un hombre de fe.

¿Ronald Reagan y Juan Pablo II tenían una alianza secreta o simplemente una estrategia de política exterior alineada, que ayudó a poner fin a la Guerra Fría?

Mi sensación es que "una política alineada" se acerca más a captar lo que sucedió. El término "alianza secreta" evoca imágenes de películas de la Guerra Fría, líneas directas, etc. Por otro lado, no hay duda de que la relación entre la Casa Blanca de Reagan y el Vaticano fue muy estrecha.

¿Qué significó para usted la muerte de Juan Pablo II?

Ver sus últimas semanas se sintió como ver un martirio: la debilidad y el dolor obvios, la insistencia, aun así, en ofrecer todo lo que estaba experimentando. Una vida —y una muerte— que amplió mi sentido del tipo de vida —y, de nuevo, de muerte— que es posible.

¿En qué necesita creer la nueva generación para construir la civilización del amor?

En la oración.

Sin embargo, como dice el Génesis, a todos los hombres y mujeres se les confía la tarea de construir su propia vida: en cierto sentido, deben hacer de ella una obra de arte, una obra maestra.

Juan Pablo II

NEWT GINGRICH

Político y autor estadounidense, se desempeñó como el 50° presidente de la Cámara de Representantes de los Estados Unidos. Es bien conocido como el arquitecto del "Contrato con América". El señor Gingrich es presidente de Gingrich 360, una empresa de consultoría y producción multimedia. Es colaborador de Fox News, presentador de podcasts y columnista sindicado. El señor Gingrich y su esposa Callista produjeron un documental sobre Juan Pablo II: Nueve días que cambiaron el mundo.

¿Qué pensó cuando el cardenal polaco Wojtyła fue elegido papa?

Pensé que era una gran ayuda para debilitar al Imperio Soviético. Estuve muy involucrado en el desarrollo de la estrategia para derrotar a la Unión Soviética y estábamos cerca de la gente de Reagan. Pensé que el impacto moral y el impacto nacionalista de Juan Pablo II eran extraordinarios y podrían convertirse en un factor importante en la disolución del Imperio y Europa del Este.

¿Qué significó para Estados Unidos y el pueblo estadounidense la elección de un papa que vivió detrás de la Cortina de Hierro?

Bueno, primero que todo, creo que había una población polaco-estadounidense bastante grande y, por supuesto, todos estaban totalmente emocionados. Creo que los católicos en general se sintieron atraídos por él, porque era joven en ese momento y dinámico. Tuvo mucho éxito; atrajo multitudes muy grandes. En un momento, su equipo personal estaba preocupado por venir a Estados Unidos, pero él insistió en hacer lo suyo con la multitud, que era enorme, y creo que reivindicó su planteamiento. Entonces, desde el principio fue una especie de estrella de rock, yendo a México, luego a los Estados Unidos, y su extraordinario viaje a Polonia en 1979. Callista y yo hicimos un filme sobre eso.

¿Recuerda su primer encuentro con San Juan Pablo II?

Lo conocí personalmente cuando era presidente de la Cámara de Representantes en la década de 1990. Creo que subestimé lo importante que era y la fuerza que tenía en su personalidad. Cuando miro hacia atrás en ese momento, pienso que no fui muy inteligente en esa reunión. Solo más tarde comencé a darme cuenta del profundo impacto del papa. Todos sabíamos que le habían disparado, y fue muy extraño que le dispararan a Reagan casi al mismo tiempo; más tarde, ese evento se convirtió en un vínculo entre ellos, una señal de que Dios debía haberlos salvado por alguna razón.

¿Cómo se relaciona la dignidad humana, defendida por Juan Pablo II durante toda su vida, con la ley natural?

Lo más poderoso del testimonio de Juan Pablo II es que no dice "tengan valor", sino "no tengan miedo". Creo que eso fue fundamental para quien él era, porque cuando era joven tuvo que lidiar con los nazis, y durante todo su tiempo como seminarista, enfrentaba la pena de muerte si lo atrapaban. Sin embargo, perseveró con calma y firmeza, y luego los nazis fueron reemplazados casi de inmediato por los soviéticos. Así que toda su experiencia formativa fue bajo dictaduras antirreligiosas. Creo que parte de su fuerza era una creencia casi mística en Dios, que trascendía cualquier presión humana. También creo que el componente místico de su fe es muy difícil de entender para los occidentales. La fe trasciende la razón. Y creo que en ese sentido fue verdaderamente notable.

También pensé que era notable que él y Reagan hubieran sido actores. Ambos entendieron cómo desempeñar sus roles: Reagan desempeñó el papel de presidente y Wojtyła el de papa, y ambos estaban desempeñando el papel de líderes mundiales que se disponían a cambiar las cosas. El gran logro de Juan Pablo II fue despertar a Europa del Este y sostener a sus cristianos frente al secularismo del Imperio Soviético.

Juan Pablo II comenzó a advertirnos a principios de la década de 1990 que el comercialismo sería para el cristianismo una amenaza mayor que el comunismo. Lo que no sabemos es si podríamos haber tenido a Juan Pablo II, dada la fuerza de su personalidad y su intelecto, centrándose en crear una comprensión moderna del cristianismo en contraste con el comercialismo secular, y cuál podría haber sido su impacto total. Cuando él comenzó a cambiar a eso, ya había gastado la mayor parte de sus energías, primero en Polonia, sobreviviendo bajo el comunismo, e incluso prosperando, y luego como papa, ayudando metódicamente a enfrentarse al Imperio Soviético. Creo que tenía más de 70 años cuando pudo cambiar de marcha. Pienso que Juan Pablo II tenía una extraña combinación del atractivo personal de Francisco y el intelecto de Benedicto. Esto lo convirtió quizás en el papa más grande de los últimos 300 o 400 años, porque combinó estas características de una manera que fue realmente extraordinaria y que cambió la historia más que cualquier otro papa en la historia moderna que yo sepa.

¿Ha considerado alguna vez la dimensión mística de su pontificado?

Creo que no se aprecia suficientemente el grado en que Juan Pablo II se comprometió con una comprensión de la realidad basada en la fe en lugar de una comprensión racional. Vio la realidad como algo que trasciende el alcance de una mente racional. También tenía una capacidad única para observar a las personas, comprenderlas e inspirar lo mejor de ellas. Hay muchas historias de él interactuando con la gente de una manera transformadora. Creo que esto se debió en parte a que estaba buscando el alma de las personas y no solo su superficie racional. Y él siempre estaba tratando de ayudarlas a encontrar un significado más grande en sus vidas y una causa más grande a la que podían dedicarse; algo que las acercara a Dios. Creo que en ese sentido tuvo un enorme impacto en casi todas las personas con las que trató.

¿Qué tan compatibles son los principios de Juan Pablo II con las actividades políticas?

Creo que su impacto a largo plazo será un redescubrimiento del papel central de la fe y la noción de que si realmente usted cree en Dios, no tiene que tener valor, porque simplemente puede relajarse a la sombra del amor de Dios, y Dios proporciona el valor. Los esfuerzos de la administración Trump para luchar por la libertad religiosa en todas partes son una consecuencia directa de los sermones, discursos y encíclicas de Juan Pablo II. Hoy hay una mayor conciencia de la importancia de la libertad religiosa que en 1977 o 1978, y creo que es un reflejo directo de Juan Pablo II.

¿Por qué Reagan necesitaba a Polonia para destruir el comunismo? ¿Fue una cuestión de conveniencia porque los polacos se rebelaron? ¿Fue solo un movimiento táctico?

No creo que haya elegido a Polonia. Creo que Polonia lo eligió a él. Yo estaba en mi segundo mandato en el Congreso. Gané en 1978 y luego en 1980, cuando ganó Reagan. Así que yo era un congresista muy joven, pero muy activo en temas de seguridad nacional con el equipo de Reagan. Recuerdo que este fue el período de Solidaridad. Fue un período en el que luchábamos activamente contra el gasoducto soviético en Europa. Estábamos colaborando activamente tanto con la

Iglesia como con Solidaridad para, por ejemplo, introducir de contrabando imprentas al país. Polonia siempre se ha visto a sí misma como un baluarte católico contra Oriente. También es cierto que los polacos probablemente eran cristianos más devotos que nadie en Europa del Este. Así es en parte como sobrevivieron al "diluvio" luterano sueco en el siglo XVII, cómo sobrevivieron a las largas guerras contra los cosacos, largas luchas contra los rusos. Así que creo que hay que mirar la profundidad de la disposición polaca para rebelarse y luchar.

Por supuesto, tuvimos luchadores polacos por la Libertad, que vinieron a los Estados Unidos durante la Guerra Revolucionaria; uno de ellos, Thaddeus Kościuszko, tiene una estatua frente a la Casa Blanca. Tuvimos otros combatientes polacos en el siglo XIX. Así que el hambre del pueblo polaco por su identidad, el hecho de que su estado desapareciera, desmembrado por sus vecinos, hace poético que Juan Pablo II naciera cuando Polonia reapareció después de más de 120 años de ausencia del mapa de Europa. De repente, Polonia volvió a existir y el ejército polaco, con la ayuda de asesores franceses, derrotó al ejército soviético en 1920. Al final, vimos a Polonia como un país grande, más grande que Chequia o Hungría; y creo que su identidad es mucho más religiosa que la de cualquier otro en la región. Creo que había un profundo sentimiento de culpa en los Estados Unidos por haber traicionado a Polonia y a toda Europa del Este en Yalta en 1945. Estas naciones habían luchado de nuestro lado. Hay cementerios militares polacos en Italia. Hubo polacos que murieron en Bélgica y Holanda. Los aviadores polacos volaron en la Batalla de Gran Bretaña. Entonces, el pueblo polaco ganó un nivel de afecto y un nivel de simpatía de parte de nosotros. Había una comunidad de emigrados bastante grande en los Estados Unidos y, en el aspecto político, Reagan tenía vínculos con esa comunidad; obtuvo consejos de ella. Así que todo eso se unió e hizo de la lucha en Polonia uno de los ejes de la lucha contra los soviéticos.

Afganistán estaba del otro lado de esto. Le proporcionamos armas y dinero para desangrar al Imperio Soviético. Pero en Polonia tuvimos la oportunidad de enfrentarlo directamente. Con Juan Pablo II el Vaticano abandonó la Ostpolitik, que era una estrategia de apaciguamiento, de desafío y confrontación. Sin embargo, cuidando a su pueblo bajo el comunismo, Juan Pablo II fue muy cauteloso acerca de hasta dónde empujaría en Polonia. Como había vivido allí, entendió que los comunistas simplemente te matarían. Así que constantemente decía: camina hacia el borde, pero no camines sobre el borde. A veces la gente olvida que allí estaban sucediendo muchas cosas diferentes al mismo tiempo. Al menos en mi mente, Juan Pablo II, Thatcher y Reagan fueron el trío que derrotó decisivamente al Imperio Soviético.

Usted y su esposa produjeron el documental Los nueve días que cambiaron el mundo. *¿Qué aprendió sobre Juan Pablo II en el proceso?*

¡Un montón de cosas! Habíamos hecho una película sobre Ronald Reagan llamada *Rendez-vous with Destiny*. Estábamos en Europa del Este, entrevistando a Lech Wałęsa en Gdańsk y a Václav Havel en Praga. En ambos casos les preguntamos cuál consideraban el punto de inflexión decisivo. De Lech Wałęsa podrías haber adivinado lo que habría dicho. Era un católico devoto, que llevó un broche de la Virgen Negra durante toda su vida. Pero Havel no era católico y no vivía en Polonia. Y ambos dieron exactamente la misma respuesta. Dijeron que cuando el papa vino a Varsovia en 1979, repercutió en toda Europa del Este y no solo en Polonia. Envió una señal de que la libertad era posible. Como dice alguien en nuestra película, cuando había tres millones de personas en la Plaza de la Victoria, en Varsovia, para la misa el primer día de la visita del papa, miraron a su alrededor y se dieron cuenta de que había muchos más de ellos que de las fuerzas de seguridad. Y eso se extendió por toda Europa del Este. Durante el período soviético, la gente tenía cabañas en las montañas, así que subían a la cabaña y podían caminar por las montañas para ver a sus amigos en Polonia o Checoslovaquia. Cuando Juan Pablo II vino de visita, simplemente envió una señal a todas esas personas. Como Callista es mitad polaca y 100% católica, cuando escuchó hablar a Havel, se volvió hacia mí y me dijo: "Tenemos que hacer la película sobre el papa". Sonreí y ella continuó: "No, no. Tenemos que hacer la película". Entonces, en cierto sentido, es un tributo tanto al nacionalismo polaco como al catolicismo.

Cuando nos dispusimos a hacer la película, para ser justos, la verdadera fuerza impulsora fue George Weigel, quien en su biografía del papa había escrito un capítulo brillante sobre la visita a Varsovia en 1979. Cuando usted lee ese capítulo, realmente ve de dónde sacamos la estructura central de la película. Weigel es simplemente un hombre notablemente brillante y enérgico. También descubrió que los obispos desconfiaban de los medios de comunicación soviéticos, por lo que habían repartido cámaras de cine caseras, y había miles de horas de imágenes de la visita que nadie había visto nunca. Así que enviamos a Vince Haley a negociar con los obispos para obtener el permiso de usarlas. Por supuesto, ellos no confiaban en nadie, especialmente en los abogados. Ellos particularmente no querían hacerlo. Vince estaba a punto de casarse, y le dijimos: "No puedes volver a casa hasta que consigas ese contrato". Así que lo logró. Y cuando miras el filme, hay escenas tomadas en su totalidad por la gente local. Dan la intimidad de los discursos, paseos por la ciudad, niveles de alegría y emoción. *Nueve días que cambiaron el mundo* fue un documental muy bien recibido. El cardenal Timothy M. Dolan nos dijo que lo usa en sus clases de catecismo. Creo que es una de las mejores cosas que Callista y yo hemos hecho.

¿Qué necesitamos para construir la civilización del amor hoy?

Acabo de leer una novela sobre San Pablo y los corintios. El autor está escribiendo sobre la centralidad de la caridad: sin caridad, nada importa. Y él está tratando de hacer entender que tenemos que comunicarnos individualmente nuestro amor el uno al otro. Eso no es algo que se legisla; es algo que se vive. Si suficientes personas hacen eso, entonces de hecho cambiarán el mundo. Y eso es lo que hicieron los primeros cristianos. En cierto sentido, eso fue lo que hizo Juan Pablo II. Y cada generación tiene que hacerlo. Usted no puede decir "eso, oh, lo hicieron en la última generación, así que ahora podemos relajarnos". Cada generación tiene que restablecer una cultura de amor, fe y esperanza.

PAUL KENGOR

Director sénior y Principal Miembro Académico del Instituto para la Fe y la Libertad; profesor de Ciencias Políticas en Grove City College; autor de más de una docena de libros, entre ellos A Pope and a President: John Paul II, Ronald Reagan, and the Extraordinary Untold Story of the 20th Century.

Cuéntenos cómo empezó su camino con San Juan Pablo II.

Me interesé en Juan Pablo II a través de mi estudio del final de la Guerra Fría. Sabía que este hombre había desempeñado un papel importante en la derrota del comunismo soviético ateo. Era audaz, brillante e inspirador. Tuvo verdadero valor diciéndonos "no teman". A medida que lo estudiaba más de cerca, también comencé a leer sus encíclicas, particularmente *Evangelium Vitae, Veritatis Splendor* y *Fides et Ratio*. Esos estudios particulares me atrajeron a la Iglesia católica. Entré a la Iglesia católica romana en abril de 2005, precisamente cuando murió Juan Pablo II. Eso no fue una coincidencia.

¿Por qué eligió al papa polaco como protagonista de su libro?

Había incluido a Juan Pablo II como figura en otros libros sobre el final de la Guerra Fría, entre ellos *The Crusader: Ronald Reagan and the Fall of Communism* (2006). Incluirlo fue, por supuesto, bastante natural, dado su papel en la caída del comunismo. Me di cuenta de que él y Ronald Reagan tenían una asociación notablemente histórica. Sabía que se había escrito muy poco sobre esa asociación. Cuanto más aprendí sobre ella, más me di cuenta de que necesitaba escribir un libro sobre cómo Juan Pablo II y Ronald Reagan trabajaron juntos para derrotar al comunismo soviético ateo.

¿Hay alguna frase que le llame especialmente la atención de los discursos de Juan Pablo II?

Probablemente la más sobresaliente sea "no tengan miedo", que, por supuesto, es una exhortación muy común a lo largo de las Escrituras, desde el ángel Gabriel hablando con María en la Anunciación hasta las muchas ocasiones en las que Jesucristo instó a sus seguidores a no tener miedo. Otra frase característica de Juan Pablo II que se destaca es "cultura de vida". Esa frase ha influido profundamente en la totalidad del movimiento provida (católico y no católico) en todo el mundo. Otra frase significativa es "teología del cuerpo", que se refiere a su obra sobre la ética sexual.

En la última voluntad y testamento del Santo Padre Juan Pablo II, leemos: "En la vida y en la muerte soy Totus Tuus a través de María Inmaculada". ¿Podría comentar sobre su devoción a la Virgen María?

Es una de las cosas más conmovedoras de él. Después de la muerte de su madre terrenal, la Santísima Virgen se convirtió en su madre aún más. Su padre le dijo: "Esta es ahora tu madre".

En su libro Memoria e Identidad, Juan Pablo II dijo: "El patriotismo es un amor por todo lo que tiene que ver con nuestra patria: su historia, su tradición, su lengua, sus características naturales". ¿Qué debemos tomar de su concepto de nación, cultura, historia y libertad?

Agradezco su frase "memoria e identidad". Ha observado que Juan Pablo II vio cómo la identidad polaca se conservaba y se mantenía viva a través de la memoria de la historia, la poesía, el teatro y la literatura. Esa es una lección muy valiosa. Muestra que los poderes políticos pueden borrar las fronteras de una nación, pero no pueden borrar la memoria y la identidad de esa nación y de su gente.

Usted comienza su libro Un papa y un presidente con una cita de Juan Pablo II: "Cada ser humano es único e irrepetible", y luego de Ronald Reagan: "Hay un propósito y un valor para todas y cada una de las vidas". ¿Cómo llegó a elegir estas citas?

Hace tiempo supe de esa cita de Juan Pablo II, y me encantó. Noté la segunda cita grabada en la lápida de Ronald Reagan en la Biblioteca Reagan en Simi Valley, California. Estuve allí ese verano investigando para mi libro sobre Reagan y Juan Pablo II. Inmediatamente me llamó la atención lo similar que era a la declaración de Juan Pablo II.

¿Cómo explicaría el papel de la Divina Providencia en la vida y obra de Juan Pablo II?

Hay tantas formas, pero a la que le he prestado especial atención es cómo Juan Pablo II y Ronald Reagan se reunieron en el Vaticano en junio de 1982 y se dijeron que creían que Dios les había salvado la vida de los intentos de asesinato, en marzo y mayo de 1981 con un propósito mayor, un propósito divino. Se habían reunido, creían, como parte de un plan divino, obra de la Divina Providencia. Ese plan, esperaban, era trabajar juntos para derrotar al comunismo soviético ateo. Y eso es exactamente lo que sucedió.

¿Qué impacto tuvo el comunismo en Karol Wojtyła, especialmente durante su juventud, en sus años de formación?

Aprendió pronto, en la década de 1940, que el comunismo ateo era asfixiante y represivo, que no solo era económicamente destructivo, sino espiritualmente destructivo. Era, sobre todo, contra Dios. Como su Iglesia, Juan Pablo II se dio cuenta de que la batalla contra el comunismo era ante todo una batalla espiritual.

¿Cuáles fueron las estrategias religiosas y políticas del papa para derrotar al comunismo?

Bueno, escribí un libro de 700 páginas sobre el tema. Así que esta es la pregunta más difícil de responder de todas las que usted me ha hecho. Para el papa, la estrategia religiosa era proclamar con valentía la verdad del Evangelio, sin miedo, decir la verdad al poder. Desde una perspectiva política —como dijo en su primera visita a su patria polaca en junio de 1979, hablando en La Plaza de la Victoria, de Varsovia— este era su llamado para una "Polonia independiente" en el mapa de Europa. Él y Ronald Reagan trabajarían juntos para salvar y sostener el movimiento Solidaridad como la organización crucial que podría ayudar a abrir una brecha en el bloque comunista.

¿Cómo describiría la amistad entre Juan Pablo II y Ronald Reagan? ¿Cómo podría haber sido diferente la historia sin su alianza?

Era una relación y sociedad especial, y ambos hombres se respetaban y se querían. En cuanto a cómo la historia podría haber sido diferente, permítame decirlo de esta manera: si estos dos hombres se hubieran desangrado hasta morir después de los intentos de asesinato que se realizaron contra ellos en marzo y mayo de 1981, usted y yo no estaríamos haciendo esta entrevista en este momento. El Muro de Berlín no habría caído en noviembre de 1989 y la URSS no se habría derrumbado en 1991.

¿Cuál es su reflexión sobre la claridad moral y el liderazgo moral de Juan Pablo II y Ronald Reagan?

Ninguno de los dos tenía miedo de llamar al mal "mal". Como dijo Reagan en su discurso en marzo de 1983, cuando dijo la frase "Imperio del mal": "Durante demasiado tiempo, nuestros líderes no pudieron describir la Unión Soviética como realmente era. Sin embargo, siempre he creído que es importante definir las diferencias… A lo largo de los años, el sistema soviético ha matado de hambre, asesinado y maltratado a propósito a su propio pueblo. Millones fueron asesinados; todo está ahí en los libros de historia. Puso a otros ciudadanos con los que no estaba de acuerdo en hospitales psiquiátricos, a veces drogándolos hasta el olvido. ¿No es malo el sistema que permitió esto? Entonces, ¿por qué no deberíamos decirlo?". Reagan dijo que se necesitaba tal franqueza para "asumir filosófica e intelectualmente los principios del marxismo-leninismo". Señaló: "El pensamiento marxista-leninista es un armario vacío. Todos lo sabían en la década de 1980, pero nadie lo decía". Ronald Reagan sabía que esa claridad moral era importante, al igual que Juan Pablo II.

¿Qué lección de Juan Pablo II transmitiría a la generación más joven hoy?

No tener miedo. Decir la verdad al poder. Tener valor y claridad moral. Y, sobre todo, como demostraron tanto Juan Pablo II como Ronald Reagan, hablar con bondad, amor, caridad.

¿Qué necesitamos para construir una civilización del amor hoy?

No tener miedo de decir la verdad, pero hay que hacerlo con amabilidad.

JOHN O'SULLIVAN

Presidente del Instituto Danubio, en Budapest; editor, columnista y miembro sénior del Instituto Nacional de Revisión en Washington. El señor O'Sullivan es miembro sénior del Instituto Hudson, Comandante de la Orden del Imperio Británico y exasesor especial de Lady Margaret Thatcher. Es autor de El Presidente, el Papa y la Primera Ministra.

Señor O'Sullivan, ¿qué fue lo que más apreció de San Juan Pablo II?

Mi primera, inmediata y completamente justificada reacción a Juan Pablo II fue una observación política. En la década de 1970, la Unión Soviética parecía estar en lo más alto. Brezhnev había dicho que no se podía tomar ninguna decisión importante ni llevar a cabo una política real sin el consentimiento de la Unión Soviética. De repente, tienes a un hombre que se convirtió en papa, con una reputación extremadamente buena, como un hombre de gran valor político e inteligencia. El papa humilló al gobierno comunista de manera muy efectiva, proporcionando con Zbigniew Brzezinski una sombra bajo el cual los intelectuales de todas las religiones, no solo los católicos, podían mantener una discusión abierta y honesta sobre los temas más delicados. Y mi segunda reacción fue una observación religiosa. La Iglesia sería más ortodoxa. Tendría más confianza en su misión y doctrina. Y esta confianza sería presentada por la fe humana de este hombre.

Usted asistió a una audiencia con Juan Pablo II, pero no tuvo la oportunidad de conocerlo en persona. Sin embargo, usted había dicho: "Creo que tengo una idea bastante buena de él". ¿Cuál es su percepción sobre el papa polaco?

Al principio, yo esperaba que el papa sería una figura poderosa, por un lado, para resistir la tiranía política del comunismo, y por el otro, que fortalecería la confianza de la Iglesia católica en sí misma, que todavía estaba herida por las divisiones y cismas de la década de 1970 y desde el surgimiento, que comenzó en la década de 1960, de la teología de la liberación poco ortodoxa, que parecía sustituir la revolución marxista por la fe católica por un lado y el destino del hombre por el otro. Esa fue mi percepción sobre él y creo que fue correcta en gran medida.

Usted fue un político de alto nivel y redactor de discursos en el número 10 de Downing Street para Margaret Thatcher cuando era primera ministra británica. ¿Qué puede decir sobre la relación entre Juan Pablo II y Margaret Thatcher? ¿Cómo describiría la actitud de la señora Thatcher hacia el papa?

Creo que la relación era de respeto mutuo. Sin embargo, no fue una relación natural ni cálida. Creo que el papa no fue bien entendido. Lo primero que hay que decir es que la relación entre ambos existía porque los dos trabajaban muy de cerca con Ronald Reagan. Este fue una figura fundamental. Ambos tenían una inmensa confianza y respeto por él. En segundo lugar, la firme oposición de la señora Thatcher al comunismo era un punto en común. La señora Thatcher fue la crítica más abierta de las actividades de la Unión Soviética en Polonia. Incluso comenzó a instar a todos los estadistas occidentales para que visitaran Polonia y comenzaran su estadía visitando la tumba del sacerdote Jerzy Popiełuszko, que había sido asesinado por la policía secreta comunista. La de ella fue una reprimenda extremadamente poderosa al comunismo, un acto simbólico. Margaret Thatcher también fue muy amiga del catolicismo, o al menos de los católicos. A veces hablábamos de religión; yo soy católico y ella parecía abierta a la religión católica. En un momento fue a ver al papa. Me hubiera encantado estar presente en el encuentro entre ellos cuando ella era combativa y segura de sí misma. Tengo la completa convicción de que si se hubieran conocido más, se habrían gustado mucho.

¿Alguna vez escuchó a la señora Thatcher decir algo sobre Juan Pablo II?

Sí. Estaba profundamente agradecida. Esta conversación tuvo lugar dos o tres años después de la visita del papa a Irlanda. Recuerdo cuando él habló en la catedral. Ella estaba muy impresionada por su discurso.

¿Cómo se llevaban Margaret Thatcher y el papa?

Primero que todo, ellos no se conocieron bien. Hubo una gran oportunidad que se perdió por una buena razón. Era 1982, cuando el Papa visitó Irlanda. Inglaterra estaba en guerra, una guerra no declarada con Argentina por la posesión de las Islas Malvinas. Ellos declararon hostilidades limitadas sobre las islas. Esa guerra hizo que el papa cancelara una visita a Inglaterra. Creo que había un sentimiento en el mundo diplomático del Vaticano de que el pontífice no podía visitar un país que estaba en guerra con un país católico como Argentina. Nuestro gobierno no quería cancelar la visita porque no quería que los católicos de Inglaterra se sintieran decepcionados. Para que la visita siguiera adelante, la señora Thatcher y sus ministros acordaron que ningún ministro, incluida la primera ministra, se reuniría con el papa durante su visita. Personalmente, lamento profundamente que la reunión no se haya llevado a cabo. Cada uno habría descubierto en el otro más ideas políticas, económicas y organizativas compartidas de las que probablemente habría esperado.

¿Por qué Margaret Thatcher decidió unir fuerzas con Juan Pablo II y Ronald Reagan para derrotar el mal del comunismo? ¿Cómo contribuyó ella a esta misión?

Ella estaba en contra del comunismo. Creía en la libertad, las tradiciones nacionales históricas y la fe cristiana de Europa. Cuando asumió el cargo, en muy poco tiempo hizo un plan que consideró necesario para reconstruir las defensas del Oeste. Era lo primero que pensaba que tenía que hacer. Polonia se convirtió en el foco del conflicto una vez que Wojtyła fue elegido papa. Tanto ella como Reagan se acercaron de varias maneras al movimiento Solidaridad y ayudaron, a través de canales oficiales y no oficiales, a mantener vivos los lazos entre Occidente y Polonia. Y el papa lo sabía. Hubo una gran cooperación entre el papa y Reagan. Ellos y la señora Thatcher eran todos de la misma opinión en esto. En algún momento, el papa y la señora Thatcher influyeron en las políticas de Reagan. Y Reagan influyó en el papa. El papa, quien en general era muy amigo de la política estadounidense, vio en Reagan a un buen hombre que defendía la libertad, la democracia y la paz.

¿Habría colapsado el comunismo sin Juan Pablo II, Ronald Reagan o Margaret Thatcher?

Creo que el comunismo habría colapsado de todas formas. Se derrumbó más rápidamente por la influencia moral de tres líderes y particularmente por el papa, y no podemos olvidarnos de Reagan, por supuesto. Era importante, pensé, que las personas en Polonia, Hungría y otros lugares sintieran que tenían amigos que hacían todo lo posible para ayudarlos. Reagan tomó nota de la primera visita papal de Juan Pablo II a Polonia. Tenía la sensación de que la religión podría ayudar a derrotar al comunismo. Finalmente, los tres reconocieron la importancia de tener una visión positiva opuesta al comunismo, proponiendo un remedio y ejerciendo presión para obligar al comunismo a reformarse, pero resultó que el comunismo no era reformable.

Juan Pablo II, Ronald Reagan y Margaret Thatcher sufrieron cada uno un intento de asesinato. Explique la visión metodista de Margaret Thatcher sobre el carácter providencial de su supervivencia.

Tanto Reagan como el papa sintieron que sus vidas se debían a una intervención providencial. En mi libro, señalé que la providencia de Dios interviene en la historia a través de los seres humanos y a través de eventos nacionales. Reagan se sentía católico por dentro. El papa y Reagan tenían un sentido similar del destino. La señora Thatcher, como metodista, sintió, por el contrario, que el cristianismo se trataba principalmente de un deber moral por el bien de la sociedad.

¿Cómo se le ocurrió la idea de escribir un libro sobre Ronald Reagan, Juan Pablo II y Margaret Thatcher? ¿Cuál de estos tres fue el mayor desafío para usted y por qué?

Obtuve esta idea del señor Tom Philips, quien dirigía *Regnery Publishing*. Me pidió que lo hiciera al día siguiente de la muerte del papa. Ya había investigado sobre la señora Thatcher y la conocía bastante bien. Encontré a Reagan fácil también. Él era una figura política y yo era un periodista político. Estaba siguiendo su carrera. Realmente necesitaba pasar la mayor parte del tiempo investigando al papa, porque yo no hablaba polaco y no tenía suficiente conocimiento de la historia polaca. Tenía conocimientos generales sobre el catolicismo y su historia. Y siempre me había interesado el cardenal József Mindszenty, sintiendo que la Iglesia a principios de los 1970 lo había tratado un poco mal; me llevó a pensar que la diplomacia del Vaticano no era fundamentalmente tan fuerte como debería haber sido, demasiado dispuesta a ceder ante las pretensiones prácticas, si no teóricas, del comunismo. Pude ver que esto no era cierto en el caso de la iglesia polaca, y resultó no serlo en el de la iglesia de Juan Pablo II.

En su libro, usted describe a "Reagan como demasiado estadounidense, es decir, demasiado optimista; Thatcher como demasiado conservadora y al papa como demasiado católico". ¿Qué llevó realmente al poder a todas estas grandes personalidades?

Todos tenían valor, por supuesto. Eran representantes de verdades importantes, no exactamente las mismas verdades, sino verdades superpuestas. Todos tenían convicción. Los tres tenían un sentido moral de que, ya sea que ganaran o perdieran, todavía tenían la obligación de defender la verdad, y defendieron la verdad de manera muy agresiva.

RYSZARD LEGUTKO

Filósofo, político, orador y autor polaco. Es profesor de Filosofía en la Universidad Jagellónica. Cofundó el Centro para el Pensamiento Político y actualmente es miembro del Parlamento Europeo, donde forma parte del Comité de Asuntos Exteriores, encabeza la Delegación de Derecho y Justicia de Polonia ante el Parlamento Europeo, y es copresidente del grupo de los Conservadores y Reformistas parlamentarios.

¿Qué piensa de Karol Wojtyła y Cracovia?

Juan Pablo II experimentó la guerra y la ocupación como nunca lo hizo mi generación, nacida en la República Popular de Polonia. Sabíamos que la Iglesia de Cracovia sufría mucho, pero nunca se rindió, ni siquiera en los momentos más difíciles. Admiramos a la curia de Cracovia con confianza como nuestros guardianes espirituales que nos dotaron de un cierto sentido de seguridad y continuidad. De niño, crecí en una atmósfera de gran reverencia hacia el cardenal Adam Sapieha, el metropolitano de Cracovia, a quien se percibía como una especie de príncipe. Percibimos a Karol Wojtyła como una continuación del Cardenal Sapieha. También vimos en él a un príncipe, un monarca, informal y sin corona, pero cumpliendo un papel similar, al menos en nuestros corazones. Para Cracovia, que todavía era bastante tradicional en ese momento, mucho más que hoy, tales asociaciones monárquicas eran bastante populares.

La gente de mi generación, criada en una tradición patriótica, también necesitaba a alguien que expresara una alternativa al comunismo, no solo en privado, sino también institucional y doctrinalmente. Wojtyła era alguien así en Cracovia, al igual que Wyszyński en Polonia en general. Ambos eran un símbolo del hecho de que Polonia existía como nación, pero también como una cierta entidad espiritual. Fue bastante natural cuando Wojtyła se convirtió en papa; lo tratamos como un triunfo de Polonia, que "todavía no ha perecido", como dice el himno polaco. Y cuando se establecieron el Movimiento de Liberación Nacional y Solidaridad, era natural que Juan Pablo II fuera tratado como su jefe, protector y guía espiritual. También fue natural que cuando se prohibió Solidaridad, se le pidió al papa apoyo, tanto espiritual como político.

¿Qué le dio al mundo y a la Iglesia católica el pontificado de Juan Pablo II?

Hay personas mucho más competentes que yo para evaluar lo que el pontificado de Juan Pablo II dio al mundo y a la Iglesia. Solo puedo presentar mi opinión, y es parcial. En mi opinión, el catolicismo se encontró en una crisis después del Concilio Vaticano II. Se suponía que el Concilio mantendría al mundo cerca de la Iglesia; los padres y partidarios del Concilio enfatizaron este mensaje y estaban orgullosos de él, mientras que la realidad era un poco diferente. La secularización estaba progresando, especialmente en los países de Europa Occidental, y el mensaje de la Iglesia, en lugar de ser ampliamente adoptado, fue rechazado brutalmente. En mi opinión, el catolicismo posconciliar se encontraba en crisis. Después de la elección del papa Juan Pablo II, la Iglesia comenzó a mostrarse —gracias a su personalidad carismática— rebosante de energía espiritual, y su mensaje encontró una amplia respuesta. Millones de católicos se despertaron de repente y orgullosamente manifestaron su fe, pero también se organizaron y pasaron a la acción. Hubo conversiones; la Iglesia era vista como una institución y una comunidad a la que todos querían pertenecer.

Antes de Juan Pablo II, la Iglesia católica en Europa Occidental había recibido una recepción fría y, a veces, incluso hostil, que solo disminuyó ligeramente cuando la Iglesia cedió bajo la presión de las fuerzas liberales. La Iglesia comenzó a ser vista con simpatía durante el nuevo pontificado, respetada como una institución conservadora única de integridad. El mensaje del papa, como cabeza de la Iglesia, fue íntegro, no se adaptó a las circunstancias ni a la situación económica, no se ajustó a las modas y tendencias actuales. Y es por eso que sonó sincero y tuvo tanto impacto. Los comentaristas sabían que el papa, quien había pasado su infancia y juventud bajo la ocupación alemana y luego bajo el comunismo, no estaba dispuesto a ceder ante nuevas ideologías. Fue respetado por su sinceridad y por sus numerosas "divisiones", refiriéndose a la burla despectiva de Stalin sobre la cantidad de tropas que enviaba el papa. Juan Pablo II tuvo millones de "ellas", y dondequiera que aparecía, despertaba corazones y almas.

¿Juan Pablo II fue un político?

Juan Pablo II fue un político, porque todo papa, como Jefe de Estado y de una gran organización internacional, también debe ser un político. Por supuesto, es difícil considerarlo un político en comparación con el presidente de los Estados Unidos o el canciller de Alemania, cuyo enfoque principal es la política, pero no podía separarse totalmente de ese papel. Mientras viajaba por el mundo, el papa polaco se reunió con varios líderes y fue responsable de la diplomacia vaticana.

Lo importante es que cuando se relacionaba con los líderes políticos, incluso con aquellos con los que no estaba de acuerdo, nunca perdió el enfoque. Sus peregrinaciones a Polonia fueron un gran ejemplo: fue recibido por dignatarios comunistas y aun así entregó mensajes invariablemente fuertes e inequívocos al pueblo polaco, pero nunca de una manera agresiva que excluyera futuras visitas.

Me asombró la forma como observaba todas las reglas políticas y diplomáticas, y su amabilidad, que siempre ponía a algunas personas a la defensiva, incómodas y torpes en su presencia. Eso dejó a los líderes comunistas y jefes de otros regímenes opresores indefensos ante su influencia en sus sociedades. Este fue el caso de la primera peregrinación papal inolvidable de Wojtyła a Polonia, y en la década de 1980, cuando pidió a la gente solidaridad y Solidaridad. Vale la pena recordar que aquellos eran los tiempos en que algunos miembros del episcopado polaco, incluido el mismo primado, relegaron Solidaridad al basurero de la historia y ni siquiera mencionaron su nombre. Cuando el papa la promovió en Polonia, volvió a infundir ánimo en el alma de los polacos. Hubo un incidente muy conocido en Nicaragua donde el papa reprendió a uno de los líderes del régimen nacional, que era sacerdote. Como político, Juan Pablo II fue más apreciado por su presión sobre la URSS, para evitar una posible intervención militar en Polonia en diciembre de 1980. Sin embargo, hubo otros casos similares. El papel de Juan Pablo II en el derrocamiento del sistema comunista se ha enfatizado muchas veces y no se puede negar. El estudio más famoso sobre este tema es *El Presidente, el Papa y la Primera Ministra*, de John O'Sullivan, que describe la influencia de Ronald Reagan, Juan Pablo II y Margaret Thatcher en el colapso del comunismo en Europa del Este.

¿Cuál es la importancia de la libertad en el pensamiento de Karol Wojtyła?

Juan Pablo II habló muchas veces de la libertad, lo cual era comprensible dada su formación. Sin embargo, sus puntos de vista divergieron de lo que se consideraba popular y convencional en ese momento. Simplificando un poco, se puede decir que el mundo estuvo dominado por un enfoque negativo de la libertad, definiéndola como un espacio en el que el hombre no está obligado a actuar. Tal libertad es evitar la violencia: soy libre mientras nadie interfiera en lo que hago o pienso. El papa, en cambio, creía que para comprender la libertad, el hombre debía entender la condición humana y su naturaleza. La libertad no es solo un espacio libre, sino también un hombre libre que reconoce el orden moral y espiritual. Si nos atenemos a la definición liberal, rápidamente nos convertiremos en esclavos, al sucumbir a las tentaciones que, como sabemos, rápidamente nos abruman y nos vuelven pasivos frente a los deseos emergentes. La esclavitud también viene a través de los mecanismos de la propaganda, la publicidad, la ideología, la cultura de masas y el consumismo abrumador, que además hacen al hombre pasivo y sujeto al control externo.

¿Cuál era la visión de Juan Pablo II para Europa?

El papa era europeo en un sentido clásico y noble. Su formación intelectual se extrajo de la cultura europea que conocía bien como filósofo, artista y teólogo. Pero el papa también vio con buenos ojos el proyecto de integración europea, que era una oportunidad para revivir el espíritu europeo. Esto es más evidente en su discurso pronunciado en el Parlamento Europeo en 1988, antes de la caída del comunismo y antes de que se estableciera la Unión Europea bajo el Tratado de Maastricht. El papa miró con simpatía a la futura Unión, que sería establecida en 1992, pero prefirió el término "libre asociación de naciones"; no quería un superestado europeo. Para el papa, en el término "integración europea" el adjetivo europea se refería a la Europa que lo formaba, es decir, Europa como entidad cultural y espiritual. Prueba de ello es su declaración de que le gustaría que la Europa integrada se definiera no tanto por la geografía como por la historia. Todo su discurso estuvo dedicado a la coexistencia de dos esferas: "divina" e "imperial". El papa argumentó que ambas son necesarias y ambas sirvieron como bloques de construcción para Europa. La esfera "divina" debe existir como algo que sitúa la autoridad humana dentro de límites sanos, determinados por la conciencia, los destinos últimos, el más alto sentido de la existencia, la apertura a lo absoluto, la búsqueda de metas nunca plenamente alcanzables, que estimulen el esfuerzo y lo impulsen para tomar las decisiones correctas.

¿Podría existir Europa sin esta dimensión divina y trascendente? Juan Pablo II afirmó que esta dimensión está en el corazón del carácter europeo y su ausencia conduciría a las peores formas de tiranía. Su discurso contiene otras narraciones que omitiré. Desde la perspectiva de hoy, vemos que la Unión Europea no siguió el camino indicado por el papa, sino que optó por lo contrario. Es completamente imperial y rechaza todos los límites divinos a su poder. La Unión Europea es una Europa que tiene una dimensión geográfica, pero no tiene historia ni cultura. Es una construcción completamente política e ideológica. Incluso la esfera económica está subordinada a la política y la ideología. Imagino —como experimento— el discurso papal de 1988 pronunciado en el Parlamento Europeo de hoy. Sería recibido con hostilidad y, después de un tiempo, los diputados comenzarían a abandonar la sala plenaria en señal de protesta.

¿Cuál es el lugar de la cultura, la nación y la patria en las enseñanzas de Juan Pablo II?

Estas tres palabras —"cultura", "nación", "patria"— aparecían a menudo en los discursos de Juan Pablo II. Esto es comprensible si recordamos el concepto de hombre del papa. Era una versión de la imagen clásica del hombre como un ser con varias dimensiones: trascendente, social e histórica. Quiénes somos y cómo somos depende de cómo definimos nuestra relación con Dios, cómo nos definimos a nosotros mismos a través de la participación en la comunidad y cómo nos ha moldeado la historia. Un hombre privado de estas tres dimensiones es una especie de lisiado. Por eso, el papa, que conocía la historia de su nación, sabía que en los sistemas totalitarios estas tres dimensiones son a veces cortadas por la violencia y la ideología, separando al hombre de Dios, así como de la cultura, la nación y la patria, reemplazándolas por un valiente nuevo mundo creado en oposición a lo que es real y familiar.

Cuando el papa hablaba de cultura, se refería a un concepto diferente al que conocemos hoy. Actualmente, la palabra tiene un significado sociológico y describe todo tipo de comportamientos humanos regulares: cultura de la playa, cultura de la prisión, etc. Juan Pablo II asoció la cultura con la creatividad artística y la espiritualidad. Así, por un lado, la cultura es un guión de la experiencia humana que pretende dotar de algún sentido a nuestra existencia. Por otro lado, la cultura es una lucha por lo mejor: Dios, el bien, la belleza, la verdad y la virtud. En su discurso ante la UNESCO, así como en su *Carta a los Artistas*, el pontífice polaco subrayó esta comprensión de la creatividad artística e intelectual. Citando a Santo Tomás de Aquino —*Genus humanum arte et ratione vivit* ("El hombre vive del arte y de la razón")—, el papa señaló que la cultura así entendida tiene también un papel educativo y lo hace en un sentido fundamental: nos permite darnos cuenta de nuestra humanidad.

Si no vivimos arte y razón, eso significa que parte de nuestra humanidad está dañada. Nuestro entorno cultural natural es la nación, su historia, arte, costumbres, identidad y todo lo demás que transmite la palabra "patria". El papa conocía a fondo la cultura y la historia de Polonia y, sobre todo, conocía la literatura polaca. Esto último lo moldeó en gran medida. En este punto, me gustaría destacar dos de sus pensamientos. El primero lo reveló durante su memorable homilía en la Plaza de la Victoria, en Varsovia, el 2 de junio de 1979: "Sin Cristo es imposible comprender y apreciar la contribución de la nación polaca al desarrollo del hombre y su humanidad en el pasado y sus aportes en el presente". Nos quedamos impactados por sus palabras, tanto aquellas personas que fueron despertadas por ellas como aquellas que se sintieron asustadas, porque creyeron que sería el principio del fin de su poder. El segundo pensamiento aparece en varios lugares diferentes, entre ellos *Memoria e Identidad*: el amor a la patria nos enseña sobre la actitud llamada *pietas*, mediante la cual expresamos nuestro respeto y devoción a nuestros padres. El amor a la patria, a su patrimonio y espíritu, a su naturaleza, paisaje y lengua, es la escuela del amor. Así aprendemos a amar lo que es más duradero, amplio y expansivo que nosotros. Así como amando a nuestros padres e hijos trascendemos nuestra existencia individual, así amando a la patria nos hacemos parte de ella y continuamos un gran patrimonio. Este no es el amor forzado por el deber, sino el amor que nos permite comprender nuestro deber.

EDWARD PENTIN

Comenzó reportando sobre el papa y el Vaticano con Radio Vaticano antes de convertirse en el corresponsal en Roma del Registro Católico Nacional de EWTN. También ha informado sobre la Santa Sede y la Iglesia católica para varias otras publicaciones, incluidas Newsweek, Newsmax, Zenit, The Catholic Herald y The Holy Land Review, una publicación franciscana especializada en la Iglesia y el Medio Oriente. Edward es el autor de The Next Pope: The Leading Cardinal Candidates (Sophia Institute Press, 2020) y The Rigging of a Vatican Synod? Una investigación sobre la supuesta manipulación en el Sínodo extraordinario sobre la familia (Ignatius Press, 2015).

¿Cómo empezó su camino con Juan Pablo II? ¿Alguna vez lo conoció?

Me enteré por primera vez del papa San Juan Pablo II cuando supe del intento de asesinato el 13 de mayo de 1981. Tenía solo 10 años en ese momento y recuerdo que mi madre me dijo, poco después del ataque, que el papa había perdonado a su agresor. Estaba profundamente impresionado de que hubiera perdonado a Mehmet Ali Ağca, y entonces me pareció algo heroico, casi de otro mundo, y uno no tenía dudas de que lo decía en serio. A partir de ese momento, Juan Pablo II siempre se destacó para mí como un gran líder con principios, y tuvo una influencia considerable en mi conversión al catolicismo 17 años después. En 1982, lo vería en persona cuando hizo una visita histórica a mi ciudad natal de Canterbury, en Inglaterra, y oró en el lugar del martirio de Santo Tomás Becket, en la Catedral de Canterbury. Nunca conocí personalmente a Juan Pablo II.

Como corresponsal del Vaticano, ha sido testigo de tres papas: Juan Pablo II, Benedicto XVI y Francisco. ¿Cómo ha cambiado la Iglesia Católica entre 1978 y 2021?

Juan Pablo II se dedicó a comprometerse directamente con el mundo, de acuerdo con los objetivos del Concilio Vaticano II, y todos lo vieron en sus muchos viajes y su perspectiva general. Benedicto XVI siguió esa línea, pero las crisis comenzaron a acumularse cuando asumió el manto de la reforma. También tuvo que lidiar con enemigos en gran medida ocultos que querían una Iglesia más liberal y, en última instancia, un papa que impulsaría tal agenda. Benedicto XVI no se conformó con los deseos de ellos. Con Francisco, el sucesor favorito de los liberales, a quien maniobraron para que ocupara su cargo, la Iglesia en realidad se ha volcado menos sobre la evangelización y más sobre la reforma liberal. A pesar del deseo de Francisco, declarado al principio de su pontificado, de una Iglesia católica más misionera, menos autorreferencial y más dispuesta a escuchar, en los últimos nueve años se ha vuelto considerablemente menos abierta al exterior y, en cambio, se ha preocupado por la división interna entre los que salvaguardan la tradición y la ortodoxia y otros, cercanos a Francisco, decididos a adoptar más ideas y reformas del mundo en ese sentido. Esta división se cocinó a fuego lento bajo los tres últimos pontificados, pero con Francisco se desbordó y se ha revelado a todos los que tienen ojos para ver.

Cada papa trae su propio estilo a la Iglesia. ¿Cuál era el estilo de Juan Pablo II? ¿Fue un papa para su época o un anacrónico?

Para mí, el estilo de Juan Pablo II fue heroicamente evangélico. Quiso abrir de par en par las puertas a Cristo, como dijo el día de su elección, y hacerlo sin compromiso. Realmente deseaba una Iglesia en misión, que llevara el Evangelio a todos los pueblos, y especialmente a su patria, Polonia, oprimida por el comunismo. Él creía que solo el mensaje de Cristo liberaría a las naciones de las cadenas del comunismo soviético, y se demostró que tenía razón. Pero su capacidad para evangelizar a un Occidente cada vez más secularizado, especialmente el continente europeo, se vio socavada por un relativismo en expansión (algunos dirían apostasía) que se había infiltrado en la Iglesia después del Concilio Vaticano II, uno que miraría hacia las verdades y los "aspectos positivos" de todas las religiones, ideologías y pueblos, incluso aquellos que se oponían a las enseñanzas de la Iglesia. En última instancia, esto debilitaría el testimonio y la coherencia de la Iglesia a pesar de la heroica defensa de la doctrina moral por parte de Juan Pablo II, tanto que este ocasionalmente expresaba sus frustraciones al cardenal Joseph Ratzinger, porque la enseñanza moral de la Iglesia no estaba siendo seguida ampliamente a pesar de su apasionada defensa de ella en discursos y encíclicas.

¿Cuáles fueron las continuidades y discontinuidades entre Juan Pablo II y Benedicto XVI?

El papa Benedicto XVI aportó un enfoque bastante diferente. Aunque llevó adelante el gran pontificado de enseñanza profética de Juan Pablo II, también trajo los inicios de una reforma estructural, con respecto a la crisis del abuso sexual, las finanzas del Vaticano y la Curia romana. Su pontificado también se vio afectado por crisis tras crisis, relacionadas con estas tres áreas de reforma, en parte porque Benedicto estaba tocando verdades que otros no querían que se revelaran o trataran. El área más obvia de discontinuidad estaba en el estilo, el enfoque académico mucho más discreto de Benedicto.

¿Cuál es la principal diferencia entre Juan Pablo II y el papa Francisco? ¿Tienen algo en común?

La principal diferencia está en el área de la enseñanza moral de la Iglesia y la teología en general. Juan Pablo II fue un filósofo cuyo personalismo buscaba hacer la fe más accesible con el individuo sin comprometerla. Al papa Francisco le importa poco la filosofía o la teología y, en cambio, juega rápido y suelto con la doctrina, moldeándola de acuerdo con lo que él cree que se aplica mejor al mundo de hoy; lo que algunos han argumentado es el tipo de ética situacional que Juan Pablo II condenaba. Francisco ha tomado medidas bastante radicales para distanciarse de las enseñanzas morales de Juan Pablo II, tanto que ha deshecho gran parte del trabajo de Juan Pablo II en esa área, ignorando notablemente las encíclicas de este último sobre la enseñanza moral de la Iglesia, como *Veritatis Splendor*, y destruyendo efectivamente el Pontificio Instituto Juan Pablo II sobre el Matrimonio y la Familia, para que su trabajo lleve pocas huellas del pensamiento de Juan Pablo II. Lo que tienen en común es un contacto con las personas y la voluntad de llevar la Iglesia al mundo, con Francisco enfatizando más a los marginados y excluidos.

¿Puede el legado de Juan Pablo II, un hombre que luchó contra nazis y comunistas, defender a la Iglesia católica de la "cultura de la muerte" y del mal de nuestro tiempo?

El legado de Juan Pablo II, especialmente en sus batallas contra el comunismo, es tan rico que ciertamente podría ayudar al mundo de hoy, que corre peligro de volver a rendirse a la tiranía atea del comunismo, pero esta vez disfrazado de globalismo o comunismo al estilo de la China. La comprensión de Juan Pablo II de la libertad individual, su defensa de los valores no negociables y su vigorosa defensa de toda vida humana, todo en el contexto de la proclamación del Cristo resucitado y de la Iglesia, brindan justo el tipo de mensaje que el mundo necesita hoy. También advertiría contra los extremos políticos de izquierda y derecha, una división que se ha ampliado considerablemente en los casi 17 años desde su muerte.

¿Qué opina de los ataques a Juan Pablo II? ¿Por qué se le oponen las fuerzas del mal?

Poco antes de convertirse en papa, el cardenal Karol Wojtyła pronunció su famoso discurso afirmando que el mundo enfrentaba "la confrontación final entre la Iglesia y la anti-Iglesia, del Evangelio versus el anti-Evangelio". Era naturalmente perspicaz al reconocer la batalla espiritual en curso y defendió con vigor el verdadero Evangelio frente a esta lucha que se desarrollaba en la humanidad. Esto, por supuesto, atrajo a aquellos alineados con el diablo, quienes lo atacaron sin piedad, pero sin éxito, y en lo que respecta a su legado de enseñanza duradero, todavía lo atacan hasta el día de hoy.

¿Qué necesitamos para construir una civilización del amor hoy?

Juan Pablo II nos enseñó que sin Cristo y la verdad subyacente de que el hombre es creado a imagen y semejanza de Dios, no puede haber amor en la sociedad. Esto se ha visto claramente cuando las naciones y los individuos se han apartado de Cristo y su verdadera Iglesia. Se ha perdido la auténtica caridad, junto con la fe y la razón. Para Juan Pablo II, una "civilización del amor" era la base de un mundo humano en un momento en que las sociedades se estaban convirtiendo cada vez más en culturas de muerte realizadas, por ejemplo, mediante la legalización del aborto, la eutanasia y la legitimación de las uniones entre personas del mismo sexo. Para construir una civilización del amor, creía Juan Pablo II, las sociedades deben ante todo volverse a Cristo, algo implícito en su *Carta a las Familias,* de 1994. Solo con familias fuertes, creía Juan Pablo II, se podría (re)crear tal civilización.

GIAN FRANCO SVIDERCOSCHI

Periodista enviado por la Agenzia Nazionale Stampa Associata al Vaticano II. Desde entonces se ha desempeñado como subdirector de L'Osservatore Romano y fue el biógrafo oficial de Juan Pablo II, con quien colaboró en el libro Don y Misterio.

¿Cómo empezó su camino con Juan Pablo II?

Conocí a Karol Wojtyła durante el Concilio Vaticano II; fue uno de los muchos obispos polacos. Más tarde, lo vi en una conferencia. Eso es todo. Mi principal punto de referencia solo podría ser el cardenal Stefan Wyszyński. En enero de 1977 fui a Polonia para investigar, para comprender qué había detrás de los acontecimientos de Radom y Ursus en junio de 1976, cuando los trabajadores se rebelaron contra los comunistas. Y yo fui el único periodista occidental que descubrió, por coincidencia, que la protesta de los trabajadores era diferente a las anteriores; esta vez también hubo la solidaridad de otros grupos sociales, intelectuales, universitarios, campesinos: fue una especie de presolidaridad. Por eso también hablé de la Iglesia polaca en mis artículos. Y fue Karol Wojtyła, cardenal de Cracovia, quien quiso reunirse conmigo en Roma después de leer mis artículos. Me dijo que quería publicar una carta de felicitación a los trabajadores en mi periódico (*Il Tempo*, centro-derecha), pero le aconsejé que no lo hiciera porque sería demasiado arriesgado y habría sido utilizado por el régimen comunista en Polonia contra él.

Él no me escuchó, y siendo el hombre valiente que era, escribió la carta, que decidí no publicar por miedo. En esa carta —que cito aquí por primera vez— hablaba de las "contradicciones" radicales de su país: el marxismo en el poder por un lado y, por otro, el "cristianismo arraigado en la tradición nacional". Al final, agradeciéndome por mis artículos, escribió: "Debo confesar que lo que escriben los extranjeros sobre nosotros es una reivindicación; nos da más credibilidad a nosotros y a cómo nos vemos a nosotros mismos". La carta estaba fechada el 12 de abril de 1977. Al año siguiente, se convirtió en papa.

Me encontré con Juan Pablo II en Irlanda en 1979. Una mañana, yo había escrito un artículo expresando mi preocupación por las amenazas a este papa que había comenzado a viajar con tanta frecuencia. Me vio en el avión y me bromeó un poco sobre ese artículo. Empezó a entrevistarme: "Escucha a Svidercoschi, ¿realmente crees que este papa está en peligro? Cuéntame, cuéntame". A partir de ahí, comenzó nuestra historia y nuestra amistad.

Como periodista, usted acompañó al Santo Padre en sus viajes durante muchos años y lo observó de cerca. ¿Qué aspecto de su espiritualidad fue especialmente importante para usted?

Era un místico en el verdadero sentido de la palabra. Un hombre de fe y oración que supo sumergirse completamente en Dios. Tuvo una relación con el Invisible que fue increíble. Bastaba verlo orar: profundamente y con completo desapego del mundo. Rezaba en todas partes, no solo en su capilla privada, sino mientras viajaba en avión, en su clóset o pasando por un Vía Crucis en el pasillo de la nunciatura. Se preparaba para las reuniones a través de la oración. Por ejemplo, una vez dijo: "Tengo que hablar con el presidente de los Estados Unidos por teléfono", y dejó la mesa y a los invitados para ir a rezar a la capilla. No había nada convencional o rutinario en su vida espiritual. No había orgullo cuando ayunaba y se abstenía de comer carne. Fue un hombre extraordinariamente místico, que supo alcanzar una síntesis perfecta entre vida contemplativa y vida activa, entre oración y acción. Tomaba decisiones en la constante intimidad con Dios.

Siempre se preguntaba a sí mismo y a sus colaboradores: "¿Qué haría Jesús en esta circunstancia?", o "El Evangelio, ¿cuál sería la respuesta del Evangelio?". Recuerdo su viaje a la isla de Gorée, donde los esclavos negros habían sido cargados en barcos para el Nuevo Mundo. Estaba parado allí con los brazos cruzados, orando. Miró ese mar, imaginó el martirio de miles de hombres, mujeres y niños arrancados de sus casas, y se echó a llorar. Rezó y lloró. Aquella dramática experiencia trajo consigo uno de los llamamientos más apasionados de Juan Pablo II a favor de África, del Tercer Mundo. Como los profetas del Antiguo Testamento, Wojtyła tenía una extraordinaria capacidad para interpretar los signos de la presencia de Dios en la historia. Y, como los antiguos profetas, sintió que era su obligación fundamental proclamar la verdad de Dios, invocando su derecho de intervención contra la crueldad de los hombres. Esto lo hizo en Sicilia, en Agrigento, en el Valle de los Templos, cuando salió con esa gran invectiva contra la mafia.

Juan Pablo II recibió mucha atención de los medios. Una vez, el cardenal Dziwisz dijo que los periodistas lo llamaban "el gran comunicador".

Él había sido actor. Estaba familiarizado con las grandes reuniones, especialmente de jóvenes. Sabía varios idiomas extranjeros, por lo que pudo comunicarse con muchas personas. Fue un "gran comunicador", un papa que inmediatamente comenzó a usar la palabra "yo" en lugar del plural para referirse a sí mismo, y que quiso llevar su pontificado en un camino misionero, para llevar el anuncio del Evangelio a todos los continentes. Por eso, sin ninguna dificultad, aceptó las reglas del sistema de los medios. Después de cada viaje, se acercaba a la cabina donde se alojaban los periodistas y respondía a todas sus preguntas. También tengo que subrayar que Juan Pablo II nunca se dejó influenciar por los medios, nunca atenuó el mensaje que quería anunciar por miedo a ser explotado o manipulado. En resumen, si bien hacía uso constante de los medios, nunca fue prisionero de ellos. Recuerdo en particular un episodio, un año después del intento de asesinato, cuando fue a Fátima para agradecer a la Santísima Madre por haberle salvado la vida de las balas mortales de Ali Ağca, una de las cuales quería colocar en la corona de la Virgen.

Al llegar allí, frente a la estatua, permaneció en oración, luego en silencio, durante al menos 20 minutos. Quería orar. Quería decirle a la Virgen María todo lo que sentía en su corazón. Durante esos 20 minutos, las cámaras de televisión de todo el mundo registraron nada más que silencio, una escena sin movimiento y un hombre vestido de blanco, arrodillado, completamente absorto en su oración. El papa no había impuesto nada ni obligado a nadie. En ese momento, hizo lo que le parecía espiritualmente correcto hacer: orar. Pero me gustaría mencionar también otro episodio. Juan Pablo II hizo su primera visita papal a Francia en la primavera de 1980. Reinaba entonces un laicismo exasperado, y *Charlie Hebdo* se burló de él con un titular: "El mayor traficante de opio de los pueblos arrestado en París". Al final del viaje, Eugène Ionesco, que tampoco tenía grandes simpatías por el catolicismo, escribió: "Durante mucho tiempo nadie habló de Dios ni del amor; se pensó, por el contrario, que esto haría sonreír a la gente. Pero esta vez la multitud vino a escuchar y no se rió. Creo que muchos de los que fueron a oír al papa escucharon por primera vez a un hombre que les hablaba de fe y no de política. La buena política y la verdadera justicia brotan de la fe, que antes de ser justicia es caridad".

¿Cuál de los libros sobre Juan Pablo II que usted ha publicado es el más querido en su corazón y por qué?

Definitivamente, *Carta a un amigo judío*. Es la historia de dos amigos, un católico y un judío, que se encontraron vivos 26 años después de que la Segunda Guerra Mundial los separara. Ese libro y su historia estaban destinados a apoyar el diálogo católico-judío después del Concilio Vaticano II. Y ese libro era también, implícita pero claramente, un durísimo ataque al antisemitismo: un antisemitismo que renacía, cada vez más violento, cada vez más intolerante. Era noviembre de 1965; el Concilio estaba terminando. El arzobispo Wojtyła recibió inesperadamente una llamada telefónica de Jerzy Kluger, judío y uno de sus amigos más cercanos, con quien había ido a la escuela en Wadowice. Jerzy fue deportado por los soviéticos a Siberia y luego luchó contra los alemanes en Monte Cassino, en el ejército del general Anders. Sin embargo, después de la guerra, ya no quería volver a Polonia. ¿Cómo regresar al lugar donde los nazis se llevaron a su madre, hermana y abuela para matarlas en las cámaras de gas de Belsen y Auschwitz? De hecho, Kluger regresó allí solo 50 años después. Llegó a Wadowice, donde nació, para la inauguración de una placa conmemorativa en honor a los judíos que vivían en la región y que fueron exterminados por los nazis. Para darle valor, para superar la angustia que llevaba dentro, Juan Pablo II le escribió: "Recuerdo muy bien la sinagoga de Wadowice". ¿Cómo podía Jerzy Kluger negarse a su amigo católico, que fue el primer papa de la historia en entrar en una sinagoga y dejar una nota en el Muro de las Lamentaciones de Jerusalén, pidiendo a los "hermanos mayores" que perdonaran los agravios cometidos por la Iglesia de Roma?

Usted colaboró con Juan Pablo II en el libro Don y Misterio. ¿Cuáles fueron las circunstancias de este proyecto?

Cincuenta años después de su ordenación sacerdotal, se le pidió a Juan Pablo II que contara el camino que había seguido para tomar una elección decisiva en su vida. Y luego, también me llamaron para cooperar en el proyecto. "Tú", me dijo el papa, "serás el narrador y trataré de recordar, como testigo, incluso con simples ráfagas". Pero entonces, algunos de los monseñores de la Secretaría de Estado decidieron, ¡no la persona directamente afectada!, que solo estaría el testimonio de Juan Pablo II. No se hicieron preguntas. No pasó nada con el "guión" que desarrollé para ayudar a Karol Wojtyła a recordar y ordenar su historia. No obstante, se creó un hermoso retrato autobiográfico.

Pero a decir verdad, preferiría, y sé que el papa también lo preferiría, el enfoque original para este proyecto. Por ejemplo, el libro comienza con una pregunta: "¿La historia de mi vocación sacerdotal?". Yo, en cambio, comenzaría con una imagen fuerte y precisa para dar sentido a la decisión que estaba a punto de tomar este joven polaco. Y por eso yo empezaría a partir de octubre de 1942. Karol estaba toda la noche en su trabajo obligatorio. Cuando salió del trabajo por la mañana, ni siquiera se cambió: vestía una camisa gastada, pantalones grises y zuecos en los pies (un detalle que el papa no recordaba). Era evidente que este joven tenía mucha prisa; pero, como siempre, entró en la iglesia para asistir a misa. Después, en lugar de volver a casa, se dirigió al centro de Cracovia, con soldados alemanes quienes, perdidos en sus pensamientos, no prestaron atención a este obrero que caminaba con la cabeza agachada. Esto continuó hasta que Karol llegó a la cancillería y se presentó ante el rector del seminario (entonces secreto) y pidió ser aceptado como candidato al sacerdocio. Aquí podría comenzar el testimonio del papa: "¿La historia de mi vocación sacerdotal?... ".

En su opinión, ¿todos los años pasados por Karol Wojtyła en Polonia fueron fundamentales para su formación y preparación para su misión como cabeza de la Iglesia?

El 2 de noviembre de 1939, dos meses después del estallido de la Segunda Guerra Mundial, Karol Wojtyła le escribió a su amigo, el director de teatro Kotlarczyk: "Creo que nuestra liberación debe ser la puerta de Cristo". Estas son casi literalmente las mismas palabras de su discurso inaugural como papa Juan Pablo II el 22 de octubre de 1978. También hubo un recuerdo de su experiencia personal a menudo dramática: de uno de los primeros que sobrevivió al nazismo (de hecho, escapó con su padre, caminando más de 100 millas), la persecución bajo la ocupación alemana (con el riesgo simultáneo de aterrizar en un campo de concentración o algo peor), luego el comunismo (un choque creciente con el régimen marxista, especialmente durante las celebraciones del milenio de la Polonia cristiana), y la aterradora tragedia del Holocausto (con muchos amigos desaparecidos en los campos de exterminio). Por tanto, es precisamente su pasado el que nos ayuda a comprender el sentido profundo del pontificado de Juan Pablo II.

En *Don y Misterio*, de hecho, recuerda por primera vez haber podido conocer, desde dentro, los dos sistemas totalitarios que marcaron el siglo XX. Y observa: "Es fácil comprender, por tanto, mi sensibilidad por la dignidad de toda persona humana y el respeto de sus derechos, empezando por el derecho a la vida . . . ". Y yo creo que toda su experiencia, todos sus años polacos, afectaron significativamente su pontificado. El profundo amor a la libertad. Su participación en el Concilio Vaticano II. Su *Mea culpa*. Su atención a jóvenes y a familias. Y la convicción de que la Iglesia católica, al final del segundo milenio, debía realizar una profunda purificación, que conduciría al gran Jubileo del 2000.

Juan Pablo II fue el primer pontífice nacido en el extranjero en 455 años. ¿Qué sucedió realmente durante el cónclave?

Juan Pablo I murió repentinamente a los 65 años, 33 días después de su pontificado. Fue un tiempo de gran sufrimiento y gran confusión para la Iglesia. Había que encontrar rápidamente un sucesor. Pero el cónclave avanzó lentamente. Hubo la disputa sobre los dos principales contendientes italianos: Siri y Benelli. Pues bien, su disputa provocó una profunda división del cuerpo electoral. Uno tras otro, los votos no llevaron a ninguna parte. Y luego, en la tarde del 15 de octubre, alguien comenzó a buscar fuera de Italia. Era el austriaco Franz König. Autoritario. Confiable. Convincente. Tenía un nombre específico para proponer: Karol Wojtyła, arzobispo de Cracovia. Joven —58 años—, pero con mucha experiencia y respetado. Al día siguiente, en la séptima votación, Wojtyła recogió más de la mitad de los votos, pero no estaba tranquilo. El cardenal primado polaco Stefan Wyszyński fue a hablar con él. "¡Si te eligen, por favor, no te niegues! Debes acompañar a la Iglesia hasta el tercer milenio". También le pidió que tomara el mismo nombre que el papa Luciani, por respeto a los italianos, que ya lo amaban tanto. Wyszyński estaba preocupado por cómo la gente recibiría a un papa no italiano. El primado de Polonia también me dijo después: "¡Por favor, escribe para un periódico en Roma, ayúdalo, ayúdalo!". Pero Karol Wojtyła, al menos en ese momento, no necesitó ninguna ayuda: obtuvo 99 votos de 111. El monopolio italiano sobre el papado había terminado.

Una vez, usted escribió: "Karol Wojtyła nos mostró el rostro de Dios. El rostro humano de Dios, por así decirlo. Mostró los rasgos de Dios encarnado. Se convirtió así en intérprete e instrumento de la Paternidad de Dios, un hombre que estrechó la brecha entre el cielo y la tierra, la trascendencia y la inmanencia. Y al hacerlo, sentó las bases para una nueva espiritualidad y una nueva forma de vivir la fe en la sociedad moderna".

Por supuesto, el primer paso es tener en cuenta el tiempo trans-
currido desde la muerte del papa Wojtyła. De hecho, existe el peligro
objetivo de que con el paso del tiempo —y sobre todo en un tiempo
como el nuestro, de ritmos y ciclos tan rápidos— la personalidad y la
obra de Juan Pablo II se desvanezcan de la memoria de las personas. O,
peor aún, que la memoria colectiva se convierta poco a poco en algo
puramente sentimental, nostálgico, emotivo, confiado simplemente
a cientos de jardines de infancia, calles, plazas, hospitales, oratorios
y torneos de fútbol que llevan el nombre de Karol Wojtyła. El profesor Andrea Riccardi, historiador y fundador de la Comunidad de
Sant'Egidio, también compartió sus preocupaciones: "Nuestro tiempo
de olvido corre el riesgo de olvidar a esta gran figura. Es la realidad
del mundo, no solo sensible y caprichosa, sino finalmente temerosa
de los grandes testigos, los que han nutrido y propuesto una visión.
Hay un revisionismo instintivo y generalizado que tiende a distanciar
y empequeñecer a las grandes figuras". Entonces, más que olvidado,
más que eliminado, tengo la impresión, por decirlo brutalmente, de
que Juan Pablo II es "terrible". Recientemente escribí un libro con mi
amigo Giacomo Galeazzi: *¿Quién teme a Juan Pablo?* Y la respuesta a
esta pregunta probablemente esté escondida en aquellos que, fuera del
mundo católico, pero dentro de los centros de poder, y ciertamente no
del pueblo de Dios, tienen miedo y por lo tanto rechazan la herencia
de este papa que cambió la historia de la Iglesia y del mundo. Pero
quien —esto es motivo de temor, de rechazo— al mismo tiempo
allanó el camino para un cambio aún más profundo, más radical, tanto
en la Iglesia como en el mundo.

*Usted tuvo una oportunidad única de observar la "revolución de Woj-
tyła" desde dentro del círculo íntimo del papa. ¿Está hoy más olvidada
o suprimida la memoria de Juan Pablo II?*

Hay gente que todavía dice que Juan Pablo II quería disminuir el
Concilio Vaticano II, o al menos amortiguar sus conclusiones. Esto es
una falsedad. Karol Wojtyła, hijo del Concilio Vaticano II, fue quizás
el papa que más tradujo el concilio en realidad eclesial, lo que significa
pasar de los documentos más bellos a iniciativas concretas. Basta pensar,
por ejemplo, en uno de los grandes temas de la constitución *Gaudium
et Spes*: familia, cultura, justicia, guerra y paz. Para cada uno de ellos,
el papa Wojtyła reflexionó sobre las nuevas necesidades de la Iglesia,
la nueva condición humana y las nuevas situaciones del mundo. Otra

cosa: la libertad religiosa. El concilio escribió palabras revolucionarias al respecto, pero nuevamente fue Wojtyła quien combinó el respeto por la libertad religiosa con el respeto por los derechos humanos. Y de nuevo: relaciones con el judaísmo. En el Concilio Vaticano II, la Iglesia católica bajo el papa Pablo VI emitió la declaración *Nostra Aetate*, que repudió la culpabilidad judía por la crucifixión de Jesús y recordó los lazos espirituales inextricables entre los cristianos y sus "hermanos mayores". Pero todos estos, en algunos aspectos, quedaron escritos solo en papel, en las palabras de un documento conciliar. Fue Juan Pablo II quien hizo este gesto histórico, el primer papa en entrar en la sinagoga, quien llevó a buen término lo que había escrito el concilio.

¿Qué es lo que más extraña de Juan Pablo II hoy?

Su mirada. Tal vez parezca un poco engreído al decir eso, pero hablamos con nuestros ojos.

¿Qué necesitamos para construir una civilización de amor y verdad hoy?

Necesitamos una Iglesia menos burocrática y, al menos en cierto sentido, una Iglesia más sinodal. Debería ser menos clerical, con un mayor espacio para los cristianos laicos, y en particular (a pesar de la misoginia todavía extendida) para el "genio" femenino. Una Iglesia debe estar menos dominada por el moralismo, es decir, por una vida cristiana reducida a la cuestión moral. Va tomando forma una propuesta moral basada en el plan de salvación de Dios Padre —Padre exigente y a la vez misericordioso— y tiende a la maduración de la conciencia del creyente. Necesitamos una Iglesia encarnada en la historia, libre de toda connivencia ideológica y política. Así, hoy, se puede salir al campo y dar credibilidad a la "batalla" en defensa de los derechos humanos, comenzando por el respeto a la vida y a los derechos de las personas. Y probablemente aquí mismo, en la enérgica defensa que hizo Juan Pablo II del movimiento Solidaridad de Polonia, pero también de los demás países prisioneros del imperio soviético, habría que rastrear los "orígenes" del ataque al papa. En conclusión, necesitamos una Iglesia que sea una imagen más transparente y convincente del amor de Dios, de su misericordia. Una Iglesia más cercana a los hombres y a los problemas de los hombres, más valientemente comprometida en la construcción de la paz, la justicia y una auténtica "familia" de pueblos y naciones.

WŁODZIMIERZ RĘDZIOCH

Periodista polaco que trabajó durante más de 30 años para L'Osservatore Romano. También ha sido colaborador habitual de la revista Inside the Vatican y de varias agencias de noticias del Vaticano. Actualmente es corresponsal para el Vaticano e Italia del semanario católico polaco Niedziela. Es autor de varios libros sobre el Vaticano. En 2006, el papa Benedicto XVI le otorgó el título de Comandante de la Orden Ecuestre de San Silvestre, Papa y Mártir.

Usted estaba en París cuando el cardenal Karol Wojtyła se convirtió en papa el 16 de octubre de 1978. ¿Cómo reaccionó ante la elección del arzobispo de Cracovia para la Sede de Pedro?

Después de estudiar ingeniería en la Universidad Tecnológica de Częstochowa y Estudios Africanos en la Universidad de Varsovia, me fui a París para continuar mis estudios. La elección del arzobispo de Cracovia como obispo de Roma parecía increíble, pero se hizo realidad. El hijo de Polonia, "semper fidelis", se sentó en la Sede de Pedro. No me di cuenta de cuánto cambiaría el papa eslavo el curso de la historia, no solo para la Iglesia y Polonia, sino también para el mundo entero. Hasta 1978 conocí al cardenal Karol Wojtyła por sus artículos publicados en *Tygodnik Powszechny*, un semanario católico polaco. Entonces, lo descubrí, al igual que millones de personas en todo el mundo, como papa. No podía predecir que esto cambiaría mi vida tan radicalmente, pero lo hizo.

Todo el pontificado de Juan Pablo II lo vivió cerca de él. ¿Qué significó para usted Juan Pablo II?

En marzo de 1980 comencé a trabajar en el centro Corda Cordi para peregrinos polacos en Roma. Conduje a los peregrinos a las audiencias con Juan Pablo II. Luego, trabajé en la oficina de *L'Osservatore Romano* durante más de 30 años, por lo que el papa se convirtió en mi "empleador". Yo era una de las más de 2.000 personas que trabajaban en el Vaticano y apoyaban su misión. Juan Pablo II fue mi padre espiritual, un punto de referencia en los caminos de mi vida, y su enseñanza me formó como creyente y como hombre. Su fe inquebrantable fortaleció la mía. Su vida de oración en comunión con Dios fue un estímulo para mi fe y vida espiritual. Su celo misionero me recordó que yo también debía proclamar la Buena Nueva con mi vida. Sentí un vínculo especial con Juan Pablo II cuando daba bendiciones, ya sea después del *Ángelus* o durante las celebraciones solemnes de la Resurrección del Señor o en Navidad (bendiciones especiales llamadas *Urbi et orbi*, para la ciudad y el mundo). Lo percibí como el Vicario de Cristo. La providencia me permitió pasar 25 años al lado de Juan Pablo II.

¿Cómo percibieron los italianos a Juan Pablo II? ¿Lo consideraban "su" papa? ¿Lo percibieron también como un papa de un país lejano?

Después de un momento de consternación (¡por primera vez en la historia moderna, se eligió a un papa extranjero!), los italianos inmediatamente aceptaron a Juan Pablo II. El "papa de Polonia" conquistó sus corazones con su franqueza y espontaneidad. Rompió el marco rígido del protocolo del Vaticano para estar con la gente, y la gente realmente lo apreció. Miles, incluso decenas de miles de personas asistieron a misas y audiencias papales. Los italianos estaban interesados en este hombre enérgico —lo llamaban "el atleta de Dios"—, que había trabajado como obrero en una cantera en el pasado, escribía poesía y obras de teatro, era actor, practicaba esquí, kayak y senderismo en las montañas. Esto fascinó particularmente a los jóvenes, para quienes se convirtió en un punto de referencia en su vida personal y religiosa. Millones de italianos, a los que Juan Pablo II acompañó durante 27 años, dijeron: "Él es mi papa".

Me gustaría enfatizar la relación especial de Juan Pablo II con Roma. El amor de Wojtyła por la Ciudad Eterna comenzó en sus días de estudiante. Él estudió en el Angelicum de 1946 a 1948. Desde el momento en que fue elegido papa, se sintió responsable de la ciudad de la que era obispo y de sus habitantes de una manera especial. Los romanos a menudo equiparan la Iglesia con la Iglesia jerárquica, y el papa quería que la Iglesia en la ciudad fuera entendida como el rebaño de Dios. Su contacto con Roma y los romanos fue un elemento importante en su ministerio. A menudo asistía a reuniones en la ciudad, y las más importantes eran las visitas a las parroquias romanas. Hasta febrero de 2002, había visitado más de 300 parroquias. Más tarde, cuando ya no tenía energía para las visitas pastorales, en el Vaticano recibió a delegaciones de la mayoría de las otras parroquias de la ciudad. Hay pocas personas que saben que todas las noches, antes de acostarse, el papa se paraba en la ventana de su dormitorio y bendecía la ciudad. Fue un gesto sincero de preocupación por Roma y los romanos, quienes trataban a Juan Pablo II como propio.

En una entrevista concedida para su libro, Benedicto XVI dijo: "Cada vez me resultaba más evidente que Juan Pablo II era un santo". ¿Cuál es su reacción a estas palabras?

Benedicto XVI, al hablar de la santidad de Juan Pablo II, subraya "su profunda relación con Dios, su permanencia en estrecha comunión con el Señor". Habiendo tenido la oportunidad de participar en las Misas celebradas por el papa, me impresionó la forma como rezaba. Era una conversación profunda con Dios; yo diría que fue una inmersión en Dios. Juan Pablo II fue un místico que experimentó la presencia de Dios y la unión con Él, que no lo aislaron de la realidad. Por el contrario, la comunión con Dios "fue la fuente de su alegría, que irradió en sus más dolorosas penalidades, y la valentía con la que llevó a cabo su tarea en un momento realmente difícil", como dijo Benedicto XVI.

Juan Pablo II vivió en una relación mística no solo con Dios, sino también con la Madre de Dios. Me enteré de eso por el cardenal Andrzej Maria Deskur, un amigo del papa. En 1997, a petición del papa, el cardenal fue a Coimbra, Portugal, para encontrarse con Sor Lucía, una de las tres videntes de Fátima; debía preguntarle si el acto de consagración de la humanidad al Inmaculado Corazón de María por parte del papa en comunión con todos los obispos del mundo, se había hecho como la Virgen quería. Cuando Sor Lucía le aseguró que la consagración se había realizado de la manera correcta, el cardenal le preguntó a ella si podía "transmitirle algún mensaje de la Madre de Dios al Santo Padre", a lo que Sor Lucía respondió: "No es necesario, porque la Virgen le habla directamente". Esta es otra prueba de la vida mística de Juan Pablo II. Es difícil encontrar mejor prueba de la santidad de Juan Pablo II.

Durante 27 años, este Pedro de nuestro tiempo fortaleció la fe de sus hermanos y llevó a su pueblo al encuentro de Cristo. Fue gracias a su gran fe que millones de personas no la perdieron, y millones de personas descubrieron la fe en un momento en que una ola de secularización se extendía por el mundo. Quedaron grabadas en mi memoria las palabras de un periodista italiano que durante muchos años criticó el pontificado de Juan Pablo II. Antes de la muerte del periodista, le pidió a un amigo, también vaticanista, que le transmitiera un mensaje al papa: "Hágale saber que le agradezco la ayuda que me ha dado para creer. Tenía tantas dudas y tanta dificultad para creer. La fuerza de su fe me ayudó mucho. Ver que él creía tan firmemente me dio un poco de fuerza también". Fue su fe monumental y su confianza ilimitada en Dios lo que convenció a Juan Pablo II, a pesar del drama y la agitación de la historia, de la victoria final del bien sobre el mal, e infundió esta esperanza cristiana en el corazón de las personas.

Usted observó de cerca el pontificado de Juan Pablo II, como hombre y como periodista. ¿Qué deberíamos saber para comprender mejor a Wojtyła?

Me parece que casi nadie habla de Juan Pablo II como franciscano. Aunque, como papa, no tomó el nombre de Francisco, Karol Wojtyła quedó fascinado por la figura de San Francisco de Asís y vivió de manera franciscana, es decir, en la pobreza. Estaba completamente desprendido de los bienes terrenales; guardaba solo las pocas cosas que eran necesarias para su vida diaria. Por regla general, otros se ocupaban de estas cosas por amor a él. Incluso como papa, no estaba apegado a las posesiones materiales y dejó muy pocas cosas atrás. En su última voluntad y testamento, escribió: "No dejo tras de mí ninguna propiedad de la que debo dejar a disposición de... Artículos cotidianos que he usado, por favor distribúyalos como desee". El papa combinó este amor innato por la sencillez y la pobreza con una actitud de apertura a las necesidades de los demás y una voluntad de ayudar a los pobres.

El segundo rasgo franciscano de Wojtyła fue la gran importancia que le dio al papel de la cruz en la vida del sacerdote. Y su fascinación por la figura de San Francisco se debió al hecho de que el Pobre de Asís llevaba en su cuerpo los signos de la Pasión del Señor: el signo de la Cruz. Pocos saben que el arzobispo de Cracovia quiso celebrar la Santa Misa en el aniversario de su ordenación sacerdotal en el lugar donde, el 14 de septiembre de 1224 —Fiesta de la Exaltación de la Cruz—, el Pobre de Asís recibió los estigmas, en la roca de la Verna. Siempre recordaba el 1 de noviembre de 1946, cuando fue ordenado sacerdote por el metropolitano de Cracovia, el Cardenal Sapieha, en la capilla privada de la residencia del arzobispo de Cracovia. Como papa, escribió sobre este momento especial en su libro *Don y Misterio*, relatando entre otras cosas: "Postrado en el suelo en forma de cruz antes de la ordenación, al aceptar en la propia vida —como Pedro— la cruz de Cristo y convirtiéndose con el apóstol en 'piso para nuestros hermanos y hermanas', se encuentra el último significado de toda espiritualidad sacerdotal". Juan Pablo II estaba convencido de que toda vocación sacerdotal es un misterio y un don.

El 17 de septiembre de 1993, Juan Pablo II se convirtió en el primer papa de la historia en escalar La Verna. Esto demuestra la importancia que le dio al mensaje de San Francisco de Asís, que predicó con su vida y sigue proclamando hoy la palabra salvífica del Evangelio. Tuve la oportunidad de hablar con el exguardián del Santuario de los Estigmas, el padre Eugenio Barelli, quien me reveló las palabras del papa polaco en el refectorio durante un encuentro con la comunidad franciscana: "En este lugar privilegiado no solo nació el franciscanismo, sino que renació el cristianismo". No recuerdo a ningún biógrafo papal citando una declaración tan significativa. Cabe añadir que la primera visita papal de Juan Pablo II en Italia (sin contar el breve viaje al santuario de Mentorelli) fue su peregrinación a Asís, a la tumba de San Francisco, el 5 de noviembre de 1978. Posteriormente, Juan Pablo II volvería cinco veces a Asís. Creo que se desconoce este aspecto franciscano de la personalidad de Juan Pablo II, lo cual es una lástima.

¿Cómo evangelizó Juan Pablo II a través de los medios de comunicación?

Juan Pablo II fue sumamente expresivo; fascinaba a los periodistas como fascinaba a otras personas. Por eso los medios se sintieron atraídos por él. El número de vaticanistas y periodistas que tratan con el papa aumentó enormemente durante su pontificado. Por supuesto, el papa quería que los medios de comunicación no se centraran en su persona, sino que transmitieran sus ideas y pensamientos. El papa predicó el mensaje eterno del Evangelio, pero lo hizo de una manera nueva, atractiva, convincente y competente, porque estaba familiarizado con las condiciones culturales, sociales y políticas del mundo contemporáneo. Navarro Valls, director de la Oficina de Prensa de la Santa Sede, me decía que Juan Pablo II quería, a través de los medios de comunicación, llegar con el mensaje de Cristo a todo hombre moderno que vive en la incertidumbre, oscilando entre la arrogancia y la confusión. Hasta el día de hoy, los medios repiten las palabras del papa de la homilía de su primera misa papal: "Abran la puerta a Cristo". Solo Cristo permite que cada ser humano se comprenda a sí mismo y su relación con Dios.

EUGENIUSZ MRÓZ

Vivía en Wadowice en la misma casa de vecindad que la familia Wojtyła. Asistió a la escuela secundaria con Karol Wojtyła. Los dos siguieron siendo amigos durante 70 años.

Por favor, cuéntenos sobre el hogar de los Wojtyła.

Desde el porche delantero, se entraba a la cocina, donde se podía encontrar un armario y una estufa de leña y carbón. Desde allí, se ingresaba a una habitación pequeña y luego a una habitación grande. Así que era considerado un apartamento de una habitación. Los pisos estaban hechos de tablones de madera y el apartamento estaba lleno de libros, arte devocional y fotos familiares. En el lugar de honor había una foto del señor Wojtyła con uniforme militar. A la entrada de la cocina había una pequeña fuente de porcelana con agua bendita. Los Wojtyła siempre hacían la señal de la cruz al salir o al regresar al apartamento.

Usted fue compañero de estudios del futuro papa...

También fui compañero de clase de Karol desde el quinto grado hasta nuestros exámenes finales de bachillerato en mayo de 1938. Karol —lo llamábamos Lolek— creció en santidad desde la más tierna infancia. Recibió una educación adecuada de sus padres. Comenzaban y terminaban cada día con una oración familiar. Rezaban antes y después de cada comida. El padre de Lolek, Karol sénior, un militar retirado, leía la Biblia todas las noches. La madre de Lolek, Emilia, estaba delicada de salud y no trabajaba afuera, pero se ocupaba del hogar. Lolek sirvió como monaguillo. La familia Wojtyła se caracterizó por una fe profunda y auténtica.

¿Cómo era la relación de Karol Wojtyła con su padre?

Padre e hijo eran amigos inseparables. En el momento de la muerte de su madre, Emilia Wojtyłowa, Karol tenía 9 años. A partir de entonces, el padre de Karol se hizo cargo de su hijo y del hogar. Realmente tomó el lugar de la madre de su hijo: fue un protector cariñoso, un educador maravilloso y un fiel compañero de paseos y vacaciones. Estaban de acuerdo en casi todo y se entendían perfectamente. Sin embargo, el padre, con toda su dedicación y cuidado, no mimó a su hijo, sino que le exigió orden, inculcándole el sentido del deber y hábitos intelectuales ordenados. Creo que su padre desempeñó un papel muy importante en la formación del carácter justo de Lolek, su gran personalidad, fuerte sentido moral y logros académicos. Ese hombre le dio a su hijo todas sus fuerzas. La actitud de este padre modesto y valiente fue un modelo de nobleza y deber, un modelo a seguir para nosotros, los amigos de su hijo.

Cuando los visitaba en el barrio, a menudo encontraba al padre de Karol ocupado con las tareas del hogar. Él mismo limpiaba el apartamento, lavaba la ropa, convertía sus uniformes en pantalones y cocinaba. Los Wojtyła desayunaban y cenaban en casa, y salían a almorzar al restaurante dirigido por María y Alojzy Banaś, al otro lado de la calle de su edificio. Sus platos favoritos eran la sopa de centeno agria con salchichas y papas, los *dumplings* rutenos y el pastel de queso. También les gustaba la sopa de callos, un plato típico de Wadowice. Comenzaban su día cantando estas palabras: "Que nuestros labios alaben a la Santísima Virgen,/ anunciando su incomprensible gloria", u otro canto: "Cuando amanezcan las auroras". Lolek tenía una voz maravillosa, poderosa y resonante, como la de su padre.

¿Pasaba mucho tiempo con Karol Wojtyła?

A veces hacíamos las tareas juntos, con otros amigos. Karol nos dejaba unos minutos y se iba a rezar a un cuartito donde había una estatua de la Madre de Dios, una especie de altar casero, con un reclinatorio delante de la imagen. Inmediatamente después de sus oraciones, Lolek regresaba para terminar su tarea. Después de la escuela, solíamos jugar al fútbol; nadábamos en las aguas del río Skawa en los días cálidos y jugábamos al *ping-pong* durante el invierno. Veía al padre y al hijo casi todos los días dando paseos, y a veces incluso me uní a ellos, dirigiéndome hacia el puente sobre el río Skawa o hacia el parque en Zaskawa.

¿Qué clase de estudiante fue Karol Wojtyła?

Él nos impresionaba con su sencillez, franqueza y gran alegría de vivir, a pesar de que su infancia estuvo ensombrecida por la orfandad. Fue un estudiante destacado durante toda la escuela secundaria. Sentimos que de él emanaba una gran nobleza, una calidez impregnada del carisma de una profunda y auténtica devoción religiosa, una sensibilidad por la pobreza y el sufrimiento de los demás. Siempre fue un amigo cordial, alegre, que se apresuraba a ayudarnos con las tareas. Compartimos las pasiones de Lolek por el teatro, los viajes y los deportes.

Se distinguió en la escuela secundaria con una gran erudición, amplios intereses y una memoria fenomenal. Su enfoque principal estaba en las humanidades. Karol se destacó entre nosotros por su gran intelecto y una personalidad fuerte y noble. Siempre estuvo muy bien preparado para cada lección y examen. Sin embargo, él no trataba de impresionar a un maestro para ser su favorito. De hecho, debido a sus grandes habilidades, no tuvo que pasar mucho tiempo estudiando, pero sí leía mucho. Se concentraba en libros desafiantes, mucho más allá de su edad: los clásicos, así como los poetas polacos y extranjeros. En los grados séptimo y octavo leyó a poetas y filósofos alemanes en su propio idioma: Schiller, Goethe, Kant y Schopenhauer. Dio brillantes recitales dramáticos de la *Ilíada* y la *Odisea* de Homero, y extractos de las obras de Cicerón, Virgilio, Horacio y Ovidio. No pudimos seguirle el ritmo, porque dio pasos gigantes de espíritu, corazón y mente.

¿Qué hay de Karol Wojtyła y los deportes?

De hecho, a Karol le gustaban los deportes. El fútbol desempeñó un papel importante en su vida. Jugábamos donde podíamos. En invierno, jugábamos al *hockey* e íbamos en trineo y esquiábamos. Su padre le enseñó a nadar y lo hacía perfectamente. Junto con el padre de Lolek, caminábamos por las montañas Beskid, Gorce, Pieniny y Tatra. Amábamos a Tatra por encima de todas las demás, así que la visitábamos a menudo. Parecía muy natural que después de que Juan Pablo II subió en una telesilla a Kasprowy Wierch en 1997, enumerara de memoria los nombres de los picos Tatra uno por uno, desde la plataforma de observación.

Wojtyła también fue un gran actor. ¿Cómo comenzaron sus aventuras teatrales?

Nosotros teníamos nuestro propio teatro en la escuela secundaria; fue establecido en 1935. Interpretamos principalmente obras del repertorio clásico (polaco): Słowacki, Fredro y Wyspiański. Wojtyła más tarde quedó fascinado por la poesía de Cyprian Kamil Norwid. Karol desempeñó papeles protagónicos en todas estas obras. Tenía una dicción perfecta, mucha gracia, una voz sonora y una total identificación con el personaje. Se interesó por el teatro no solo desde el punto de vista práctico, sino también desde el teórico.

Como estudiante de secundaria, Lolek conoció a Mieczysław Kotlarczyk. Este le enseñó sobre el poder del arte para dar forma a la

sociedad y desarrollarla espiritual y moralmente. También presentó
al actor como un "sacerdote del arte", responsable del destino de la
nación. Lolek actuó en producciones dirigidas por Kotlarczyk. Todos
le auguraban una espléndida carrera. Pensó en actuar como su forma
de vida y, por lo tanto, eligió ir a la universidad.

¿Cómo eran las relaciones de Karol Wojtyła con las mujeres?

Nunca vi a Karol en una cita con una chica. Él respetaba mucho
a las mujeres, pero las veía platónicamente, como amigas. Las trataba
con gran amabilidad y cortesía, como un verdadero caballero. No les
tenía miedo a las chicas. No las evitaba, pero tampoco buscaba tener
una relación íntima más profunda.

Por favor, reflexione sobre las reuniones de exalumnos de la escuela secun-
daria a las que asistió con Karol Wojtyła.

Nuestra primera reunión de exalumnos de la escuela secundaria tuvo
lugar en julio de 1948 en Wadowice. Lolek acababa de regresar de sus
estudios en Roma y se unió a nosotros. Creo que pospusimos el evento
por él. Era nuestro primer encuentro con Karol Wojtyła como clérigo y
nos sentimos un poco intimidados por esto, pero él fue muy directo con
nosotros, así que también lo tratamos como antes, durante nuestros años
escolares. Nos reunimos nuevamente en Wadowice el 14 de septiembre
de 1958, cuando celebramos el 20° aniversario de nuestro examen final.
Como obispo y luego como cardenal, él nos invitó a su casa en Cracovia.
Nos recibió en el palacio arzobispal de Cracovia. Nos reunimos en varias
ocasiones más tarde también. Estábamos planeando el 40° aniversario
de nuestra graduación de la escuela secundaria en diciembre de 1978 en
Cracovia. Karol nos invitó a venir con nuestras esposas; a todas nuestras
reuniones hasta ese momento habían asistido solo hombres. Sin embargo,
en octubre de ese año, él fue a Roma para el cónclave y permaneció allí
como papa. Así que se perdió la reunión número 40.

¿En qué circunstancias se enteró de que Karol Wojtyła se había conver-
tido en papa?

Estaba en la casa de mi hijo el 16 de octubre de 1978, por la tarde.
Estaba trabajando en el jardín y escuchando la radio. ¡Y luego escuché
la noticia de que el cónclave había elegido al cardenal Karol Wojtyła
como papa! Mis ojos se llenaron de lágrimas. Dejé de trabajar y entré
en la casa para compartir esta increíble noticia con mi familia. Wojtyła

no se olvidó de sus amigos de la escuela secundaria de Wadowice como papa. Nos escribió, nos visitó en Wadowice y nos llevó a Roma, al Vaticano y Castel Gandolfo.

¿Cuándo fue su primer encuentro con Karol Wojtyła como papa?

Durante su primera peregrinación a Polonia en junio de 1979. Nos reunimos con un grupo de amigos en Wadowice. Estábamos un poco estresados, pero Karol fue muy directo y todo salió normal, como en nuestra época escolar. Le dimos un ramo de rosas blancas y rojas. Nos abrazó a cada uno de nosotros, lloramos y las lágrimas también brillaron en sus ojos. Nos invitó a su nueva rectoría en el Vaticano. Él dijo: "Vengan a mí; les proporcionaré comida y alojamiento". Luego agregó: "Chicos, nos estamos haciendo viejos". Y lo visitamos en el Vaticano y en Castel Gandolfo. Durante todas las peregrinaciones de Juan Pablo II a su país natal, a pesar de su apretada agenda, siempre encontraba tiempo para nosotros, sus amigos de Wadowice.

Recuerdo nuestra reunión del 50° aniversario en 1988. Para esa ocasión, el Santo Padre nos invitó al Vaticano. Como en nuestras reuniones anteriores, recordamos a nuestros maestros, cantamos canciones y recitamos la *Ilíada* de Homero. En agosto y septiembre de 1994 pasamos momentos agradables con amigos en Castel Gandolfo. La primera misa celebrada por nuestro compañero de clase allí en la capilla adquirió una dimensión especial para nosotros. Las palabras de su homilía me impresionaron profundamente:

> ¡Mis queridos amigos, compañeros de clase de la escuela secundaria de Wadowice! Nos reencontramos 56 años después de la graduación. Gracias por acompañarme aquí en la capilla de Castel Gandolfo. Esta capilla tiene un significado especial para nosotros los polacos. Fue establecida por Pío IX, quien durante el Milagro del Vístula de la Guerra Polaco-Bolchevique había servido como nuncio papal en Varsovia y amaba mucho a Polonia. La decoración de esta capilla nos lo dice. Hay una pintura que muestra la defensa de Varsovia en una pared. Un joven sacerdote, el padre Ignacy Skorupka, con una cruz en la mano, lidera la hueste de defensores y los alienta a luchar contra el enemigo. Eso sucedió cerca de Varsovia en 1920. Es también el año de nuestro nacimiento, el año en que comenzó nuestra vida. La historia de la Polonia independiente comenzó con esta generación. En ella transcurrió nuestra infancia y adolescencia. La lectura de hoy nos llama a ser agradecidos. Nos han llegado varios dones de Dios, de los padres y de los educadores.

Nuestra reunión también es sobre la gratitud. El carácter de esta capilla, que remite a los hechos de 1920, me obliga a recordar y agradecer. Aquí también debemos mencionar a aquellos que pagaron la deuda de gratitud con el sacrificio de sus vidas. Entre ellos estaban los que participaron en el Levantamiento de Varsovia hace unos 50 años... Esta capilla nos dice que nuestra vida humana está relacionada con la obra de salvación. Este es el regalo más hermoso que una persona puede recibir. El Hijo de Dios es la base de nuestra salvación. Todos participamos en él, incluidos los estudiantes de la escuela secundaria de Wadowice y aquellos a quienes recordamos. Entre ellos, estaba el príncipe (cardenal) Adam Sapieha, quien visitó la escuela secundaria en Wadowice justo antes de nuestra graduación. Hoy recuerdo todo esto, toda una etapa de nuestra vida, sus acontecimientos, las personas que nos han precedido al encuentro del Señor, para que también nosotros podamos mirar su rostro y encontrarnos en la eternidad. Gracias, queridos amigos, por su presencia aquí, para que podamos orar juntos por nuestros padres y nuestros amigos y compañeros fallecidos, y que nuestros caminos se vuelvan a cruzar en la Casa del Padre.

¿Recuerda su último encuentro con Juan Pablo II?

Fue el 18 de agosto de 2002, en el palacio arzobispal de Cracovia. El papa ya estaba en silla de ruedas. No cantábamos nuestras canciones favoritas de *scouts* como antes, y yo no tocaba la armónica. Nos dimos cuenta, con gran tristeza, que nuestro amigo Lolek, Juan Pablo II, el papa de la Esperanza, pasaba lentamente a la eternidad.

¿Participó en el funeral de Juan Pablo II?

El día del funeral fui al santuario del Monte Santa Ana, donde encendí una vela y coloqué flores en el monumento a Juan Pablo II. Canté el *Pater Noster*. Como en los viejos tiempos, toqué la armónica y canté un verso que compuse especialmente para él: "Ora, Juan Pablo, por el bien del mundo. Que tu intercesión reúna a todas las personas. Cantemos y toquemos para él desde el río Vístula hasta el Vaticano". Esa fue mi despedida.

EMBAJADOR JANUSZ KOTAŃSKI

Historiador, periodista y poeta polaco, se desempeñó como embajador ante la Santa Sede y la Orden de Malta de 2016 a 2022.

¿Qué cualidades personales de Juan Pablo II determinaron el éxito mundial de su ministerio "ad Petri Sedem"?

El pontificado de 27 años de Karol Wojtyła cambió permanentemente el mundo, la Iglesia y la vida de millones de personas. Sin embargo, el término "éxito" suena un poco comercial. Estoy consciente de que en la valoración de San Juan Pablo II hace falta disciplina para no caer en la palabrería vacía. ¿Por qué? Porque fue un hombre absolutamente extraordinario, un gigante espiritual, un profeta y un místico. Fue un verdadero testigo de Cristo. Para mí, personalmente, lo importante al estudiar la vida y la enseñanza de Karol Wojtyła —San Juan Pablo II— es que profundizar en todo su legado se convierte siempre en una gran experiencia y desafío espiritual e intelectual. Además, es imposible delinear el final de los horizontes de sus pensamientos. Mientras servía en la Santa Sede, Juan Pablo II mostró una notable capacidad para conciliar lo divino y lo humano, y para actuar en la perspectiva del Evangelio y, al mismo tiempo, en una perspectiva puramente existencial.

Sin duda, de enorme importancia fueron su formación y antecedente espiritual y, por tanto, su educación, excepcional vivacidad intelectual, gran curiosidad por el mundo y el hombre, y su experiencia artística. Pero también estaban sus experiencias personales y las de su nación polaca. Todo esto constituyó una gran ventaja, que utilizó fructíferamente en Roma para beneficio de todos nosotros. Estoy convencido de que lo que le ayudó a abrir el mundo entero a la Buena Nueva fue, además de su carisma personal, una apertura amable y natural a otras naciones, tradiciones y culturas. Juan Pablo II enfrentó "cara a cara" los problemas y desafíos inmediatos y, al mismo tiempo, emprendió actividades a largo plazo, como sus preparativos para el Gran Jubileo del año 2000. Tenía una visión clara de cómo debía ser ejecutado el oficio de Pedro, como muestra su primera encíclica programática *Redemptor Hominis*.

Sobre todo, creo que debe recordarse constantemente que, como cabeza de la Iglesia y del Vaticano, siempre mostró una gran responsabilidad y preocupación por el mundo entero, tanto en el ámbito espiritual como en el político.

¿Cómo cambiaron las relaciones diplomáticas entre la Polonia comunista ("República Popular de Polonia") y la Santa Sede después de la elección del cardenal Karol Wojtyła en 1978 como sucesor de San Pedro?

La historia de las relaciones diplomáticas de Polonia con la Santa Sede es larga y rica. Permítame recordarle que una de las nunciaturas más antiguas del mundo se estableció originalmente en Polonia en 1519. Cuando Polonia recuperó su independencia en 1918, después de las particiones, estableció relaciones diplomáticas con la Santa Sede. La Segunda República y Roma firmaron un concordato en 1925. En 1945, fue roto por los comunistas.

Obviamente, la elección del arzobispo de Cracovia a la Sede de Pedro cambió fundamentalmente las relaciones. Estamos considerando un pontificado que se extendió desde 1978 hasta 2005, entonces estamos hablando de Polonia bajo un régimen comunista y luego una Polonia libre. Durante este período surgió Solidaridad, pero la ley marcial la aplastó, Polonia recuperó su independencia después de 1989 y, finalmente, Varsovia forjó su soberanía. Como estipula la misión de su oficina, Juan Pablo II se interesó por la Iglesia universal y por el mundo. Sin embargo, es comprensible que los asuntos de su tierra natal siguieran siendo importantes en su corazón. Por lo tanto, escuchamos de él muchas directrices sobre asuntos fundamentales. Fuimos testigos de sus acciones y gestos reveladores que respaldaban nuestras aspiraciones de libertad, así como el compromiso total de la Santa Sede de respaldar enfoques constructivos para los asuntos polacos. La Santa Sede apoyó constantemente nuestra entrada en la OTAN y la Unión Europea. No se puede subestimar el impacto de Juan Pablo II en nuestro camino hacia la libertad, ni su impacto en las relaciones diplomáticas entre Polonia y el Vaticano. Estos fueron pasos tediosos, consistentes y delicados, que consumieron mucho tiempo y, a menudo, fueron atacados por los comunistas. Juan Pablo II planteó la cuestión del establecimiento de relaciones diplomáticas plenas entre Polonia y la Santa Sede durante su primera peregrinación a su patria en 1979, en un encuentro con el primer secretario del Partido Comunista, Edward Gierek.

Como obispo de Roma, él tomó en serio su responsabilidad con las iglesias locales, por lo que se esforzó por tener de nuevo un representante de la Santa Sede en Polonia. Finalmente, las relaciones diplomáticas plenas no se reanudaron hasta julio de 1989 con el primer gobierno de Solidaridad. Finalmente, en 1998, en el umbral del tercer milenio, se ratificó el Concordato. El Santo Padre conocía el sistema comunista de adentro hacia afuera. Para los comunistas, tanto soviéticos como polacos, él era un rival extremadamente difícil e impredecible, cuya fuerza se forjó "en la batalla", cuando se desempeñó como metropolitano de Cracovia.

Bajo Juan Pablo II, la "Ostpolitik" vaticana cambió. Antes se limitaba a garantizar una relativa libertad para proteger la vida religiosa en los países esclavizados por la URSS, incluido Polonia, esperando un cambio de poder en el escenario internacional en un futuro indefinido. El papa polaco no buscó una confrontación abierta, sino un diálogo, un camino del Evangelio y, como dijo George Weigel, una nueva "alternativa cristiana personalista al falso humanismo comunista". El papa era prudente, consistente y responsable. Y es necesario enfatizar que su visión política abarcó no solo a su tierra natal, sino a toda Europa del Este. A menudo hablaba de los dos pulmones de Europa. Estaba claro que el papa no estaba de acuerdo con el *Diktat* de Yalta.

Las peregrinaciones de Juan Pablo II a su patria fueron de gran importancia y deben ser consideradas en términos de relaciones bilaterales. Después de todo, estos fueron encuentros no solo con los fieles, sino también con los representantes de las más altas autoridades estatales, lo que le dio al papa la oportunidad de presentar la posición de la Santa Sede sobre los temas más importantes: libertad de conciencia y religión, y derechos humanos. Cada una de las ocho visitas papales tuvo su propio matiz religioso y espiritual, y constituyó un paso en el desarrollo de las relaciones entre Polonia y el Vaticano. En momentos difíciles y dolorosos, estábamos conscientes de que nuestro compatriota estaba en Roma y que no nos dejaba solos. Sabíamos que su voz, que el mundo tuvo en cuenta, siempre sonaría clara y sin ambigüedades, como en la introducción y persistencia de la ley marcial en Polonia en 1981, y después. Mientras la nación luchaba por sus derechos, estábamos conscientes del apoyo de Ronald Reagan, también a través del Vaticano, y de la estrecha relación de Juan Pablo II con el presidente estadounidense.

Este tema que pregunta es muy amplio. Después de todo, no solo cuentan los documentos, acuerdos y contratos específicos, las palabras y los gestos, y las intervenciones *ad hoc*. También se trata de esfuerzos diplomáticos a largo plazo entre bastidores que produjeron resultados tangibles.

¿La Embajada de Polonia ante la Santa Sede continúa hoy la misión de Juan Pablo II?

Permítame aclarar: la Embajada de la República de Polonia ante la Santa Sede persigue los objetivos de la política exterior polaca y trabaja para profundizar y fortalecer las relaciones diplomáticas. No persigue sus propias políticas. El papa es tanto la cabeza de la Iglesia católica como la cabeza del Vaticano. Cada pontificado deja una huella en la Iglesia y en el mundo; escribe otra página en nuestra historia común. Me gustaría recordar un fragmento del discurso de Karol Wojtyła en la catedral de Wawel en 1964:

> Si quieren llamarlo un programa, pueden hacerlo. No hay nada original en este programa; es simple y eterno. Los asuntos de la eternidad, los asuntos de Dios, son los más simples y profundos; no hay necesidad de crear nuevos programas; solo es necesario entrar en este programa eterno, el programa eterno de Dios, el programa de Cristo, de una manera nueva, con un celo nuevo y una disponibilidad nueva, y cumplirlo según las normas de nuestro tiempo.

Traduzcamos estas palabras a nuestra realidad: tenemos que trabajar con honradez, con seriedad, con plena dedicación, cumpliendo las tareas que se nos encomienden, cuidando el bien público, la patria. De hecho, San Juan Pablo II puede inspirarnos en muchos niveles diferentes, porque el rango de sus actividades fue enorme. Predicó la palabra de Dios, pero también fue un líder a escala mundial. Para los diplomáticos, su enfoque en la resolución de conflictos, problemas y desafíos, no solo de naturaleza política, debe ser extremadamente instructivo.

Entonces, en primer lugar, estaba la cultura del encuentro y del diálogo genuino: el respeto y la disposición a comprender los argumentos del otro. Hubo una búsqueda de soluciones, pero también una defensa decidida de la propia visión. Hubo conocimiento y comprensión de los temas tratados; una habilidad para presentar sus argumentos. Y lo que es especialmente importante, hubo un manejo eficiente de los temas actuales, es decir, el "programa de hoy", que siempre se combinó con la visión del futuro.

¿Cómo percibieron los representantes del cuerpo diplomático en la Santa Sede a Juan Pablo II? ¿Qué es lo que más apreciaban de él?

Responderé a esta pregunta con mucho gusto. Con frecuencia

escuché palabras de gran aprecio por el extraordinario conocimiento del papa polaco sobre los problemas de un país que acababa de visitar. Estaba perfectamente preparado para encontrarse con los fieles, el clero y los políticos de cada lugar. Estas no fueron visitas de cortesía, sino eventos nacionales y retiros espirituales de limpieza. Juan Pablo II no temía ningún desafío o confrontación con los asuntos más difíciles para las iglesias locales y sus sociedades. Además, el ejemplo de nuestro gran compatriota anima a los diplomáticos a visitar Polonia. Quieren familiarizarse con el país del Santo Padre y sentir personalmente la atmósfera de su tierra natal, mientras buscan las fuentes del fenómeno de este hombre extraordinario. Por tanto, Juan Pablo II sigue desempeñando el papel de embajador de Polonia en el mundo.

Permítame darle un ejemplo: un exembajador de Corea del Sur, un católico ferviente, vino a Polonia para unirse a una peregrinación a pie a Jasna Góra desde Varsovia. Existe una creencia generalizada en nuestro cuerpo diplomático de que Juan Pablo II fue un destacado estadista, no solo un líder religioso. Diplomáticos acreditados ante la Santa Sede recuerdan el papel que desempeñó en las transformaciones pacíficas en Europa Central y del Este, simbolizadas por la caída del Muro de Berlín. Lo vinculan además con el surgimiento del movimiento Solidaridad. Lamento profundamente que debido a la pandemia, en mayo de este año (2020), en el centenario del nacimiento de Karol Wojtyła, el papa Francisco no pudo celebrar la Santa Misa en la Plaza de San Pedro. Mientras me preparaba con mucha anticipación para estas celebraciones que, por desgracia, nunca sucederían, encontré reacciones entusiastas de diplomáticos extranjeros, con promesas de participación masiva de políticos del más alto nivel. Estamos agradecidos de que el papa Francisco recordara a su predecesor, como lo demuestra su celebración de la Santa Misa en la tumba de San Juan Pablo II.

El 16 de julio de 2017, la Embajada de la República de Polonia ante la Santa Sede organizó el Rally Karol Wojtyła en Roma. ¿Cómo eligió sus ubicaciones?

Nuestra embajada organizó dos "ediciones" del *Rally* Karol Wojtyła en Roma, volviendo sobre sus pasos allí, en 2017 y 2018. Se planeó otro evento para celebrar el centenario de su nacimiento, pero no se llevó a cabo debido a la pandemia del coronavirus. En octubre de 1978, durante la inauguración de su pontificado, Juan Pablo II pronunció las siguientes palabras memorables:

A la Sede de Pedro en Roma asciende hoy un obispo que no es romano. Un obispo que es hijo de Polonia. Pero a partir de este momento él también se convierte en romano. Sí, un romano. Es romano también porque es hijo de una nación cuya historia, desde sus primeros albores, y tradiciones milenarias están marcadas por un vínculo vivo, fuerte, ininterrumpido y profundamente sentido con la Sede de Pedro, nación que ha permanecido siempre fiel a esta Sede de Roma.

Antes de que Karol Wojtyła se convirtiera en el papa número 264, había visitado la Ciudad Eterna docenas de veces. Sin duda, Roma, el corazón del mundo cristiano, tuvo una gran influencia en su vida. Él estudió allí. Como padre conciliar, participó en todas las sesiones del Concilio Vaticano II y en los posteriores Sínodos de Obispos. En 1967, recibió un capelo cardenalicio en la Capilla Sixtina y su iglesia titular de San Cesareo in Palatio. En 1976 predicó un retiro para el papa Pablo VI en el Vaticano. Su viaje romano comenzó en la Universidad Pontificia de Santo Tomás de Aquino, el "Angelicum", de 1946 a 1948. Es difícil contar los lugares asociados a la presencia de Karol Wojtyła en el Tíber. Inicialmente, llegó a la capital de Italia como un joven sacerdote para continuar sus estudios a instancias del cardenal Sapieha. El joven Wojtyła "estudió Roma intensamente", como él mismo escribió en *Don y Misterio*: "La Roma de las catacumbas, la Roma de los mártires, la Roma de Pedro y Pablo, la Roma de los confesores de la fe". Y enseguida añadió: "A menudo pienso en aquellos años con mucha emoción". Porque, para él, Roma "reforzó su sacerdocio" y le dio una "visión de la Iglesia" más profunda. Una de las tareas importantes y honrosas de nuestra embajada es preservar el legado de San Juan Pablo II y la memoria de nuestro santo compatriota. Estuvimos de acuerdo en que el *rally* era una gran idea. No hubo problema con la selección de los lugares; la preocupación era trazar las rutas para incluir puntos en diferentes partes de la ciudad, dentro de un tiempo razonable.

Roma es una ciudad aglomerada, llena de turistas. Hubo alrededor de 100 participantes en cada *rally*, principalmente polacos, pero también italianos y representantes de otras naciones, incluidos diplomáticos. En el primer *rally* se visitó el Angelicum, la Pontificia Universidad Gregoriana, el Pontificio Instituto Polaco, Radio Vaticano (sección polaca) y la iglesia polaca de San Estanislao, obispo y mártir. Concluyó con una conferencia del profesor Stanisław Grygiel en la sala de San Juan Pablo II. Organizamos el segundo *rally* en 2018, en el 100 aniversario de la independencia de Polonia y el 40 aniversario de la elección de Karol Wojtyła a la Santa Sede. Pasó de la iglesia de Santa María en Trastevere, la iglesia titular de los primados de Polonia (el cardenal Stanisław Hozjusz, el cardenal Stefan Wyszyński y el cardenal Józef Glemp) a la iglesia de San Bartolomé (anteriormente San Adalberto) en la isla Tiberina. Quisiera recordarle que en el año 2000, Juan Pablo II dedicó este último a la memoria de los mártires de la cristiandad del siglo XX, en su mayoría víctimas del comunismo y del nacionalsocialismo, por ejemplo, San Maximiliano María Kolbe y el Beato Jerzy Popiełuszko.

Desde San Bartolomé nos dirigimos a la Basílica de Santa Sabina (Iglesia de San Jacek Odrowąż) y luego a la Pontificia Universidad Polaca (donde el obispo de Cracovia solía alojarse durante sus visitas a Roma, incluso para el cónclave). La conferencia de clausura del *rally* estuvo a cargo del padre Dariusz Drążek, rector del Colegio.

¿Quién fue San Juan Pablo II para usted personalmente?

Era un gigante espiritual, un profeta y un místico. Era un santo a quien tuve la suerte de conocer. Fue un sacerdote y obispo excepcional a quien la Providencia preparó para un pontificado absolutamente excepcional.

Es asombroso cuánto Karol Wojtyła se dejó conducir por la Providencia. Para mí, él es un símbolo de confianza y creencia. El padre Jan Twardowski escribió: "Juan Pablo II sabe que es enviado por Dios. Está consciente de que está con Dios. Este es el poder de este extraordinario hombre de nuestro tiempo". Pienso en él como un hombre que supo responder a una vocación a pesar de tener su propio "proyecto de vida": el teatro y la palabra. Buscó la Verdad, la encontró y se mantuvo fiel a ella. Se dedicó por completo a este importantísimo servicio, como San Pablo, quien en la Primera Carta a los Corintios escribió: "Me hice todo para todos, a fin de salvar a algunos por todos los medios posibles. Hago todo esto por causa del Evangelio, para poder participar de sus bendiciones". Sí, para mí San Juan Pablo II es un verdadero "sucesor de Pedro, al servicio de toda la Iglesia", como escribió en la *Carta sobre la peregrinación a los lugares vinculados a la historia de la salvación.*

Lo que verdaderamente me fascina de la personalidad y espiritualidad de Karol Wojtyła es la conexión armoniosa y natural de *Totus Tuus* y el Cristocentrismo, el pasado y el Tercer Milenio, *Ratio et Spes*, cultura y fe, adoración de Dios y afirmación humana, adhesión a la tradición y comunicación modernizada con los fieles, mística y apertura absoluta a los demás. Karol Wojtyła fue un hombre integral. Para mí, también es un modelo que combina el orgullo por la tradición, la historia y la cultura polacas con la percepción de la importancia de ser europeo. En su caso, estamos ante una gran tríada, porque nuestro compatriota siempre recalcó que era polaco-eslavo-europeo. Escribe de sí mismo en la encíclica *Slavorum Apostoli* (1985): "Pedro desde Polonia y, por lo tanto, de entre las naciones eslavas".

Como un historiador, aprecio mucho el cariño de San Juan Pablo II por la musa de Clío: a menudo se refería a nuestra historia, especialmente a la Commonwealth polaco-lituana como un símbolo de tolerancia religiosa, y recordaba a eminentes santos polacos. Recuerdo, durante la ley marcial, cuando uno de los llamados verdaderos políticos frunció el ceño a los llamados extremistas, el papa respondió: "Ah, nuestros extremistas: Kościuszko, Piłsudski". Y una cuestión fundamental más: ¡el apego de San Juan Pablo II a las artes! Lo que más me conmueve es su amor por la poesía, especialmente por las de Juliusz Słowacki y Cyprian Kamil Norwid, porque yo también los aprecio. Después de todo, Wojtyła también era poeta. Y tengo la impresión de que su obra poética y dramática aún no es del todo conocida ni apreciada. Sí, siempre asociaré con nuestro Santo Padre su enfoque noruego del arte como una "Jerusalén del arcoíris eterno" y la belleza como "la forma del amor". Él comenzó su inédita *Carta a los Artistas* con las siguientes palabras: "Nadie puede sentir más profundamente que ustedes, los artistas, que son ingeniosos creadores de belleza, algo del *pathos* con el que Dios, en el amanecer de la creación, contempló la obra de sus manos" (1999).

Usted pertenece a la generación de Juan Pablo II. Descubrió a Karol Wojtyła al conocerlo, escucharlo, leer sus obras y seguirlo en peregrinaciones por Polonia. ¿Qué aprendió del Santo Padre?

Fue mi descubrimiento de nuestro papa, adentrándome en las profundidades con él. Esas fueron las lecciones de fe, historia y patriotismo. En esos tiempos difíciles, Juan Pablo II nos dio esperanza y nos permitió sobrevivir como nación. Me impresionó la discusión del Santo Padre sobre los eventos de la historia de Polonia y su visión muy clara de nuestra historia. Me inspiró a trabajar en mí mismo, a buscar la renovación espiritual e intelectual.

¿Qué imagen de Wojtyła como hombre, peregrino y santo guarda en su corazón de sus encuentros con él?

Hay muchos recuerdos: palabras, imágenes y lugares que recordaré hasta el final de mi vida. Hay escenas de las peregrinaciones, una audiencia para peregrinos en la basílica de San Pedro hace 35 años, y luego otra audiencia privada en Castel Gandolfo, o un París increíblemente orante durante la Jornada Mundial de la Juventud en 1997. Finalmente, está su voz, su extraordinario timbre cuando habló de Solidaridad en la costa Báltica. La hija de unos amigos nuestros, al escucharlo, preguntó: "¿Es Dios quien habla?".

¿Qué le diría al mundo con motivo del centenario del nacimiento de Juan Pablo II, en 2020?

En primer lugar, diría que su pontificado histórico cambió la Iglesia y el mundo. Al predicar la verdad del Evangelio, el papa polaco pudo atraer a Dios a millones de personas de todo el mundo. Sus palabras llegaron a los no creyentes y agnósticos. El mundo debe recordar su gran valor y audacia. Fue San Juan Pablo II quien llevó a los jóvenes a la Iglesia al instituir la Jornada Mundial de la Juventud. Fue él quien providencialmente preparó a la Iglesia para el tercer milenio. También pudimos celebrar con él el Gran Jubileo del año 2000. Fue Juan Pablo II quien llevó al mundo la devoción de la Divina Misericordia y canonizó a su apóstol, sor Faustina Kowalska.

Fue el primer obispo de Roma en visitar una sinagoga romana y una mezquita. Abrió el camino al encuentro ecuménico e interreligioso en Asís. Fue Juan Pablo II quien nos recordó constantemente el llamado a la santidad. Restauró la memoria de numerosos mártires de todos los continentes y amplió constantemente el *Martyrologium Romanum*. Con ocasión del Año Mariano en 1988, Juan Pablo II publicó la carta apostólica *Mulieris Dignitatem*, dedicada a "la dignidad y vocación de la mujer", tema que había tratado desde el inicio de su pontificado.

Europa en particular debería recordar cuánto se preocupaba el papa polaco por su destino. Sabía muchísimo sobre la historia y la cultura de Europa; enfatizó el valor y el potencial de la civilización europea; luchó por su supervivencia en un espíritu de fidelidad a sus raíces cristianas. Luchó por su unidad, por hacerla respirar con dos pulmones, occidental y oriental, para continuar la tradición de una unión voluntaria, "¡de la Unión de Lublin (1569) a la Unión Europea!".

Nosotros no deberíamos olvidar nunca su llamamiento desde

Compostela, especialmente las palabras: "Te lloro de amor, vieja Europa… Todavía puedes ser un faro de civilización". No podemos, nunca deberíamos olvidar eso, en particular nosotros, sus compatriotas. Refiriéndose a la "definición" del oficio papal del cardenal Agostino Casaroli, secretario de estado de la Santa Sede, podemos decir con todas nuestras fuerzas: sí, Juan Pablo II "revoloteaba con las alas extendidas sobre todo el mundo", y su ministerio se distinguió por "su altura, su historia, su influencia".

¿Por qué el mundo necesita hoy la enseñanza del papa polaco?

Porque el mundo se precipita a una velocidad vertiginosa hacia una catástrofe. Todos los límites y barreras han sido cruzados. Los derechos y valores fundamentales están siendo cuestionados. Se promueven ideologías dementes. La afirmación del individualismo extremo no trae felicidad a la persona sino que, en cambio, muy a menudo la priva de toda restricción. El relativismo niega la existencia de la verdad objetiva. El nihilismo destruye el tejido social y la alegría de vivir.

No podemos permitir que nuestra vida se vea privada de la dimensión trascendente, como decía Juan Pablo II. En 1975 escribió: "La creación se realiza constantemente a nivel de la naturaleza cuando se trata de seres desprovistos de trascendencia". Necesitamos con urgencia sus ideas sobre el sentido de la vida y la vocación humana, como aquí: "La tierra a la que se embarca el hombre siguiendo la llamada de Dios no pertenece únicamente a la geografía terrestre".

¿Qué necesitamos para construir una civilización del amor hoy?

Parecería que la respuesta es simple y obvia: necesitamos buena voluntad y deseo de solidaridad. Además, necesitamos tomar conciencia de la situación en la que se encuentra el mundo con todas las amenazas políticas e ideológicas, la fragilidad de los sistemas y la impotencia ante cataclismos de diversa índole, como las epidemias.

En su drama *El hermano de Dios*, Karol Wojtyła escribió: "Déjate moldear por el amor". Siempre abogó por la civilización del amor, en la que vio la salvación de la civilización mundial de la muerte en todas sus manifestaciones, contra la libertad y la dignidad humana. (Por eso defendió con tanta firmeza la vida desde la concepción hasta la muerte natural). Creía en la fuerza y el poder del amor como emanación del Altísimo: "Tengan el valor de vivir para el Amor, Dios es Amor". ¿Conocemos una mejor señal?

EMBAJADORA ANNA MARIA ANDERS

Habiendo crecido como exiliada en Gran Bretaña, ahora se desempeña como embajadora de la República de Polonia en Italia y San Marino. Es hija del general Władysław Anders, comandante de las fuerzas polacas en la batalla de Monte Cassino en la Segunda Guerra Mundial. Ella recibió la Cruz de Oro al Mérito por su servicio a los veteranos polacos en el Reino Unido y por escribir sobre las hazañas del 2º Cuerpo Polaco durante la Segunda Guerra Mundial.

¿Escuchó hablar de Karol Wojtyła o del primado Wyszyński de parte de su padre, el general Władysław Anders?

Escuché mucho sobre el cardenal Stefan Wyszyński, el primado polaco del milenio, lo maravilloso y valiente que fue bajo el gobierno comunista en Polonia. En los años 60, Karol Wojtyła era relativamente desconocido fuera de Polonia.

Usted era súbdita británica cuando Juan Pablo II fue elegido papa. ¿Qué significó ese momento para la familia Anders y para usted personalmente?

Mi padre murió en 1970, por lo que no vio a Karol Wojtyła convertirse en papa. El hecho de que yo fuera ciudadana británica era irrelevante. Mis raíces polacas eran las que contaban. Por supuesto, mi familia, como todos los demás polacos, estaba encantada y orgullosa.

En su misa de inauguración, el papa Juan Pablo II expuso el mensaje central de su pontificado: "No tengan miedo. Abran, yo digo, abran de par en par las puertas a Cristo". ¿Qué significa esto para usted personalmente, para Polonia y para el mundo? ¿Por qué necesitamos las palabras del papa hoy?

Creo que necesitamos las palabras del papa hoy no solo en lo que respecta a la religión. Vivimos en un mundo que es políticamente correcto y, a menudo, las personas tienen miedo de ser honestas y decir lo que piensan. Desde el punto de vista religioso diría que da valor saber que si le abrimos las puertas a Cristo, él nos ayudará a superar nuestras dificultades. No estaremos solos.

¿Tiene una historia sobre Juan Pablo II que le gustaría compartir?

Sí, tuve la suerte de encontrarme con el papa Juan Pablo II tres veces. La primera fue la más memorable, en el cementerio polaco de

Monte Cassino, en 1979, cuando se acercó a mi madre y a mí (estábamos en la primera fila) y le dijo a mi madre: "Witaj Pani Generałowo" (Hola, señora general —ella era la esposa del general Anders), como si estuviera saludando a un viejo amigo. Fue increíble.

Como embajadora de la República de Polonia en Italia y San Marino, que vive en Roma, puede ver y observar más que las personas que viven afuera. ¿Puede decirme qué es lo que más extraña la Ciudad Eterna de Juan Pablo II?

Todos aquí extrañan al papa polaco. Los italianos lo adoraban y el papa pudo reunir a todos. En este momento hay muchas divisiones y controversias en la Iglesia. Sería maravilloso tener a Juan Pablo II de regreso. Esta percepción no se limita a la Ciudad Eterna.

Juan Pablo II habló mucho sobre nación, identidad, cultura y libertad. ¿Cuáles son sus pensamientos sobre el patriotismo? ¿Aprendió sobre patriotismo en su casa?

Yo nací y me eduqué en el Reino Unido. Mi educación fue completamente británica, pero mi vida familiar era polaca y, naturalmente, estudié literatura y cultura polacas. Cuando visité Polonia me di cuenta de lo familiar que me resultaba todo. Creo que solo desde la caída del comunismo los polacos en Polonia pueden sentirse patriotas. Aquellos que habían luchado en la Segunda Guerra Mundial eran más que patriotas: estaban dispuestos a morir por su país. El peligro hoy es que la Unión Europea quiera que seamos europeos ante todo. Aquellos que se muestran patriotas a menudo son llamados nacionalistas o fascistas.

¿Qué debemos aprender de la alianza entre Juan Pablo II y Ronald Reagan?

La historia importa. Debemos aprender de la historia para evitar los errores del pasado. Tenemos que examinar cuidadosamente a esas dos personas que marcaron una diferencia tan grande en el mundo. Ambos tenían un carisma increíble. Ambos eran actores y utilizaron el escenario para abordar los desafíos más importantes de su época. Ambos inspiraron a la gente a actuar. Juan Pablo II y el presidente Reagan ya no están con nosotros, pero sus legados brillan ahora más que nunca. Nuestra necesidad de claridad y liderazgo moral permanece.

EMBAJADOR ALBERTO PIEDRA

Se ha desempeñado como profesor emérito en el Instituto de Política Mundial, director del Instituto Latinoamericano de la Universidad Católica de América, embajador del presidente Reagan ante la Organización de los Estados Americanos y Guatemala, y asesor especial de la Asamblea General de las Naciones Unidas. También ocupó un cargo en el Consejo de Derechos Humanos en Ginebra.

¿Cómo se encontró con Juan Pablo II por primera vez?

Estuve en Roma cuando era embajador en Guatemala a principios de los 80. Juan Pablo II me invitó a una de sus misas privadas. Fui bendecido y honrado por su invitación. Fue una experiencia única para mí, verlo tan cerca mientras celebraba la misa. Rezaba con tanta pasión e intensidad. Estaba concentrado en su oración.

¿Hay alguna palabra de Juan Pablo II que aprecie especialmente?

Siempre hablaba de la santidad en medio del mundo, y de que la mejor manera de alcanzar ese objetivo era a través del amor de Jesucristo, de su Santa Madre y de nuestros vecinos. Como dijo repetidamente, ama a tu prójimo como a ti mismo.

¿Por qué Cuba no vivió un levantamiento anticomunista como el de Polonia, a pesar de los esfuerzos de Juan Pablo II?

Desafortunadamente, Cuba había estado bajo la influencia del socialismo durante muchos años, especialmente en el sistema educativo y las fuerzas armadas.

¿Qué clase de esperanza trajo Juan Pablo II a Cuba?

Llevó a Cuba un profundo recordatorio de que con la ayuda de Dios todo es posible, incluso la caída de regímenes tan duros y monstruosos como el que prevaleció en la Rusia cristiana durante la revolución bolchevique de 1917.

¿Qué es lo que más extraña de Juan Pablo II?

Su modestia, sinceridad y perfecta comprensión de la diferencia fundamental entre el bien y el mal. Por ejemplo, en el caso del aborto, no son pocos los cristianos que aceptan el aborto como algo bueno cuando en realidad es intrínsecamente malo. Esta confusión está muy extendida, pero Juan Pablo II no dudó en declarar que el aborto es un mal y no puede ser aceptado por la Iglesia católica. Una vez más, repito que uno de los mayores problemas que enfrenta nuestra sociedad es un relativismo que rechaza el bien y el mal absolutos.

¿Qué necesitamos para construir una civilización del amor?
Necesitamos la voluntad de darnos a los demás y amarlos sin violar los principios básicos de la ley natural.

ANIKÓ LÉVAI-ORBÁN

Conferencista húngara, autora, empresaria y esposa del primer minis-
tro húngaro Viktor Orbán.

¿Qué significó para usted San Juan Pablo II? ¿Alguna vez lo conoció?

El papa Juan Pablo II siempre me dio fuerza y esperanza. Recuerdo
bien su elección como papa; yo estaba en la escuela secundaria en ese
momento. ¡Un obispo polaco! Mi padre, que era un campesino tradicional de la Gran Llanura Húngara, comentó las noticias que escuchamos
en la radio en la cocina: "¡Tal vez algún día se acabe!". Aunque yo era
una niña, sabía exactamente lo que quería decir: estaba esperando el fin
del comunismo. Muchas personas como nosotros sintieron lo mismo.
Szolnok, la ciudad donde vivíamos, se llamaba entonces la pequeña
Moscú, y era la ciudadela del socialismo húngaro; aun así, cuando
llegó la noticia de la elección, muchos campesinos del pueblo vecino
asistieron a una santa misa de acción de gracias. La elevación de un
papa polaco nos trajo esperanza. Su credo: "No tengan miedo". En
1987, durante la dictadura del general Wojciech Jaruzelski, el papa visitó
muchas ciudades polacas y también nos unimos a la peregrinación y
marchamos con él desde Cracovia a través de Varsovia hasta Gdańsk.

Los cristianos de Europa centro-oriental podíamos sentir por primera vez que uno de nosotros iba a representarnos entre los principales
líderes del mundo. Había alguien que no se olvidaría de nosotros, que
no buscaba victimizar a Europa Central y Oriental. Alguien que creía
en nosotros, y por eso también nosotros creíamos en él.

Viktor y yo conocimos al papa en 1998, en Castel Gandolfo. Yo
estaba tan feliz de poder llevarle a mis hijos; en ese momento teníamos
tres hijos. Él ya era bastante mayor y no estaba muy saludable; aun así,
trató de manera amistosa no solo a mi esposo, quien había sido elegido
primer ministro por primera vez, sino también a mí y a mis hijos. Mis
hijos también tienen recuerdos entrañables de ese encuentro.

¿Qué necesitamos para construir una civilización de amor y verdad hoy?

El papa Juan Pablo II fue un pensador claramente moderno; se
dirigió no solo a los católicos, sino al mundo entero. Era un hombre decidido, pero profundamente humano. Para mí, sus enseñanzas
sobre las mujeres y para las mujeres son especialmente significativas y

alentadoras. Su *Carta a las Mujeres* en 1995, con motivo del Cuarto Congreso Mundial de Mujeres, es una declaración particularmente valiosa de gratitud por el bien que hacen las mujeres en el mundo. Esto ha vuelto a ser muy relevante en la pandemia de COVID porque podemos ver cuán pesada es la carga que se impone a las mujeres que trabajan, educan a sus hijos en el hogar, cocinan, llevan la casa o cuidan a los enfermos. La profunda fe del papa, su atención, amor y aliento pueden fortalecernos en la convicción de que nuestro arduo trabajo tiene una meta y un sentido. A través de sus enseñanzas podemos encontrar el camino hacia la sociedad del amor y la rectitud.

KRZYSZTOF ZANUSSI

Director, productor y guionista polaco de cine y teatro. Es profesor de cine europeo en la Escuela Europea de Graduados en Suiza y recibió el Premio del Jurado en el Festival de Cine de Cannes de 1980, el León de Oro en el Festival de Cine de Venecia de 1984 y grandes premios en el Festival de Cine de Gdynia.

¿En qué circunstancias conoció a Juan Pablo II?

Mi primer encuentro con Karol Wojtyła fue en 1958, su primer año como obispo auxiliar de Cracovia. Lo conocí en la casa de los Vetulani en Cracovia, donde estudié junto con Jan Vetulani, el hijo de ellos. El padre, canonista, era amigo de Wojtyła. Me di cuenta de que Wojtyła estaba muy atento a las personas con las que hablaba. Fue bastante entrañable y sorprendente para mí al mismo tiempo. Podías sentir que te estaba haciendo una pregunta porque realmente quería escuchar tu respuesta. Y más tarde me di cuenta de que se trataba de una implementación práctica de su personalismo. Simplemente, se preocupaba por cada individuo.

¿Cuándo volvió a ver a Karol Wojtyła?

Tuve contacto con él porque estaba filmando mi película de graduación en un monasterio en Tyniec, cuando surgieron algunas dificultades inesperadas. En ese momento, le pedí al obispo Wojtyła algunos consejos y ayuda. Me puso en contacto con otro monasterio, donde terminamos la película. Dijo que sería la mejor solución práctica. Así nos reencontramos.

Cuando se convirtió en papa, pensé con gran pesar que había perdido tantas oportunidades de verlo en Cracovia, y de alguna manera no imaginé que alguna vez lo vería de cerca como papa. Resultó que ahora nos veríamos con mucha más frecuencia que cuando ambos vivíamos en Cracovia. Esto sucedió por la película que hice, o mejor dicho, que acepté rodar, muy a regañadientes: una película biográfica sobre Juan Pablo II.

Por favor, hábleme de esta película.

La película, *From a Far Country*, fue una coproducción estadounidense-británica-italiana. Lew Grade, que produjo el famoso *Jesús de Nazaret*, de Franco Zeffirelli, fue uno de los productores. Le dimos al papa y al Vaticano un guión para su revisión, escrito apresuradamente por dos de mis colegas: Jan Józef Szczepański y Andrzej Kijowski. El Vaticano tuvo algunas objeciones. Para ser honesto, albergaba una esperanza tácita de que esto me daría una excusa para retirarme del proyecto. Sin embargo, la historia me obligó a hacer esta película como una especie de proyecto de "misión imposible". No podría hacer una película juzgando su vida. Esto hubiera sido dramático, pero carente de tacto. Por lo tanto, tenía que ser una película sobre un testigo de la historia, una tarea desalentadora y desagradable desde mi perspectiva. Sabía bien que mucha gente se sentiría decepcionada con la película por su falta de chismes o parcialidad.

Yo compartí mis preocupaciones con Andrei Tarkovsky, quien me instó a emular su película *Andrei Rublev*. La película muestra al gran iconógrafo Rublev como si fuera un completo desconocido. El mismo es solo un testigo en la película, pero Tarkovsky podía describir sus hazañas. Enfoqué la película en esta línea, y llegó a los cines en 1981.

¿Cuál fue la impresión del papa después de ver la película?

La proyección tuvo lugar en Castel Gandolfo. El papa la observaba con atención. Dijo que realmente no podía comentar al respecto, excepto que tenía la impresión de que lo ayudaría en su misión.

¿Cómo reaccionó ante la elección de Karol Wojtyła para la Sede de Pedro?

Fue una sorpresa para todos. Estaba en México cuando me enteré. Recuerdo haber aterrizado en Yucatán, donde me esperaba un hombre. Él me dijo: "Oh, eres de Polonia; acaba de ser elegido un papa de Polonia". Yo no hablo muy bien el español, y no dejaba de preguntarle de qué ciudad, quién era y qué cardenal había sido elegido. No sé por qué, pero luego me dijo que el papa era de Hungría. Pensé que debía haberse equivocado. No me preocupé más por eso hasta la noche, cuando Józef Klasa, el embajador de Polonia en México, me dijo que Karol Wojtyła había sido elegido papa. De nuevo, obviamente, fue una noticia impactante. Yo iba a tener una conferencia de prensa y como llegó la noticia de que se había elegido un nuevo papa, pensé que nadie me preguntaría sobre películas en la conferencia de prensa, sino solo sobre el nuevo papa. Así que preparé una respuesta divertida. Y, de hecho, alguien me preguntó si conocía al nuevo papa. Respondí que sí; conocí a Juan Pablo I como patriarca de Venecia, a Pablo VI e incluso a Juan XXIII. ¡Sin embargo, Wojtyła era el primer papa que me conocía!

Yo llegaría a conocer al papa aún mejor. Me invitaron a visitarlo con bastante frecuencia, y sé que fue por una razón. El papa sufrió mucho por vivir una vida tan artificial. Estaba aislado en la residencia papal, y salir del Vaticano como persona privada era prácticamente imposible. Cuando me habló allí, quería escuchar historias de la vida real, que yo contaba como guionista, pero también como hombre de mundo. Se interesó por mis viajes y encuentros, por la vida cotidiana.

¿Qué le debe a Juan Pablo II?

Es muy difícil de decir. Su actividad fue multifacética, y probablemente yo mismo no me doy cuenta de cuánto le debo. Cuando miro cuánto le debe la Iglesia, creo que yo le debo una esperanza profunda y bien fundada. Rejuveneció una Iglesia que por lo general mira hacia atrás a sus viejos triunfos. Dijo que la Iglesia era el futuro, no solo la tradición, y que la sabiduría de la Iglesia era útil en este nuevo mundo que parecía tan diferente, pero que en realidad era una continuación del mundo en el que hemos estado viviendo durante 2000 años y más. En el magisterio de Juan Pablo II, en su relación con la cultura y el arte, y en su forma de ordenar los valores, encontré algo cercano a mí y así me hice mucho más amigo de la Iglesia como institución. También hizo hincapié en la relación de la razón y la fe, y esto sin duda será un tema de mayor desarrollo.

Usted llamó mi atención hacia una de las encíclicas más conocidas de Juan Pablo II: Fides et Ratio. *¿Por qué se interesó en esta encíclica en particular?*

No me refiero a la encíclica *Fides et Ratio* en sí, sino a todo el concepto de fe y razón. Estuvo sujeto a muchos malentendidos, pero sigue siendo profundamente relevante para el uso de la ciencia moderna en la teología contemporánea.

*Al comienzo de la citada encíclica, el papa da una bella imagen: "La fe y la razón (*Fides et Ratio*) son como dos alas sobre las que se eleva el espíritu humano para contemplar la verdad". ¿La fe y la razón se contradicen o se complementan?*

En mi opinión, no hay contradicción. La fe y la razón no solo son compatibles, sino necesarias la una para la otra. La fe es una especie de realidad diferente, mientras que la razón es una herramienta. Una intuición es también una herramienta, una herramienta legítima, y puede llevar a un hombre a la fe. En este sentido, son complementarios. La fe

sin razón conduce a la superstición. La razón sin fe, como argumenta
Juan Pablo II, conduce al nihilismo y al relativismo. El conocimiento
racional y el místico se complementan entre sí.

¿Puede la fe por sí sola conducir a la verdad?

Por supuesto, pero como siempre somos imperfectos, en esta imper-
fección debemos protegernos constantemente de la estupidez y del
error que nos persiguen.

¿Cómo aplicaría hoy la encíclica Fides et Ratio *de Juan Pablo II?*

Esta es una encíclica que confirma las enseñanzas de la Iglesia desde
la antigüedad. Se refiere a cierta unidad entre la razón y la fe. La gente
a menudo contrasta las dos, y probablemente de manera innecesaria.
Fue en el siglo XIX que se creó la ilusión de que estas realidades se
excluyen entre sí.

En su opinión, ¿es la encíclica Fides et Ratio *una continuación del trabajo
anterior de Wojtyła en* Person and Act?

Toda la producción intelectual de Wojtyła es coherente. Era a la
vez coherente y extremadamente versátil, y ahí reside su genialidad;
no había habido un papa tan versátil durante siglos. Eso no significa
que su pontificado fuera impecable: cometió muchos errores, ampliamente expuestos y, a veces, injustamente exagerados. Sin embargo, la
coherencia de sus pensamientos y acciones es un hecho indiscutible.

*¿Por qué Juan Pablo II se refiere a los fundamentos de la filosofía al
diagnosticar la situación espiritual del hombre moderno? ¿Cómo ayuda
la filosofía al hombre a buscar el sentido de la fe, la razón y la verdad?*

Porque nuestra civilización está construida sobre la razón y ella
nos condujo a esta cima extraordinaria en la que nos encontramos
entre los países desarrollados. Es de esta cima que surge la ilusión de
que no necesitamos a Dios.

*¿Por qué, en su opinión, estamos huyendo hoy del Absoluto, de la Verdad
Absoluta, de Dios mismo?*

Porque vivimos en un mundo de invernadero. Esta humanidad
avanzada tiene una experiencia existencial muy débil y mira su existencia descuidadamente. El descuido se debe al infantilismo y a la inma-
durez derivados de las condiciones materiales y sociales. Pero esto es
contrario a nuestra dignidad humana, y debemos resistirlo.

Por favor, reflexione sobre la gran pasión de Karol Wojtyła por el teatro.

De hecho, el teatro fue su gran pasión. Lo entendió como una misión: el teatro prometeico. Recuerde que la participación en el teatro clandestino durante la Segunda Guerra Mundial era arriesgada y podría haber sido enviado a un campo de concentración o incluso pagar con su vida por su participación. Las actividades teatrales estaban estrictamente prohibidas por los alemanes. Sabían muy bien que había que destruir la cultura para esclavizar a una nación.

Wojtyła quería que el teatro levantara el ánimo en tiempos de libertad. Es cierto que Wojtyła entendió que el carácter litúrgico de la acción teatral ofrecía la posibilidad de entrar en una nueva dimensión y una autenticidad inesperada. Hay poca distancia entre la profesión del actor y la del sacerdote. Durante la liturgia se desarrolla el culto a la Pasión de Cristo.

¿Cuál fue la esencia de la interpretación de Wojtyła?

El método de comunicación de Juan Pablo II fue muy llamativo. Sabía cómo controlar su respiración. Hacía pausas impecablemente. Sabía cómo inflexionar su voz. Tenía la capacidad de expresarse a través del lenguaje corporal y la entonación. Su sentido del tiempo y el espacio era genial.

Usted produjo y dirigió una película basada en el drama Our God's Brother, *de Wojtyła. ¿Qué hizo que usted se interesara por la obra?*

Es una de las pocas obras de la literatura polaca con una dimensión tan universal.

Nuevamente, tuve que ser persuadido para trabajar en este proyecto. Al principio, se suponía que yo era solo el productor, pero también me convertí en el director. Aprecié el texto a pesar de muchas imperfecciones dramáticas y literarias. El uso de Lenin como personaje sugiere un gran diálogo contemporáneo. Y el autor muestra el camino, ese lugar donde se bifurca el camino de un cristiano y de Cristo, y en ese punto es extremadamente clarividente. También produje *Job*, de Wojtyła, como una obra de teatro en Italia.

¿Cuánto cambió Karol Wojtyła como papa?

En mi opinión, Wojtyła siempre fue el mismo hombre. Aquí no hay decepción ni sorpresa. Él era el mismo. Era un hombre auténtico.

¿Cómo logró usted, como productor y director católico de Polonia, un país

detrás de la Cortina de Hierro, trabajar con un espíritu católico bajo el comunismo en Polonia?

Hice mi trabajo con grandes limitaciones. Por supuesto, tenía miedo al fracaso. Tenía miedo de que pudiera ser eliminado en este sistema donde las autoridades otorgaban a los artistas el derecho a hablar, especialmente cuando los derechos eran limitados, y mis actividades artísticas eran costosas. Pero, de alguna manera, logré sobrevivir en este mundo difícil gracias a mis talentos diplomáticos.

Por favor, reflexione sobre la relación de Juan Pablo II con el comunismo en Polonia.

Fue un fenómeno extraordinario, pero seamos precisos: el comunismo polaco era diferente al soviético. Siempre tenemos que especificar de qué comunismo estamos hablando. La variedad estalinista, alrededor de 1950, era extremadamente diferente al comunismo posterior de Gomułka, Gierek o Jaruzelski. Cada vez que este comunismo se transformaba y modificaba, cambiaba la relación con la Iglesia. Wojtyła era el hombre que podía verlo totalmente.

¿Qué extrajo Wojtyła de su relación con el cardenal Stefan Wyszyński?

No se debe idealizar esta relación, porque fue muy difícil, por lo que sé y pude ver. Trabajaron bien juntos, pero necesitaban comprometerse para tener éxito en su esfuerzo. Mientras tanto, hubo un intento muy pérfido por parte de los comunistas de antagonizarlos y enfrentarlos entre sí, e incluso algunos católicos, tal vez sin saberlo, participaron en esta operación. Fue una relación extremadamente dramática y difícil, y muy hermosa al mismo tiempo.

¿Cuáles palabras de Juan Pablo II son especialmente importantes para usted?

Es muy difícil de decir. Recuerdo más sus anécdotas y los chistes que compartió conmigo. Tenía un sentido del humor muy desarrollado, en polaco *z cicha pęk* (un humor irónico). Desarrolló una gran técnica; realmente la dominó por completo, especialmente en lo que respecta al tiempo. A menudo perdía a propósito una oportunidad de responder en el momento en que todos esperábamos su reacción. Respondía con retraso, o agregaba algo a una discusión que ya había terminado. También me conmovió mucho su capacidad para mirarse a sí mismo y a otras personas de manera objetiva.

Hoy, la memoria de Juan Pablo II permanece viva. Refrescó nuestro cristianismo. Refrescó nuestra Iglesia. Siempre me impresionaron su inteligencia y buenos modales. Nunca interrumpió a nadie ni respondió de inmediato. Wojtyła —como buen dramaturgo— supo entrelazar un hilo con otro y volver de nuevo al primero.

Lo que menos se recuerda es que Juan Pablo II fue un artista. Tenía una gran comprensión del arte y su lugar en la Iglesia. Su *Carta a los Artistas* es un ejemplo de su reflexión sobre el misterio, la belleza y los aspectos prácticos del culto religioso. Él también fue poeta.

¿Qué necesitamos hoy para construir una civilización del amor?

Esta es la esencia de nuestro cristianismo, por eso necesitamos amor y verdad. Tenemos que cultivarlos y buscarlos, porque ninguno de nosotros es capaz de alcanzar toda la verdad y de amar perfectamente también. Sin embargo, nuestro deseo de verdad y amor ya nos lleva hacia un mundo mejor. No hay nada nuevo en hablar de una civilización de amor y de verdad. Este es el mensaje cristiano original y todavía es válido hoy.

KAZIMIERZ BRAUN

Director de teatro, autor y conferencista de renombre internacional, profesor de la Universidad de Buffalo, y antiguo alumno de Karol Wojtyła.

Profesor Braun, ¿cómo y cuándo se encontró con Karol Wojtyła por primera vez?

Wojtyła fue fundador y mentor del grupo Święta Lipka ("Holy Linden"). Me uní a este poco después de su lanzamiento en 1958, durante un retiro de verano en el monasterio de Święta Lipka, en el norte de Polonia. El núcleo del grupo estaba formado por estudiantes y jóvenes académicos de la Universidad Católica de Lublin (Katolicki Uniwersytet Lubelski). El grupo reflejó la manera de Wojtyła de evangelizar y formar el carácter de los jóvenes a través de círculos de oración y estudio; fomentaban la vida comunitaria en retiros, excursiones, vacaciones y encuentros. Mi hermana María estudiaba en KUL y se convirtió en miembro de Święta Lipka. De ella aprendí sobre este grupo.

Conocí a Wojtyła en 1959, en una reunión preparatoria para un campamento/retiro de verano del grupo Święta Lipka en Pobiedziska, cerca de Poznań, en un monasterio y escuela de monjas del Sagrado Corazón, que estaba vacante durante las vacaciones.

El entonces obispo Wojtyła, al enterarse de que yo estaba estudiando para ser director, me dio un papel para escribir: "Responsabilidad de un artista de teatro". En ese momento, él estaba preparando su libro *Amor y responsabilidad* para su publicación y el tema de la responsabilidad le interesaba especialmente. Yo sabía, por supuesto, que él había sido actor. Tal vez, como exactor, de alguna manera me seleccionó como estudiante de dirección y quiso guiarme en mi camino hacia el teatro. Durante la reunión de verano en Pobiedziska realizamos seminarios a la orilla del lago. Allí entregué mi trabajo. Después de una animada discusión de todo el grupo, el profesor-obispo lo aceptó.

¿Qué recuerda de sus encuentros con el futuro papa?

Su personalidad era llamativa y cautivadora. Estaba absoluta e inequívocamente concentrado en lo que hacía: cuando celebraba misa, cuando daba conferencias y cuando jugaba al voleibol. Tenía una voz melodiosa y le encantaba cantar. El repertorio habitual incluía una variedad de canciones: religiosas, folclóricas y militares, especialmente del Levantamiento de Varsovia de 1944. Su poder de concentración era, quizás, más evidente cuando escuchaba a alguien y cuando hablaba con alguien. Sin embargo, esta   concentración, este enfoque no era tenso. Era más bien una total apertura y voluntad de ayudar, de servir. A menudo sonreía. Durante una reunión con un estudiante, un visitante, cualquier persona, le dedicaba toda su atención y el tiempo que necesitara.

Él enseñó la oración con el ejemplo. Rezaba en cada momento libre. Además de la misa diaria y la Coronilla de la Divina Misericordia, rezaba el rosario una y otra vez. Meditaba y rezaba antes y después de cada misa. Cuando era profesor en KUL, solía ir a la iglesia ubicada en el campus durante cada descanso. En excursiones de senderismo, kayak o esquí, salía a caminar solo todos los días, orando, generalmente por la tarde. Nosotros solíamos decir: "Subió a una montaña", como Jesús, quien a menudo subía solo a una montaña para hablar con su Padre. (Con su permiso y aprobación, lo llamamos "tío", así que preferíamos decir: "El tío subió a una montaña"). Cumplió el mandato de San Pablo: "Oren sin cesar" (1 Tes 5,17). Podía sumergirse en una oración profunda en medio de una multitud que gritaba, cámaras que bailaban y luces parpadeantes.

¿Cómo se convirtió en alumno de Karol Wojtyła? ¿Qué aprendió de él?

Yo no era formalmente su estudiante en una universidad. Fui miembro del grupo Święta Lipka y, como tal, participé en seminarios ocasionales dirigidos por él durante las reuniones de ese grupo. Además, leí todas sus obras de teatro, libros y encíclicas; escuché sus homilías.

¿Qué aprendí de él? Persistencia, explorando, investigando y analizando un tema incansablemente, una pregunta, un problema... hasta que se resolviera el problema, hasta que se encontrara la respuesta, hasta que se creara un medio de expresión adecuado durante un ensayo de teatro.

Una vez usted dijo que el obispo Wojtyła le preguntó: "¿Cómo quieres unir la fe con el arte en tu obra de teatro? En el momento de la prueba, ¿qué elegirías, el mundo o Dios?".

Me gustaría profundizar más en ese encuentro crucial y memorable para mí con el obispo Wojtyła en Cracovia, en el invierno de 1960. En ese momento, yo ya era estudiante en la Escuela de Arte Dramático de

Varsovia. Estaba a punto de graduarme. Dirigí una obra de teatro en Cracovia. Llamé al obispo Wojtyła y tuve una larga conversación con él sobre mi futuro trabajo en el teatro profesional. Al final de esta reunión, él, en su forma habitual, me dijo que escribiera un artículo sobre los problemas que discutiríamos más tarde. Yo tenía que enumerar y analizar los aprietos morales de un joven director católico que trabaja en el mundo del teatro, que es totalmente laico. Escribí el documento y lo envié a su oficina, y después de un tiempo me convocó para otra reunión. Lo discutió conmigo a fondo. Al final de la reunión me dio algunas preguntas fundamentales que no debía responder de inmediato, sino más bien reflexionar y preguntarme una y otra vez en el futuro. Las repetí muchas veces: "¿Cómo quieres unir la fe con el arte en tu obra de teatro? En el momento de la prueba, ¿qué elegirías, el mundo o Dios?". Pero había más preguntas:

> ¿Cómo conectarías en tus producciones la búsqueda de los más altos valores estéticos con la búsqueda de expresar valores éticos y defender tu fe? ¿Cómo vas a conectar el físico de tus actores y los personajes que interpretan con su espiritualidad? ¿Cómo llevarás a tus espectadores al reino del espíritu a través del tejido material y la sensualidad del teatro? Y, de nuevo, cuando vengan las pruebas, y ciertamente vendrán, ¿qué elegirás: tu carrera o tu conciencia? ¿El mundo o Dios?

Después de su muerte, estas palabras quedaron para mí como su última voluntad y testamento.

¿Cómo usó Juan Pablo II el teatro para mostrarle el camino a Cristo? ¿Cómo impactó su fe?

Juan Pablo II dio cuatro modelos, por así decirlo, de un acercamiento al teatro: su breve pero importante experiencia como actor; su dramaturgia; sus críticas teatrales publicadas bajo el seudónimo de Andrzej Jawień; sus referencias a los grandes poetas y dramaturgos polacos Adam Mickiewicz y Cyprian Kamil Norwid en sus homilías y en su *Carta a los Artistas* (1999). En todos estos campos destacó el potencial espiritual del teatro.

Diga más sobre Karol Wojtyła como hombre de teatro.

Visité el apartamento de los Wojtyła en Wadowice, al lado de la iglesia, prácticamente de pared a pared con la iglesia parroquial. En la cocina y en los dormitorios se oían campanas, cantos y oraciones corales. Esto habría sido un estímulo valioso para la sensibilidad y la imaginación de un niño, así como para su educación religiosa. La iglesia estaba tan cerca, fácilmente accesible. Frecuentemente asistía con sus padres a misa, rosarios, devociones, procesiones. Después de que su madre falleciera, siempre estaba en la iglesia con su padre. Temprano se convirtió en monaguillo, asumiendo un papel activo en los servicios, "actuando" así en público. Conocido por su piedad, fue seleccionado como "presidente" de la asociación de monaguillos. Actuó en la escuela secundaria. Hay testimonios de que fue un actor destacado, muy talentoso. Fue el "protagonista" en un teatro de aficionados en Wadowice y luego en el Teatro Rapsódico, en Cracovia. Wojtyła era guapo, con una voz fuerte y melodiosa, y la capacidad de estar ante el público. En términos teatrales, tenía una presencia escénica muy fuerte y un sentido de la verdad. Todo eso se combinaba con su brillante inteligencia y una profunda vida espiritual que se iluminaba cuando actuaba o recitaba poesía. Tenía un gran potencial para convertirse en un destacado actor, una estrella que brillaba en los papeles de grandes héroes, como Orestes, Hamlet, El Cid o Konrad en la obra maestra polaca del drama poético de Mickiewicz: *La víspera de los antepasados.*

Sin embargo, eligió el sacerdocio. Su carrera teatral llegó a su fin al terminar el otoño de 1942, cuando cambió su teatro clandestino por un seminario clandestino. Abandonó el teatro, pero no lo olvidó. Dejó un legado y un ejemplo para toda la gente del teatro: actores, directores, diseñadores, dramaturgos, todos: puedes ser un artista brillante, un perfecto profesional, un maestro de tu oficio y, al mismo tiempo, puedes ser un buen y devoto católico practicante. Sí, puedes. ¡Y deberías!

¿La experiencia de Wojtyła en el Teatro Rapsódico le ayudó más tarde a llevar a cabo su misión en el Vaticano?

Por supuesto. Después de todo, durante años —como sacerdote, obispo, arzobispo y finalmente papa— fue una figura pública y un artista. Su fuerte presencia en el escenario y su "sentido de la verdad" como actor joven siguieron siendo una base sólida para su dicción perfecta; su hábil control de la voz; su matizada entrega de texto; su capacidad para comunicarse con multitudes, dirigir las emociones de las personas y transmitir de manera convincente y clara los puntos teológicos y filosóficos más difíciles. Todo eso tuvo sus raíces en los ensayos teatrales y las representaciones públicas, primero en Wadowice, luego en Cracovia, bajo la dirección de Mieczysław Kotlarczyk, su maestro, mentor y director. Podemos suponer que estas primeras experiencias de actuación lo ayudaron en los años siguientes a la vista del público.

En su libro Don y Misterio, Juan Pablo II escribió: "Me mantuve en contacto con el teatro de la palabra viva que Mieczysław Kotlarczyk había fundado y continuaba dirigiendo en la clandestinidad". ¿Qué diría sobre la participación de Karol Wojtyła en el Teatro de la Palabra?

¿Por qué Juan Pablo II habla de "teatro de la palabra viva"? ¿Por qué usa la palabra clandestina? Esto debe ser explicado. Consideremos primero lo "clandestino". Como sabemos (quizás la generación joven no lo sepa...), la Segunda Guerra Mundial comenzó con el ataque de Alemania a Polonia el 1 de septiembre de 1939, seguido del ataque de la Unión Soviética el 17 de septiembre. En ese momento, Wojtyła vivía en Cracovia, donde un año antes se había matriculado en el Departamento de Literatura Polaca de la Universidad Jagellónica. En el otoño de 1939, Polonia se dividió en tres zonas: Alemania tomó partes de sus territorios del oeste, norte y sur; la Unión Soviética tomó el este y parte del norte; la parte central, incluidas las ciudades de Varsovia y Cracovia, fue ocupada por Alemania y designada como "Gobierno General". Todas las instituciones polacas culturales, educativas y artísticas, junto con la economía, la administración y el poder judicial, fueron cerradas o tomadas por los invasores; por ejemplo, las escuelas polacas en todos los niveles fueron cerradas bajo el gobierno soviético, mientras que en la zona ocupada por los alemanes solo podían tener cuatro grados. La Universidad Jagellónica fue cerrada, junto con todas las demás universidades polacas. El gobierno polaco fue exiliado a París y luego, tras la derrota de Francia, a Londres; pero mantuvo una división clandestina en el país, con una administración civil, ejército, poder judicial y otras ramas.

La escena teatral, muy animada antes de la guerra, se extinguió. Los teatros fueron destruidos, tomados por los invasores o simplemente cerrados. Las empresas de actuación se disolvieron. En esta situación, una amplia variedad de actividades secretas condujo a la formación de toda una vibrante red clandestina de vida teatral, que incluía representaciones, formación de actores y dramaturgia. Se organizó el Consejo de Teatro Clandestino, que supervisaba y apoyaba las actividades clandestinas. Todos estos esfuerzos fueron guiados por la venerable tradición polaca del "teatro de servicio", el teatro practicado como un servicio tanto para el arte como para la nación. En la Polonia predominantemente católica eso significaba también el servicio a Dios a través del arte.

Debe entenderse claramente que todas las representaciones teatrales clandestinas y otras actividades eran ilegales desde el punto de vista de las autoridades de ocupación y estaban estrictamente prohibidas por ellas. Tanto los actores como los espectadores corrían el riesgo de ser castigados con prisión, deportación a campos de concentración o incluso la muerte. Las producciones se daban en apartamentos y casas particulares, en monasterios y refugios en las montañas. Preparar producciones clandestinas, representarlas o asistir a ellas requería valor, determinación y una sed insaciable de libertad. Esto fue motivado por el patriotismo y la creencia de que los valores humanos, espirituales y artísticos debían celebrarse en un mundo que era absolutamente inhumano.

En este contexto podemos hablar del "teatro de la palabra viva". Mieczysław Kotlarczyk (1908–1978) fundó el Teatro Rapsódico en Cracovia bajo la ocupación alemana. Fue una operación clandestina en completo secreto. Karol Wojtyła fue miembro de esa compañía desde el principio. El Rapsódico fue de hecho un "teatro de la palabra viva". ¿Por qué? Porque el medio básico de expresión era la recitación, o más bien la entrega expresiva de poesía o prosa, con actuaciones sobrias y estilizadas, accesorios escénicos mínimos y vestuario sencillo. El principal, el más importante, prácticamente el único medio esencial de expresión y el principal modo de comunicación del actor con el público era la palabra, el texto hablado. Toda la vida compleja y multidimensional de un personaje de teatro tenía que ser transmitida solo por la palabra. En cierto modo, la palabra debía tener una vida propia y plena. Por lo tanto, Juan Pablo II hablaba de "la palabra viva".

Wojtyła actuó en la primera producción del Teatro Rapsódico, *King Spirit*, de Juliusz Słowacki, que se inauguró el 1 de noviembre de 1941. Luego participó en producciones posteriores basadas en la poesía de Słowacki, Jan Kasprowicz, Stanisław Wyspiański, Cyprian Kamil Norwid y Adam Mickiewicz. Adquirió un dominio hábil de su voz, expresión verbal, dicción e interpretación del texto, así como de sus movimientos y emociones. Ensayar y actuar en las producciones clandestinas implicaba tanto la actuación como el desarrollo del carácter. Muy sencillo: el trabajo del teatro clandestino era mortalmente peligroso.

El Teatro Rapsódico clandestino de Mieczysław Kotlarczyk estaba aso-
ciado con la organización demócrata cristiana clandestina Unia, a la que
se unió Wojtyła. Unia estaba dirigida por su tío Jerzy Braun. Cuéntenos
sobre la conexión de Wojtyła con Unia.

Fue Jerzy Braun quien animó a Mieczysław Kotlarczyk a crear el
Teatro Rapsódico. En cierto modo, pues, Unia dio a luz al Teatro Rapsódico. Unia era una gran organización. Fue fundada en la primavera
de 1940 a partir de la fusión de tres grupos patrióticos clandestinos
y pronto se le unieron otras organizaciones, con el objetivo común
de defender la tradición, la cultura y la identidad nacional polacas,
así como el apoyo cultural, intelectual y académico, y la vida artística
bajo las circunstancias de la guerra y la ocupación. Desde el principio,
Unia también tuvo sus unidades militares. Unia tuvo varios capítulos:
Sindicato de la Cultura, Sindicato del Trabajo, Sindicato de Mujeres,
Sindicato Social y Sindicato de la Juventud. En Cracovia, Unia tenía
unos 1.500 miembros. También tenía células por toda Polonia.

Toda la organización estaba activa en tres campos principales:
cultura, política y militar. En términos de cultura, Unia publicó dos
periódicos clandestinos, financió la publicación de libros, organizó
conferencias, debates y simposios tanto académicos como literarios,
y apoyó todo tipo de eventos culturales y artísticos, de ahí la idea de
crear un teatro clandestino. La actividad política de Unia incluyó la
participación en el estado clandestino polaco. Jerzy Braun, presidente
de Unia, fue en 1945 el jefe del parlamento clandestino y más tarde el
jefe de la rama local del gobierno polaco en el exilio. (Tenía el rango de
viceprimer ministro, mientras el primer ministro residía en Londres).
La rama militar de Unia constaba de varias unidades de combate y una
enorme planta clandestina de producción de granadas. Unia contaba
entre sus miembros a eruditos, escritores, artistas, políticos, gente de
teatro y militares, así como del clero, incluidos dos obispos. Hubo
grandes estrellas del teatro de antes de la guerra: Juliusz Osterwa, Stefan
Jaracz, Leopold Kielanowski y otros. Kotlarczyk junto con Wojtyła se
unieron a Unia y prestaron juramento. (Era tiempo de guerra. Unia
tenía una estructura clandestina muy estricta y observaba procedimientos rigurosos).

Yo creo que Unia fue para Wojtyła una experiencia importante.
Participó en las discusiones académicas y literarias, interactuando con
destacados eruditos y escritores. Asistió a conferencias académicas.

Podía leer las publicaciones de Unia, que representaban un nivel intelectual y filosófico muy alto. Se encontró en un medio de personas para quienes las ideas y los valores más elevados tenían prioridad absoluta y que eran patriotas intachables.

Karol Wojtyła sin duda fue moldeado por el romanticismo polaco. Si bien sus primeros dramas reflejan su interés por Słowacki, Mickiewicz y Wyspiański, fue Cyprian Kamil Norwid quien ejerció la influencia más profunda en su poesía. ¿Puede explicar el impacto de Norwid en Wojtyła?

Karol Wojtyła descubrió a Cyprian Kamil Norwid muy temprano en su vida. Su padre le dio lecciones privadas de historia y literatura polacas, ilustradas con lecturas de importantes poetas, incluido Norwid, que a Wojtyła le fascinaba. Para un concurso de poesía de la escuela secundaria en 1936, él eligió recitar el *Promethidion* de Norwid, un tratado filosófico-poético, en el que el autor escribe:

> Así veo el futuro del arte en Polonia: como una bandera en la torre del trabajo humano. No como una diversión o una disertación, sino como el más alto oficio apostólico, o como la oración más baja de un ángel.

Ese parece ser el ideal tanto de Norwid como de Wojtyła en su poesía: un vínculo indisoluble entre el trabajo humano, el arte y la oración.

Norwid era un hombre profundamente religioso. Escribió varios poemas religiosos y con frecuencia incluyó expresiones religiosas en sus otras obras, así como en numerosas alocuciones y discursos públicos. Su fe estaba inseparablemente unida al arte; él creía que el arte no podía existir sin la fe. El fundamento de todos sus escritos era una actitud de católico y de verdadero hijo de la Iglesia, junto con un profundo conocimiento de la Biblia. Su catolicismo era profundo, intelectual y filosófico. Siempre estaba infundiendo poesía con filosofía. Miró el universo desde la perspectiva de un creyente. Dios estuvo siempre presente en su visión de la existencia humana y de la realidad terrena. Fue un acérrimo defensor tanto de la tradición cristiana como nacional. Al mismo tiempo, fue un experimentador audaz. Sus escritos abundan en inventiva lingüística, poderosas metáforas e imágenes sorprendentes.

Todas estas características de la variedad literaria de Norwid parecen resonar en la poesía de Wojtyła. Este extrajo otros problemas artísticos, éticos y teológicos importantes, directa o indirectamente del pensamiento de Norwid: la realidad y el poder de la palabra; la labor humana; la esencia de la humanidad; la relación entre un individuo, la nación y la raza humana; la relación entre el individuo y toda la humanidad por un lado, y la Iglesia —la Iglesia católica universal— por el otro.

Supongo que Norwid también influyó en la visión del teatro de Wojtyła. Fue Norwid quien escribió esta breve definición de teatro: "El teatro es el atrio del cielo"; el atrio de una casa romana era la parte central de todo el edificio, sin techo, abierto al cielo. Juan Pablo II vio el teatro como tal estructura, con paredes sólidas y muchos cuartos que albergan a muchas personas, y con una sala que no tiene techo, la que nos permite ver el cielo, el templo de Dios; permite el acceso directo al cielo. El teatro era para él también un vehículo que podía y debía elevar a los espectadores —inspirados por los dramaturgos, guiados por los directores, conducidos por los actores— y transportarlos a un reino celestial.

Esta visión y modelo de teatro, un atrio del cielo, formulado por Norwid, presentado por Wojtyła en sus propios escritos y recordado por Juan Pablo II, tuvo un efecto significativo en mí. Estudié a Norwid, escribí sobre él y dirigí varias de sus obras. Que Wojtyła, y luego Juan Pablo II siguieran a Norwid en su entendimiento del teatro fue para mí una confirmación de que estaba en la trayectoria correcta en mi camino por el mundo del teatro.

Encontramos la lectura más completa de Norwid por Wojtyła en su discurso a los peregrinos polacos en el Vaticano, en el 180 aniversario del nacimiento de Norwid en 2001. En este texto, Juan Pablo II destaca las características fundamentales de la escritura de Norwid: "El poder de la autoridad de Norwid se deriva de la Cruz"; y más adelante: "La oración permitía al poeta descubrir siempre a Dios bajo el manto de las cosas terrenales". Estas declaraciones también pueden referirse a Juan Pablo II. En el mismo discurso, el papa cita con aprobación a Norwid: "La humanidad sin Dios se traiciona a sí misma".

¿Cuál de las obras de Wojtyła es la más cercana a su corazón y por qué?

El taller del orfebre. Escrito en 1960, está cerca de su libro *Amor y responsabilidad.* El primero es un drama poético. Este último, un estudio moral, filosófico, psicológico y también médico. De alguna manera se complementan entre sí. Primero leí *Amor y responsabilidad.* En realidad, mi entonces prometida, Zofia Reklewska, y yo leímos este libro casi como un manual. Nos ayudó a prepararnos para el matrimonio, hace 60 años. Más tarde leí *El taller del orfebre*. Es un juego profundamente psicológico y también puede ser tratado como una catequesis artística para personas que planean casarse y buscan vivir honestamente. Ofrece un material rico y complejo para actores y también para diseñadores de moda y compositores; de hecho, ya se han basado dos musicales en él. Para un director, *El taller del orfebre* es, a la vez, un desafío especial y un depósito de oportunidades.

Esta es la obra de teatro de Karol Wojtyła que se produce con mayor frecuencia. El estreno mundial fue preparado por el gran director polaco Leopold Kielanowski en el Teatro Polski, de Londres, en 1979, en polaco. Siguieron más de 20 producciones en teatros profesionales en Polonia, primero en el Teatro Dramatyczny, en Wałbrzych, en 1981. Fue dirigida por Andrzej Maria Marczewski, quien luego montaría *El taller del orfebre* ocho veces en diferentes escenarios. En 1988 se estrenó una excelente película italiana basada en él, dirigida por Michael Anderson, con Burt Lancaster como el joyero. Yo trabajé en *El taller del orfebre* en 1994, en el Teatro Polski, de Nueva York, asesorando la producción dirigida por Ireneusz Wykurz. (Esta producción se realizó en inglés).

Una vez usted dijo: "Juan Pablo el Grande ha permitido que la gente deje atrás el miedo. Ha resucitado y sanado nuestra esperanza como una caña quebrada. Ha avivado las chispas de la fe y el valor en una llama. Sobre todo, ha abrazado a todos con amor incondicional".

Usted es muy amable al recordar mis palabras. Puedo citarme a mí mismo nuevamente para ampliar esto.

Al final de mi novela sobre Juan Pablo II, *Día de testificar*, su antiguo alumno, el padre Andrzej (un personaje ficticio), se encuentra en gran peligro. Él no sabe qué hacer. Pero...

> Él recordó las palabras del papa. Ese gran y sencillo eslogan que pronunció al comienzo de su pontificado y tantas veces repitió: "¡No tengan miedo!". Era un llamado a los viejos y jóvenes, cónyuges e hijos, los perdidos y los escépticos, los despreciativos, los temerosos y los moribundos, de hecho, a toda la humanidad. Un llamado profético extraído de lo profundo de Isaías: No temas, porque yo estoy contigo. Amonestación y aliento de Cristo dirigidos a los Apóstoles: No teman, pequeño rebaño, y transportados a nuestro tiempo.
> "¡No tengan miedo!".
> No tengan miedo, pensó el padre Andrzej, porque estás redimido.

No tengan miedo, ya que la Santísima Madre está con ustedes y ella no tuvo miedo. No tengan miedo, ya que los apóstoles, mártires y santos no temieron. No tengan miedo porque la luz brilla en las tinieblas y ninguna oscuridad puede apagarla. No tengan miedo porque el poder de la cruz de Cristo y de su resurrección es mayor que cualquier mal.

"¡No tengan miedo!".

El Espíritu de Dios le dio estas palabras al hombre de una tierra lejana llamado a ser papa. Debían servirle como espada y escudo, como antorcha y semilla para sembrar. E incluso cuando él ya no pudiera expresarlas, estas palabras seguirán resonando en nuestros corazones.

"¡No tengan miedo!".

¿Qué necesitamos para construir una civilización del amor?

Una pregunta muy difícil… Pero la respuesta parece ser simple: nosotros, todos, toda la raza humana, deberíamos volver al Decálogo. Y una respuesta aun más sencilla: tenemos que volver a este primer y más grande mandamiento: Amarás al Señor tu Dios, con todo tu corazón, con toda tu alma y con todas tus fuerzas. Y ama a tu prójimo como a ti mismo.

MARTA BURGHARDT

Académica, conferencista, editora y autora de libros y artículos sobre San Juan Pablo II. Ella pertenece al Comité Teológico y Filosófico y al Comité de Literatura para la Edición Crítica de las Obras de Karol Wojtyła en el Instituto de Diálogo Intercultural Juan Pablo II, en Cracovia. Estudió en la Universidad de Roma.

¿Cómo empezó su camino con Karol Wojtyła?

Debo responder con las palabras del Evangelio: "Tú no me elegiste a mí, sino que yo te elegí a ti". Mi camino con Juan Pablo II se ha prolongado ininterrumpidamente durante 25 años. Empezó cuando estaba estudiando en Italia y mis amigos querían conocer mejor la poesía del papa polaco. Traduje para ellos una poesía muy difícil de Karol Wojtyła, del polaco al italiano. Juntos la discutimos y buscamos significados ocultos. En esta poesía, cada palabra tiene su propio peso. Según los estudiantes italianos, mis raíces polacas prácticamente me impusieron la obligación de conocer cada detalle de la vida del autor. No quería decepcionarlos, así que traté de aprender lo más posible sobre el Santo Padre. Escribí mi tesis de maestría sobre "Teorías de la traducción literaria basadas en la poesía de Karol Wojtyła". Mientras escribía mi tesis doctoral, descubrí que la poesía que escribió en su juventud nunca había sido traducida a ningún idioma extranjero, así que me desafié a mí misma y traduje 17 "Sonetos" al italiano. Mi universidad, Libera Università Maria Santissima Assunta, en Roma, me concedió un premio literario que me dio la oportunidad de publicar mi traducción. Presenté toda su poesía juvenil en polaco, con una traducción italiana paralela, extensas anotaciones críticas y explicaciones editoriales de términos muy difíciles. Yo también escribí un prólogo para cada poema.

Por favor, explique la naturaleza de su trabajo actual sobre Karol Wojtyła.

En 2015, el cardenal Stanisław Dziwisz, durante mucho tiempo Secretario Personal de Karol Wojtyła, primero como metropolitano de Cracovia y luego como papa Juan Pablo II, estableció el Comité Académico para la Edición Crítica de las Obras Literarias de Karol Wojtyła/Juan Pablo II. Yo me convertí en su secretaria. Estamos revisando todas las versiones sobrevivientes de cada trabajo: manuscrito, documento mecanografiado, primera edición y ediciones posteriores. Luego nos esforzamos por restaurar la versión más fiel posible, la más cercana a la intención del autor. Las correcciones y eliminaciones del autor, enumeradas en diferentes repeticiones del texto, muestran la evolución del pensamiento de Wojtyła, mientras que las variaciones en las publicaciones son a menudo simples errores. Hay un gran interés en nuestro trabajo en todo el mundo. Han aparecido las primeras traducciones de poesías y dramas en lenguas extranjeras a partir de nuestra obra, que presenta sus poemas completos en tres volúmenes.

¿Cuál ha sido su mayor desafío hasta ahora al traducir la "juvenilia" de Karol Wojtyła?

Trabajé en la traducción al italiano en Roma de 2001 a 2003. En cuanto a su "juvenilia" (obras de su juventud), el mayor desafío fue el lenguaje estilizado. También hay muchos arcaísmos y regionalismos. Había referencias a ciertas personas que no pude identificar. Hubo dificultades con las que nadie me pudo ayudar. Afortunadamente, pude aclarar mis inquietudes directamente con el autor. Por lo tanto, trabajé con el papa.

Describa el lenguaje literario de Karol Wojtyła. ¿Qué dificultades, a su juicio, plantea a los lectores?

En la poesía de Karol Wojtyła hay elementos de teología, antropología, historia y tradición; se refiere a menudo a las Sagradas Escrituras, pero también a la cultura de la antigüedad. Los textos literarios son excelentes para la meditación. Un joven se relaciona con ellos de manera diferente a quien los lee al final de su vida. En efecto, esta poesía no es fácil de entender; no se puede leer superficialmente y exige madurez. Además, no es suficiente leerla una vez para obtener el significado adecuado. La obra literaria de Wojtyła es muy exigente y muy profunda. El poeta confesó en su juventud que llevó profundamente sus pensamientos durante mucho tiempo antes de trasladarlos al papel. Y esto es evidente incluso en su obra posterior. Además, los temas de su poesía y drama a menudo regresan en una forma diferente, como un tratado filosófico, y años más tarde en la enseñanza papal. Por ejemplo, el amor y el matrimonio fueron el tema de sus conferencias sobre teología moral en la Universidad Católica de Lublin, en 1956-1958. Las conferencias se basaron en su obra de teatro *El taller del orfebre* (1960) y la monografía *Amor y responsabilidad* (1960). Vale la pena agregar en este contexto que en 1960, el entonces obispo Wojtyła estableció el Instituto de la Familia. Además, al comienzo de su pontificado, la catequesis de los miércoles del papa se refería a la teología del cuerpo y resultó en la publicación de *Hombre y mujer los creó*. No podemos separar al poeta del filósofo y teólogo; el trabajo de Wojtyła siempre tiene varias capas.

El cardenal Dziwisz le entregó un valioso manuscrito (y una copia mecanografiada) de 13 catequesis del arzobispo Karol Wojtyła. Como ha mencionado, usted trabaja con los manuscritos del Santo Padre. Por favor, explique cómo fue su trabajo sobre las Meditaciones del Areópago. ¿Qué piensa del texto de Wojtyła?

Las *Meditaciones del Areópago* son una serie de 13 catequesis influenciadas por el Concilio Vaticano II. El arzobispo Karol Wojtyła estuvo muy involucrado en la redacción de la *Gaudium et Spes*, la Constitución pastoral sobre la Iglesia en el mundo moderno. El intercambio de opiniones con los padres conciliares, llegados de todos los continentes, una nueva apertura a las religiones no cristianas y la necesidad de volver a las raíces del cristianismo estimularon a su vez su propio pensamiento.

Vale la pena recordar que el concilio se celebró entre 1962 y 1965, cuando Polonia estaba bajo el yugo comunista. Las autoridades concedieron permiso para viajar solo a algunos obispos. Y los que consiguieron pasaportes fueron no solo a Roma sino, a petición del Santo Padre, a Tierra Santa, en diciembre de 1963. De camino, se detuvieron en Atenas, donde visitaron la Acrópolis y el Areópago. La conciencia de seguir los pasos de San Pablo, el Apóstol de las Naciones, debió influir profundamente en el arzobispo Wojtyła, ya que tomó el sermón de San Pablo en el Areópago y lo convirtió en el punto de partida de una serie de 13 catequesis. No sabemos a quién las destinaba; no sabemos cuándo las entregó; ni siquiera estamos seguros de si fueron entregadas. El hecho de que se hayan conservado en forma de manuscrito de 39 páginas sueltas sugiere que probablemente fueron escritas en Italia. Me conmovió mucho cuando el cardenal Stanisław Dziwisz me pidió que las transcribiera y editara durante la Cuaresma de 2018. Esto se convirtió en el retiro más hermoso para mí, solo con la catequesis del Santo Padre Juan Pablo II. El resultado fue un libro que se publicó en los Estados Unidos como *Enseñanza para un mundo incrédulo*.

¿Cómo moldearon sus escritos posteriores el estudio juvenil de Karol Woj-
tyła sobre la literatura polaca, su conocimiento de los grandes clásicos
del romanticismo polaco, sus estudios en la Universidad Jagellónica de
Cracovia y su experiencia teatral con Mieczysław Kotlarczyk?

Karol Wojtyła se graduó de la escuela secundaria con un profundo
conocimiento de la literatura polaca, griega, latina y alemana moderna.
Amaba la geografía y la historia, y pertenecía a muchos clubes escolares diferentes, valorando más el teatro y la interpretación: no solo era
actor sino también coproductor y codirector. Con su excelente dicción,
hermosa voz, buena proyección, memoria confiable y versatilidad, se
encontró muy solicitado entre los teatros aficionados. Estudió lengua y
letras polacas en la Universidad Jagellónica. Durante la Segunda Guerra
Mundial, las autoridades de ocupación alemanas arrestaron a los profesores de la Universidad Jagellónica y, ante los ojos de Wojtyła, camiones
alemanes transportaron a las élites polacas a campos de exterminio. Sin
embargo, el joven poeta no abandonó sus estudios. Continuó estudiando literatura polaca por su cuenta, redactó sus primeras obras de
teatro y aprendió francés y español. Memorizó los clásicos del romanticismo polaco, que presentó junto con un grupo de otros entusiastas,
a riesgo de sus vidas, a una audiencia de sus compatriotas esclavizados
por los nazis. Durante la guerra, se encontró con algunas personas
distinguidas del teatro. En particular, adquirió mucho conocimiento y
arte de Mieczysław Kotlarczyk, con quien cofundó el Teatro Rapsódico.
Toda esa experiencia influyó en todos sus escritos posteriores.

¿Cómo recuerda su último encuentro con el papa polaco? ¿Quién era él
para usted?

Mi último encuentro con Juan Pablo II tuvo lugar en su biblioteca privada el 19 de noviembre de 2004. Estuve allí para presentar la
traducción al italiano de sus primeros poemas. Juan Pablo II hablaba
con mucha dificultad, por lo que el cardenal Stanisław Dziwisz nos
transmitió sus palabras. Tuve la impresión de que el secretario estaba
leyendo la mente del papa. El encuentro fue muy cálido, cordial; parecía
un poco como una "conferencia de padres y maestros", porque el Santo
Padre preguntó por mí, y mi supervisor, el profesor Paolo Martino, y el
presidente de LUMSA, Giuseppe Della Torre, no escatimaron palabras
amables en mi nombre. Sin embargo, fue el Domingo de Ramos de
2005, cuando vi al Santo Padre sentí que me despedía de él para siempre.
Estaba parado en la Plaza de San Pedro, y su apariencia me conmovió

profundamente; lloré. Los días 1 y 2 de abril yo estuve en vigilia frente a la ventana papal. De repente se anunció que el papa se había ido a la Casa del Padre. Todavía puedo escuchar los aplausos interminables y el *Te Deum* espontáneo. Estuve presente cuando el cuerpo de Juan Pablo II fue trasladado del palacio apostólico a la basílica de San Pedro. Esperé todo el día en la fila para presentar mis últimos respetos. Y vine a su funeral. Sentí que había perdido a alguien cercano. Mis amigos italianos y franceses me llamaron, preguntándome si debían expresarme sus condolencias o más bien su gratitud a Polonia por este gran pontífice. Después de vivir muchos años en Roma, regresé a Polonia dos días después del funeral, porque sentí que quedarme en Roma sin Juan Pablo II no tenía sentido. ¿Quién fue Juan Pablo II para mí? Era mi padre, mi apoyo y mi autoridad suprema. Cuando él me miró, supe que todo lo que estaba haciendo era importante. Por lo tanto, creo que no fui yo quien eligió la dirección del camino de mi vida, sino Karol Wojtyła quien me eligió para servirlo.

¿Cuáles considera que son las tres ideas más importantes en las enseñanzas de Juan Pablo II que se refieren a su legado literario?

Dividiría su poesía en tres grupos separados: mística y pastoral; ética y social; y, finalmente, sobre su tierra natal, Polonia. En cuanto a sus enseñanzas como papa, consideraría las siguientes áreas: primero, la civilización del amor, la paz en el mundo, el respeto por la dignidad humana y la protección de la vida. En segundo lugar, está su enseñanza social. En tercer lugar viene la teología del cuerpo y el papel de la mujer en el mundo moderno.

El proceso de beatificación de los padres de San Juan Pablo II ha comenzado. No hay duda de que la actitud espiritual del papa se formó y fomentó en su familia. ¿Cómo pudieron Emilia y Karol Wojtyła, los padres de Juan Pablo II, convertirse en un paradigma para las familias contemporáneas?

En casa, Karol Wojtyła adquirió una fe ardiente, un conocimiento de las Sagradas Escrituras y un respeto por las personas. Él recordaba las manos de su madre que le enseñaron a hacer la señal de la cruz. Dijo que se enteró del sufrimiento de su madre porque la recordaba principalmente como una persona enferma que buscaba ayuda de numerosos médicos. Karol vio a su padre arrodillarse para orar. El señor Wojtyła permaneció inmerso en la oración durante las noches de insomnio, especialmente después de la muerte de su esposa. Tres años después ocurrió otra tragedia. Su hijo primogénito, Edmund, falleció a los 26 años. Fue un gran médico, que dio su vida atendiendo pacientes en una sala de enfermedades infecciosas, indefenso ante enfermedades mortales para las que no había cura en ese momento. El padre soportó sus pruebas con una valentía parecida a la de Job. No se derrumbó ni cayó en depresión, sino que ofreció su sufrimiento a Dios.

Hoy, el papa Francisco habla de los santos que viven en la puerta de al lado. Ninguno de nosotros recuerda tiempos más desafiantes que el que vivimos actualmente: humillados por la pandemia, impotentes e indefensos, cuando todos los logros de la ciencia parecen valer poco frente a un enemigo invisible. Pienso que los padres de San Juan Pablo II eran precisamente "santos silenciosos del barrio". La elevación de Emilia y Karol Wojtyła a los altares puede hacer que todos nos demos cuenta de que la búsqueda de la santidad tiene lugar aquí y ahora, y no solo después de la muerte. Veo a Emilia Wojtyła como la patrona de las madres con un embarazo en peligro, o de las madres que perdieron a sus hijos justo después del nacimiento. Karol Wojtyła sénior, en mi opinión, es un modelo perfecto para un padre soltero que cría a sus hijos. Creo que ambos padres son un buen ejemplo para nosotros, y no muy distantes en el tiempo. Vivieron en condiciones difíciles similares a las nuestras, lucharon con problemas similares y, sin embargo, nunca se desviaron de su camino hacia la santidad.

¿Qué necesitamos hoy para construir una civilización del amor?

Para construir una civilización del amor, necesitamos la fe, la fuerza de la oración, la empatía y la sensibilidad ante la difícil situación de los demás. Como dijo el Santo Padre, debemos construir puentes, no muros. Y todos deberíamos estar involucrados en este proyecto.

STANISŁAW DZIEDZIC

Profesor, historiador literario polaco, autor, conferencista, exdirector del Departamento de Cultura y Patrimonio Nacional de la ciudad de Cracovia.

¿Cuál de sus encuentros con Juan Pablo II recuerda más vívidamente?

Cada encuentro con Juan Pablo II fue un gran honor para mí y cada uno desempeñó un papel importante en mi vida. Los recuerdo todos bien. El primero tuvo lugar en el Palacio Apostólico, en el apartamento papal privado, en la primavera de 1994. El Santo Padre acababa de confirmar su autoría de 17 sonetos juveniles y un himno llamado *Magníficat*, cuyos manuscritos se conservan en las colecciones privadas de Sophia y Mieczysław Kotlarczyk, a quienes se los había enviado en noviembre de 1939 para su evaluación.

Los textos sobrevivieron a pesar de la agitación de la guerra y la dislocación. Gracias a la amabilidad de la hija de los Kotlarczyk, con total confidencialidad, entregué fotocopias a Juan Pablo II. Esperaba permiso para publicarlos. Por cierto, hasta ahora solo se ha publicado el *Magníficat*, aunque en una versión ligeramente diferente. Volveré a esto más adelante. El autor accedió a compartir los sonetos con el compositor polaco Juliusz Łuciuk, quien compuso un escenario orquestal para el Soneto IX.

Explique el título de su libro sobre Karol Wojtyła: God's Romantic.

El romanticismo de Wojtyła (inspirado en Mickiewicz, Słowacki, Norwid y el neorromántico Wyspiański) estaba centrado en Dios. En el himno *Magníficat*, Karol Wojtyła, de 19 años, se dirige al Dios Único. Él encarnó una imaginación filosófica y estética de lucha romántica. Con esta imaginación anclada a una conciencia bien formada de lo sobrenatural, se convirtió en un modelo del místico ideal: el romántico de Dios.

¿Cómo entendió Juan Pablo II la interpenetración de la palabra de Dios y la palabra del hombre?

Karol Wojtyła fue un maestro de la palabra desde los primeros años de la escuela secundaria. Siempre entendió el lenguaje como el aspecto fundamental de la cultura de una nación. Esta forma de pensar sobre el teatro y la poesía, llevando consigo la idea de la palabra, también en un sentido sagrado, dio origen al Teatro Rapsódico. El cardenal

Franciszek Macharski se refirió acertadamente a Juan Pablo II como la "Rapsodia de la Palabra Eterna".

Centrémonos en la última obra literaria de Juan Pablo II, el *Tríptico Romano*. Como señaló acertadamente Michał Masłowski, Wojtyła fue quizás el primer papa en la historia en utilizar la poesía para expresar la verdad de la fe. Masłowski también cita las palabras del Premio Nobel Czesław Miłosz del Tratado de poesía en el sentido de que "una estrofa clara puede tener más peso que todo un carro de prosa elaborada". Miłosz afirmó que Juan Pablo II logró su objetivo en el *Tríptico Romano* al combinar poesía, metáfora y precisión argumentativa. Ha afirmado, además, que incluso las encíclicas de Juan Pablo II son obra del último romántico polaco, por su estilo, contenido y forma.

¿Cómo describiría la obra literaria de Karol Wojtyła?

La obra literaria de Karol Wojtyła incluye drama y poemas. Entre las obras líricas, hay literatura juvenil, incluidos dos volúmenes de poesía: *The Beskidy Tramps* y *The Psalter: A Slavic Book*, también llamado por el autor *The Renaissance Psalter*. Además, hay dos dramas de los primeros años de la Segunda Guerra Mundial: *Job* y *Jeremiah*. Su primera obra, *David* (1940), no ha sobrevivido.

Le siguen *Hermano de nuestro Dios* y las dos últimas obras meditativas: *El taller del orfebre* (1960) y *Radiación de paternidad* (1964). Su producción literaria también incluye obras de carácter místico (entre ellas *Canción del Dios oculto*). Entre los poemas se encuentra *Stanisław*, completado unos minutos antes de partir para el cónclave del 15 de octubre de 1978. Vale la pena mencionar que su producción en Cracovia incluye críticas reflexivas y ensayos sobre teatro, especialmente las representaciones del Teatro Rapsódico.

¿Por qué eligió Wojtyła estudiar literatura polaca en la Universidad Jagellónica de Cracovia?

La mayoría de las personas en Wadowice que fueron a la universidad lo hicieron en Cracovia, con su Universidad Jagellónica, la Academia de Bellas Artes y la Academia Minera y Metalúrgica. La Jagellónica tenía los mejores profesores de estudios polacos. Juan Pablo II enfatizó repetidamente cuánto les debía.

En todos sus años de la escuela secundaria, mostró interés tanto en el teatro como en la literatura. Actuó en los escenarios de Wadowice con éxito. Hubo muchas personas que influyeron en él, sobre todo su maestro Kazimierz Foryś y el fundador del Teatro Powszechny, el Dr. Mieczysław Kotlarczyk. Ellos apreciaron su destacado talento actoral y su conocimiento del teatro. En ese momento, escribía con bastante frecuencia. Compuso poemas. Fue en la escuela secundaria cuando probablemente escribió su primer volumen de poesía: *The Beskidy Tramps*.

Su decisión de estudiar literatura polaca, lengua y letras estuvo determinada por una inclinación hacia las bellas letras. Pronto, se sintió atraído por el estudio del idioma mismo. Esto abrió horizontes completamente nuevos para Wojtyła; lo introdujo en el misterio del lenguaje mismo. En ese momento, no había una escuela de teatro profesional en Cracovia, pero se unió a la Confraternidad Teatral de Juliusz Kydryński. Después de la invasión alemana pasó a llamarse Studio 39. Junto con Kotlarczyk, el grupo editó y publicó una revista literaria clandestina. El teatro dejó una profunda impresión en Wojtyła.

¿Cómo la experiencia del Teatro Rapsódico preparó a Wojtyła para su ministerio papal?

Mieczysław Kotlarczyk, quien era 12 años mayor que Wojtyła, fundó y dirigió el Teatro Amateur Powszechny en Wadowice, especializado en la puesta en escena de los clásicos. El joven Wojtyła, apasionado del teatro y la buena literatura, era un huésped habitual en el apartamento de la familia Kotlarczyk. En el verano de 1941, Mieczysław Kotlarczyk y su esposa Sophia se dirigieron de Wadowice a Cracovia, donde vivieron con Karol Wojtyła. Compartiendo el mismo apartamento modesto en el sótano, pudieron continuar sus conversaciones sobre teatro, pero también intentaron montar representaciones. Wojtyła se convirtió en cocreador del Teatro Rapsódico.

Wojtyła tenía una presencia escénica increíble, como lo reconocen muchos artistas destacados. Estaba dotado de una excelente dicción y una voz fuerte. No se entregó al sentimentalismo barato. Abordó los guiones de forma intelectual, basándose en un conocimiento profundo de la temática. En el momento en que Hitler pretendía que Polonia desapareciera y una de las principales tareas de la Resistencia era salvar y transmitir el idioma y la cultura de Polonia, Mieczysław Kotlarczyk organizaba reuniones clandestinas del Teatro Rapsódico de Cracovia. Wojtyła, quien fue su pilar, lo dejó en el otoño de 1942 para abrazar una vocación superior: el sacerdocio. A diferencia de sus representaciones teatrales, la Palabra Eterna rapsódica le permitió reunir a millones de personas para Dios.

Usted editó los primeros poemas de Karol Wojtyła escritos cuando era joven y recibió el consentimiento del Santo Padre para publicarlos. ¿Cómo ocurrió eso?

Durante mi conversación personal con el Santo Padre, finalmente obtuve su permiso para publicar sus 17 sonetos y el himno *Magníficat*. Mientras sostenía en mis manos una fotocopia de los manuscritos de 1939, le pedí que considerara permitirme publicar su poesía temprana. Después de algunas dudas, me dio permiso y permitió la inclusión de fotografías de santos del escultor popular Jędrzej Wowra.

¿Cuáles de los textos de Juan Pablo II están particularmente cerca de su corazón?

Entre las primeras obras de Karol Wojtyła, del período de la Segunda Guerra Mundial, se encuentra un poema místico de extraordinaria belleza, *Canción del Dios oculto*, publicado en 1946. Un texto hermoso y profundo, creo que es una de las grandes obras místicas de la literatura polaca. Esta obra, tan rica teológica y filosóficamente, y exquisitamente elaborada, salió de la pluma de un hombre de poco más de 20 años. *Canción del resplandor del agua* (1950) fue una continuación formal y espiritual. También atesoro el poema de Wojtyła *Stanisław*, corto pero rico en contenido, que trae una profunda reflexión sobre Polonia como la "tierra de la unidad ganada con tanto esfuerzo". Comenzó a escribirlo mientras se preparaba para el 900 aniversario de la muerte de San Estanislao y lo completó un día antes de ser elegido papa. El 6 de enero de 1979, el manuscrito fue recibido por el padre Franciszek Macharski, sucesor del arzobispo Karol Wojtyła en Cracovia.

En su trabajo, Karol Wojtyła se basó tanto en la Biblia como en el romanticismo polaco. ¿Qué le gustaba especialmente de los grandes clásicos del romanticismo polaco y, en particular, de Cyprian Kamil Norwid?

La Biblia fue el referente básico de Karol Wojtyła: cultural, literario y, por supuesto, religioso. Hilos bíblicos, arquetipos e incluso extensas perícopas y relatos tienen sus profundas referencias literarias en muchas de sus obras: desde los sonetos juveniles hasta el *Tríptico Romano*. De las cartas de principios del período de ocupación alemana a Mieczysław Kotlarczyk, que en ese momento aún vivía en Wadowice, aprendemos cuánto tomó el futuro papa de "las canciones de los bardos, el Teatro Wyspiański, los libros de Kasprowicz y la filosofía de Norwid". Juan Pablo II expresó este sentimiento años después en su famosa *Carta a los Artistas* (1999). Hay mucho que decir sobre las fuentes de estos intereses y su frecuente referencia a las obras de los maestros románticos. En una entrevista con Tad Szulc, Juan Pablo II simplemente confesó: "Norwid significa mucho, mucho para mí y lo leo constantemente".

¿Cuál es su recuerdo favorito de San Juan Pablo II?

Conocí al cardenal Karol Wojtyła durante mis estudios universitarios en 1976; él recibió a los estudiantes en el palacio episcopal en Navidad. Cuando el cardenal me preguntó de dónde venía y qué estaba estudiando, le respondí que estaba estudiando literatura y periodismo polacos en la Universidad Jagellónica y que vivía en el dormitorio "Żaczek". El cardenal respondió que su estudio de la literatura polaca, muy importante en su vida, se vio interrumpido por el estallido de la Segunda Guerra Mundial, y que también vivió por un corto tiempo en el barrio de Oleandry, en el mismo lugar pero con otro nombre en ese momento: la Segunda Casa de Estudiantes de la Universidad Jagellónica.

¿Qué necesitamos para construir una civilización del amor?

Juan Pablo II proclamó la idea de una civilización de amor para todas las personas, independientemente de sus creencias, religión o raza. Al proclamarla y ayudar a implementarla, quiso llegar a todos, ayudarlos a luchar contra las limitaciones y las adversidades, así como contra los estereotipos. Él amaba a las personas, a quienes siempre vio como imágenes de un Dios amoroso. Llenemos este mundo de odio y valores torcidos con amor misericordioso en lugar de nihilismo.

PADRE JOSÉ GRANADOS

Superior general de los Discípulos de los Corazones de Jesús y María.

Padre, ¿cuál fue su primer recuerdo de San Juan Pablo II?

Yo era muy joven (tenía 8 años) cuando Juan Pablo II fue elegido papa. Recuerdo especialmente su presencia durante mi juventud, en las Jornadas Mundiales de la Juventud en Santiago de Compostela y Częstochowa. Junto con mis amigos estaba ansioso por verlo, pero sobre todo por escuchar sus palabras, tan alentadoras y llenas de claridad y de la seguridad de la fe, invitándonos a la belleza y a la grandeza. También tengo el recuerdo de haberlo conocido personalmente en Roma en 1998. Cuando mi madre estaba enferma de cáncer le escribí, y en muy poco tiempo recibí una respuesta de su secretaría invitándonos a acompañarlo durante la Santa Misa. Fue un consuelo recibir su bendición en ese momento de prueba. Recuerdo también la avidez con que recibí y leí sus encíclicas (muchas de ellas salieron mientras yo estudiaba teología), que me abrieron nuevas miradas a mi comprensión de la dignidad de la persona humana a la luz de una llamada a la comunión y al don de sí mismo.

¿Qué es lo que más aprecia de Juan Pablo II?

Creo que fue su capacidad de poner a Cristo en el centro de la vida humana y de la sociedad, su gran pasión por Cristo como cumplimiento de todo lo que anhelamos. Su énfasis en la importancia del amor, su *Teología del cuerpo* y su afirmación de la dignidad de cada vida humana; todo esto procedía de la confesión de fe en Cristo, que revela al hombre a sí mismo, como le gustaba repetir citando al Concilio Vaticano II (*Gaudium et Spes* 22).

¿Cómo podría Juan Pablo II haber desarrollado su Teología del cuerpo a partir de su propia experiencia?

Juan Pablo II explica, en *Amor y responsabilidad*, cómo pudo hablar sobre cuestiones de vida familiar y sexualidad a pesar de no estar casado. Él señaló su experiencia con parejas jóvenes, la ayuda que les dio en sus matrimonios, dándoles consejos y escuchando sus confesiones. La experiencia humana no está aislada, lo que significa que podemos compartir la experiencia de los demás y aprender de ellos. Esta capacidad de empatía está en la raíz de la *Teología del cuerpo*, ya que el cuerpo es un lugar de contacto y comunión con los demás. Además, la vocación a la virginidad consagrada no es del todo ajena a la vocación al matrimonio, pues es también una vocación esponsal, en cuanto consiste en la entrega total de sí mismo al otro, a Cristo y a la Iglesia. Es la persona entera, con su masculinidad o su feminidad, la que se consagra al Señor en la vida religiosa.

Usted ha escrito que "el cuerpo habla un lenguaje... El lenguaje del cuerpo hace eco de la voz de la trascendencia que nos invita a salir de nosotros mismos en respuesta al llamado del amor... El cuerpo es un patrón significativo y hermoso que le da forma y estructura a nuestro amor... ¿Puede explicar esto brevemente?

Juan Pablo II insistía en que el cuerpo habla un lenguaje que nosotros mismos no hemos creado, y que necesitamos aprender a releer el lenguaje del cuerpo en la verdad. Lo primero que nos dice el cuerpo con su lenguaje es que no nos hemos dado vida a nosotros mismos. Esto es muy concreto: nuestro cuerpo nos recuerda que nacimos de nuestra madre y de nuestro padre, que fuimos formados en el vientre de nuestra madre. Este es un lenguaje de receptividad, que nos recuerda que la tarea primordial en la vida humana es aprender a recibirnos del otro, es decir, comprender que nosotros mismos somos dones. En definitiva, el cuerpo nos enseña que somos un don del mismo Dios, nuestro origen último. Una vez que hemos aprendido lo que podemos llamar el "significado filial del cuerpo" (Benedicto XVI), comprendemos que en el cuerpo podemos darnos a otras personas, en la unión conyugal, y así generar vida. Estos son los significados unitivos y generativos del lenguaje del cuerpo. Este contiene, en cierto sentido, una gramática con la que podemos hablar (libre y creativamente) el lenguaje del amor.

¿Cómo explicaría "el sentido de la vida humana" según las enseñanzas de Juan Pablo II?

Diría que la persona humana está llamada a amar, lo que significa que está llamada a recibir de otro y, a su vez, a darse de manera generativa. Se podría resumir así la visión de vida de Juan Pablo II: el ser humano es hijo o hija, llamado a convertirse en esposo (en el matrimonio o en la virginidad consagrada), y así ser fecundo (paternidad y maternidad). La vida se realiza cuando nos damos cuenta de estas dimensiones: cuando aprendemos a recibir vida de otro (como hijos), cuando aprendemos a vivir para otro (como esposos), cuando aprendemos a generar vida para otro (como padres).

¿Por qué la Teología del cuerpo de San Juan Pablo II es más importante ahora que nunca? ¿Qué nos enseña?

Nuestra cultura muestra un gran interés por el cuerpo e incluso lo ve como un lugar de trascendencia. Por eso hay un afán de transformar el cuerpo, de encontrar nuevas formas de experimentar con el cuerpo, de expresarse en el cuerpo (pensemos por ejemplo en los tatuajes). Sin embargo, hemos reducido el cuerpo a la proyección de nuestros propios deseos y así hemos perdido una parte esencial de su lenguaje. Hemos olvidado que el cuerpo, antes de ser una herramienta para transformar el mundo y expresarnos, es un lugar que nos ha sido dado por otro, un lugar que estamos llamados a recibir con gratitud. Claro, el cuerpo contiene un lenguaje con el que podemos hablar y ser creativos, pero este lenguaje, como todo lenguaje, se tiene que aprender de otro, o queda como un lenguaje privado, incapaz de comunicarse. La *Teología del cuerpo* nos enseña el lenguaje originario del cuerpo, el lenguaje del don originario de Dios, de la llamada al amor entre el hombre y la mujer, del destino del cuerpo en la gloria de Dios. Al hablar del cuerpo, esta teología es una teología del amor, de la verdad del amor, para que el amor se convierta en algo más que una emoción y pueda durar y sostener toda nuestra vida incluso más allá de la muerte. Hay, pues, una trascendencia en el cuerpo, hay una palabra (logos) de Dios en el cuerpo, por lo que podemos hablar de una *Teología del cuerpo*. El fundamento de esta teología es el hecho de que la misma Palabra de Dios ha asumido un cuerpo.

"El hombre no puede vivir sin amor", escribió Juan Pablo II en su primera encíclica, Redemptor Hominis. ¿Cómo definió Juan Pablo II el amor?

Juan Pablo II distinguió entre tres formas de hablar del amor. Hay un amor que tiene sus raíces en la sensualidad, un deseo de placer físico con el otro. Hay un amor enraizado en los sentimientos, un deseo de intimidad que permite sentirnos bien junto con el otro. Estas dos dimensiones del amor son buenas, pero no se pueden absolutizar, pues entonces no nos dejarían salir de nosotros mismos (permaneceríamos en nuestro placer y en nuestro sentimiento) y dejarían de ser amor. Ambas dimensiones necesitan integrarse en lo que Juan Pablo II llamó amor comprometido, que implica la afirmación de la otra persona por lo que es. Amar a alguien significa, entonces, decir, no solo: "Eres bueno porque me eres útil", o "eres bueno porque me gusta estar contigo", sino: "eres bueno solo porque eres". Es decir: "Eres maravillosa". Si podemos decir esto es porque vemos algo eterno en la otra persona, es decir, porque comprendemos que Dios ama a la otra persona por sí misma. El verdadero amor, al final, necesita referirse a Dios, fuente de todo amor. El verdadero amor significa recibir al otro como don de Dios y buscar el bien del otro para sí mismo, caminando junto al amado hacia la comunión con Dios.

Hablemos de El taller del orfebre, que Wojtyła publicó en 1960. ¿Qué indaga Wojtyła en su historia de tres parejas diferentes?

En *El taller del orfebre*, el matrimonio es amarse unos a otros de tal manera que este amor abra un camino juntos hacia Dios. El matrimonio es una comunicación recíproca que se hace posible porque hay una comunicación original del Creador (el Orfebre, en la obra) a los esposos, que se encomiendan el uno al otro. De hecho, el esposo y la esposa se vuelven una sola carne en el mismo lugar donde ambos fueron engendrados por Dios. De este modo los esposos están llamados a comprender las dimensiones absolutas del amor y a no quedarse en la superficie de su corriente. Cuando esto sucede, pueden transmitir este significado a sus hijos, para que los hijos puedan casarse en la dimensión del Absoluto. Es Cristo quien nos ha recordado esta dimensión absoluta del amor. Él es el Esposo que viene a cumplir nuestra vocación revelándonos la fuente de todo amor en el Padre. Bajo su luz, el matrimonio también es (este es el sentido del segundo acto) el lugar donde es posible el milagro del perdón.

En el espíritu de Juan Pablo II, ¿cuál sería su consejo para una pareja joven que se casa?

Que se abran al matrimonio como camino juntos hacia Dios. Que cumplan la promesa que han hecho ejerciendo el perdón cada día de su vida. Que su amor esté abierto a transmitir vida y a educar a sus hijos para la vida eterna, pues así conservarán la frescura de su relación. Que entiendan que no están solos y que necesitan el acompañamiento de la Iglesia, pues son un signo del amor de Cristo por ella; que su familia esté siempre abierta a recibir a otras personas, especialmente a otras parejas, y ayudarlas hacia un destino común.

¿Cómo la indisolubilidad y la fecundidad del matrimonio completan y coronan el dinamismo del amor?

Podemos entregarnos por completo a la persona que amamos solo si entregamos todo nuestro futuro. De lo contrario nos reservamos algo para nosotros. Lo que esto significa es, de nuevo, que amar es entrar en una dimensión más grande que nosotros mismos, una dimensión que nos permite poner todo nuestro futuro en manos de otro (algo que no podemos hacer por nosotros mismos). Decir sí por el resto de nuestra vida solo es posible si confiamos en Dios, el Señor del futuro. Es esta presencia de Dios la que nos permite perdonar, lo cual es renovar la promesa. Cuando perdonamos decimos: la promesa que nos hicimos el uno al otro es mayor que esta ofensa y traición. Además, el verdadero amor va más allá de uno mismo, lo que significa que es fecundo. Si el amor no es fecundo de alguna manera, ayudando a la persona que amamos y haciéndonos crecer juntos, entonces no es amor verdadero. El signo más elocuente de esta fecundidad es engendrar un hijo.

¿Cuál es el desafío más grande de la familia hoy?

En primer lugar, hay un desafío a la persona misma de la familia, en la medida en que nuestra sociedad propone visiones alternativas de la familia que no están enraizadas en la diferencia sexual. Esto podría invitar a la familia a entenderse a sí misma como una preferencia personal de los cónyuges, quienes podrían haber formado una familia diferente. Así es fácil perder de vista algo esencial para la familia: que esta no es un proyecto privado, sino el fundamento de la sociedad. La familia, unión de un hombre y una mujer para toda la vida, abierta a la transmisión de la vida, nos recuerda que estamos llamados a fomentar la receptividad y la apertura a un don original que nos ha sido confiado. Este desafío implica un desafío más: cómo educar a nuestros hijos en la vocación de amar, en un momento en que los hijos son vistos solo como la expresión de los deseos de sus padres.

¿Puede ver algún punto débil en la Teología del cuerpo?

Yo diría que hay muchos puntos que necesitan desarrollarse más. Juan Pablo II se centró en varios aspectos de la *Teología del cuerpo*, especialmente la sexualidad. En diferentes obras reflexionó también sobre otras dimensiones: la teología del cuerpo que sufre (*Salvifici Doloris*), la teología del cuerpo que trabaja (*Laborem Exercens*)... Creo que la idea del "cuerpo filial" y la importancia de ser un hijo o hija está muy presente en su obra, pero no están tan claramente expresadas como las encontramos en Benedicto XVI (Discurso en el Instituto Juan Pablo II, el 13 de mayo de 2011). Otro aspecto que necesita un mayor desarrollo es cómo Cristo realiza el lenguaje del cuerpo.

¿Qué necesitamos para construir una civilización del amor?

La enseñanza de Juan Pablo II posee una dimensión social crucial. Porque al hablar del amor, también habló del fundamento de estar juntos, de nuestra vida social. Es crucial para toda su visión que la familia es la piedra angular de la sociedad. Es en la familia donde aprendemos la dignidad del otro, aprendemos que es bueno estar junto a los demás y aprendemos la importancia del bien común. Así, la civilización del amor significa que el amor de la familia está llamado a ir más allá de la familia, significa que la familia vive su vocación solo cuando vive más allá de sí misma, cuando es capaz de expandir su amor al resto de nuestras relaciones humanas. Significa construir una familia de familias que dé sentido a nuestro mundo y a nuestra historia.

Ustedes, jóvenes, son los que encarnan esta juventud: son la juventud de las naciones y de las sociedades, la juventud de toda familia y de toda la humanidad; ustedes son también los jóvenes de la Iglesia. Todos estamos mirando hacia ustedes, porque todos nosotros, gracias a ustedes, en cierto sentido volvemos a ser jóvenes. Así que tu juventud no es solo tu propiedad, tu propiedad personal o la propiedad de una generación: pertenece a la totalidad de ese espacio que todo hombre recorre en el camino de su vida, y al mismo tiempo es una posesión especial que pertenece a todos. Es una posesión de la humanidad misma.

En ustedes hay esperanza, porque pertenecen al futuro, así como el futuro les pertenece a ustedes. Porque la esperanza siempre está ligada al futuro; es la expectativa de "buenas cosas futuras".

Ustedes son el futuro del mundo; ustedes son la esperanza de la Iglesia.

Ustedes son mi esperanza…

Juan Pablo II

PAOLO FUCILI

Periodista italiano radicado en Roma, donde cubre el Vaticano para el canal de televisión italiano TV2000. Es colaborador de muchos periódicos, libros y revistas, y autor de varios libros y ensayos sobre diversos temas religiosos.

¿Qué significó Juan Pablo II para usted?

Nací en 1971, así que para mí Juan Pablo II ha sido "el papa" —hasta ahora— durante más de la mitad de mi vida. Mis recuerdos sobre él comienzan cuando vi su elección en la televisión y luego fui en peregrinación a Roma como *boy scout* en el Jubileo Extraordinario de 1983-1984. No podía imaginar entonces que el Vaticano se convertiría en el lugar de mi trabajo como periodista. Pero el hecho fundamental fue sin duda el Año Jubilar 2000, cuando comencé a trabajar en Roma para TV2000, el canal de televisión de la Conferencia Episcopal Italiana. Poco a poco, día a día, tuve cada vez más certeza de que Juan Pablo II era un santo, dotado de un carisma excepcional, un gigante en la historia de la Iglesia, que se hizo evidente a todos a más tardar el 2 de abril de 2005, el día de su muerte. Además de crecer en una familia católica que me educó en la fe, siempre he tenido muchas ganas de aprender y entender. Karol Wojtyła amplió mis horizontes; me ayudó a comprender que el cristianismo es una clave universal para entender en profundidad la realidad. Por lo tanto, un católico no tiene por qué tener ningún complejo de inferioridad intelectual hacia nadie.

¿Qué le inspiró a coescribir (con Daniele Bungaro) el libro La santidad siempre es joven: San Juan Pablo II y el camino de la Jornada Mundial de la Juventud?

Pocas personas recuerdan que el camino hacia la Jornada Mundial de la Juventud comenzó en 1985 con el "Año Internacional de la Juventud" convocado por la ONU. Juan Pablo II lo observó convocando en Roma a un encuentro internacional de jóvenes similar al Jubileo de la Juventud celebrado en 1984, en ambos casos el Domingo de Ramos. Además, escribió una carta apostólica, *Dilecti Amici*, inspirándose en el joven rico del Evangelio. Como explicó entonces el papa: "¿Qué debo hacer para heredar la vida eterna?" significa nada más que "¿qué debo hacer para que mi vida tenga pleno valor y pleno sentido?".

¿Cuál fue el mensaje que más le llamó la atención?

Después de releer esa carta, me pregunté: "¿Quién es el joven que nunca se ha preguntado cómo vivir una vida con sentido?". Pero, desgraciadamente, la Iglesia muy a menudo –sobre todo en los últimos tiempos, hay que reconocerlo– habla a los jóvenes de muchas otras cosas, con otros lenguajes, desde otras perspectivas, pero no de lo que realmente importa. El papa Wojtyła, en cambio, alimentó dos creencias inquebrantables durante toda su vida; la primera: no hay joven cuyo corazón no arda con esa pregunta; la segunda: aún hoy, 2.000 años después, el Evangelio es la respuesta más completa y más grande. Por eso la historia de la Jornada Mundial de la Juventud merece ser contada y meditada. Esto se debe a que estas creencias no me parecen nada obvias, a juzgar por la forma como la Iglesia se acerca a los jóvenes hoy en día, un marcado contraste con lo que era no hace mucho tiempo bajo el pontificado de Juan Pablo II.

¿Cuál es el propósito de este movimiento global iniciado por Wojtyła?

Wojtyła atrajo a unos 16 millones de jóvenes a sus Jornadas Mundiales de la Juventud, desde Buenos Aires en 1987 hasta Toronto en 2002. ¿Tenía en mente un objetivo preciso desde el principio? No sé. En cualquier caso, los hechos hablan por sí solos: la secularización no es un destino inevitable, siempre que la Iglesia aprenda de nuevo a despertar en los jóvenes el asunto antes mencionado, en lugar de ofuscar como hacen muchos otros. Y esto es aún más relevante hoy.

¿Existe un mensaje universal de la Jornada Mundial de la Juventud?

No es fácil resumirlo. Pero permítame mencionar una canción que resuena muy a menudo en mi cabeza: el himno de la JMJ 2000 en Roma. Comienza: "Desde el horizonte una gran luz recorre la historia y a través de los años venció las tinieblas convirtiéndose en Memoria. Al iluminar nuestras vidas, nos revela claramente que no podemos vivir si no buscamos la Verdad...".

Yo he encontrado más inspiración en esa canción que en todo el sínodo celebrado en el Vaticano hace cuatro años sobre "Los jóvenes, la fe y el discernimiento vocacional", lleno de sociología y muy pobre en términos de fe. La "luz" viene del "horizonte", fuera de nosotros, no podemos dárnosla a nosotros mismos. "Venció la oscuridad". No estamos condenados, como seres humanos, a quedarnos sin respuestas a los "por qué" que nos molestan y angustian. La oscuridad del sinsentido y la desesperación ha sido derrotada. La luz no es una teoría intelectual abstracta, y ella (o, mejor dicho, "él", Jesús) nos hace comprender que no buscar la verdad, no tomarla en serio, no desearla, permanecer indiferentes ante ella, es como estar muerto en el alma, si no en el cuerpo. ¡Este mensaje me parece extraordinariamente contracorriente! Creo que encarna perfectamente el espíritu que impulsó a Wojtyła a dar vida a la JMJ.

¿Cómo pueden los jóvenes cristianos utilizar el tesoro y la belleza de los movimientos revolucionarios de Wojtyła para que los jóvenes establezcan un diálogo con otras religiones en el mundo secular de hoy?

¡Una buena pregunta! ¿Quién fue San Juan Pablo II? ¿Qué significaron para la Iglesia sus 27 años de pontificado? En primer lugar, es importante mantener vivos estos recuerdos. A este respecto, es triste ver en la Iglesia una gran prisa por pasar página. Usted me pregunta cómo construir un diálogo con otras religiones, en el mundo secular de hoy, a partir del legado que nos dejó el papa Wojtyła. Él puso en el centro de su pontificado el asunto de la verdad, la verdad sobre Dios y la verdad sobre el hombre. Y así se ganó el respeto y la admiración incluso de personas no cristianas, en países y culturas no cristianas, como por ejemplo el 19 de agosto de 1985, en Casablanca, Marruecos, cuando se dirigió a 80.000 jóvenes musulmanes reunidos con motivo de los Juegos Panárabes. Fue la primera vez que el papa habló ante una multitud tan grande de jóvenes no cristianos. Por eso ese viaje a Marruecos, al final de un largo viaje por África, es una de las páginas más famosas del pontificado de Wojtyła. No hace falta decir que el diálogo interreligioso e intercultural es aún más relevante y urgente hoy, en nuestro mundo globalizado. Pero la lección de Juan Pablo II siempre es relevante. Él creía en la necesidad del diálogo, incluso entre religiones diferentes, como lo demostró en la famosa Jornada de Oración por la Paz, en Asís, el 27 de octubre de 1986, con numerosos líderes religiosos del mundo. Pero el diálogo no se construye dejando de lado la "cuestión de la verdad", como si fuera demasiado delicada o divisiva, ni afirmando que "hay tantas verdades y cada uno tiene la suya propia". El objetivo del diálogo es precisamente centrarse en la cuestión de la verdad, que solo puede ser una, respetando la libertad de todos de aceptarla o no.

La octava Jornada Mundial de la Juventud tuvo lugar en Denver en 1993. Juan Pablo II llegó a una metrópolis moderna, multicultural, multirracial y no necesariamente católica. A pesar del escepticismo de muchos, el evento fue un gran éxito. ¿Cómo fue?

El acontecimiento de la JMJ de 1993 en Denver no fue una sorpresa. De hecho, varias de las iniciativas de Juan Pablo II fueron recibidas con escepticismo cuando las anunció. Después de Buenos Aires en 1987, Santiago de Compostela en 1989 y Częstochowa en 1991 (en Polonia, que acababa de salir de 40 años de dictadura comunista), la JMJ de Denver fue la primera celebrada en un país rico y moderno como Estados Unidos, a la vanguardia del progreso científico y tecnológico. Seguramente elegir tal lugar para el evento parecía como una apuesta, según la teoría –muy popular hasta hace unas décadas– de que la modernidad habría decretado la desaparición o al menos la irrelevancia de la religión. Y Estados Unidos es la vanguardia de la modernidad. Pero Juan Pablo II pensaba de otra manera. Si volvemos a leer el sermón que pronunció en Denver, notamos que tomó el tema de la vida de la metrópolis moderna. Pero luego invirtió el razonamiento, lo volteó al revés:

> La vida está llena de misterio… La humanidad en su conjunto siente la urgente necesidad de darle sentido y propósito a un mundo donde la complejidad y dificultad para ser feliz es cada vez mayor… Dejar de hacer estas preguntas es renunciar a la gran aventura de buscar la verdad de la vida. El progreso tecnológico y económico por sí solo no ha logrado satisfacer las aspiraciones más profundas del hombre. Nosotros, los que vivimos en esta época, lo sabemos bien.

Karol Wojtyła tenía 73 años en 1993. Era hijo del siglo XX, el siglo que produjo los mayores avances en la historia de la humanidad, eso es cierto. Pero también produjo inmensas catástrofes, como las dos guerras mundiales y el totalitarismo, que el papa sufrió personalmente. El hombre de hoy no es más feliz ni menos inquieto que el hombre del pasado. Y la prueba de ello es que incluso en Denver se reunió una inmensa multitud para escuchar tales palabras.

Durante la misa en el Parque Estatal Cherry Creek, en Colorado, el papa concluyó su discurso con este dramático desafío: "No teman salir a las calles y a los lugares públicos, como los primeros apóstoles que predicaron a Cristo y la buena nueva de salvación en las plazas de las ciudades, pueblos y aldeas. Este no es momento de avergonzarse del Evangelio… Es el momento de predicarlo a los cuatro vientos". En su opinión, ¿cómo podemos transformar las palabras del papa en acción en el mundo actual, en particular en Estados Unidos?

Hoy, países como Estados Unidos, pero también Italia y otros países europeos, se han convertido en territorio de misión. La fe no suele estar presente en la vida diaria. La Iglesia es vista como una institución social como tantas otras, cuyos defectos como institución son más notorios; no la ven como una comunidad viva de personas que comparten un don: la fe.

Dado que la mentalidad individualista afecta hoy a todas las formas de vivir y pensar, es inevitable que la dimensión de la religiosidad también se vea afectada. Pero incluso si algunas antiguas "formas" y "modos" de religiosidad católica ya parecen bastante desgastadas, un catolicismo de "hágalo usted mismo" simplemente no puede existir. Necesitamos pertenecer a una comunidad, como una familia donde todos se cuidan unos a otros. Necesitamos las oraciones de la Iglesia, la misa, los sacramentos. Aunque el cristianismo parece estar cerca del final de una larga historia, el papa Benedicto XVI estaba convencido de que también hoy puede ser "siempre fresco y nuevo, si la pregunta se plantea desde lo más profundo". En cuanto a las modalidades de evangelización, ciertamente se necesita valentía, como nos recuerda incansablemente hoy el papa Francisco. Es hora de deshacerse de la mentalidad de "siempre se ha hecho así", como dice de la regurgitación reflexiva del pasado. Pero ese es otro asunto, que nos alejaría mucho de nuestro enfoque.

¿En qué se diferencia la Iglesia actual de la Iglesia de Juan Pablo II? ¿Cuál fue su contribución más distintiva a la Iglesia?

Hay un "si" que hay que subrayar en la declaración de Benedicto XVI que cité antes. Es decir, si de antemano no hay una pregunta que despierte, tanto en los jóvenes como en cualquier otra persona, entonces también el cristianismo parecerá viejo y rancio. Desde mi punto de vista, digo sin dudar que hoy la Iglesia ha cambiado mucho desde la época de Juan Pablo II. Menciono nuevamente, como ejemplo, el Sínodo sobre los Jóvenes de 2018, donde más allá de las mejores intenciones de todos hubo una dramática falta de inspiración. No es casualidad que no solo la palabra "verdad", sino también la aspiración a ella, ya no resuene en todos los niveles de la Iglesia. El legado de Juan Pablo II parece un recuerdo embarazoso, demasiado impermeable al espíritu del relativismo y del "diálogo a cualquier precio". San Juan

Pablo II enseñó a generaciones enteras de católicos a estar alegres y agradecidos de ser católicos y a no someterse culturalmente a ninguna ideología u opinión común. A veces sospecho que este es precisamente el punto inquietante.

Una vez Juan Pablo II dijo: "Nada es imposible para Dios". Si todo es posible, ¿qué necesitamos hoy para construir una civilización del amor?

¡Todo es posible, sí, como usted dice, pero para Dios, no para nosotros! Sería un pecado de presunción imperdonable pensar que podemos construir por nosotros mismos la civilización del amor. Juan Pablo II fue un gran constructor de la civilización del amor, y no solo de palabra. Para construir una civilización del amor, un buen punto de partida sería seguir el ejemplo que él nos dio. Lo que llamó la atención de todos en él fue su capacidad de simpatía, compasión y misericordia hacia todos los que conocía, cualquiera que fuera su historia o sus antecedentes. Recuerdo muchas imágenes de él sonriendo, pues se sentía a gusto tanto entre los trabajadores, almorzando en la cafetería de una fábrica, como entre las máximas autoridades políticas. Me gusta recordarlo sobre todo por su firmeza en no retroceder ante nada, incluso a costa de duras críticas e incomprensiones, para afirmar lo que exige la verdad y la Verdad en persona, Jesús. Como dijo en la JMJ 2000 en Roma: "En efecto, es a Jesús a quien buscan cuando sueñan con la felicidad… Es él quien los insta a despojarse de las máscaras de una vida falsa. Es él quien los espera cuando nada les satisface de lo que encuentran…". Nunca ocultó a los jóvenes lo difícil que era estar a la altura de las exigencias morales de ser cristiano. Pero no había dureza ni severidad en sus palabras. Veo encarnada aquí a la Iglesia tal como la describe un teólogo dominicano, el padre Réginald Garrigou-Lagrange, en un famoso artículo que escribió hace algún tiempo: "La Iglesia es intransigente en los principios, porque cree, y tolerante en la práctica, porque ama. Los enemigos de la Iglesia, en cambio, son tolerantes en principio, porque no creen, pero intransigentes en la práctica, porque no aman".

Actualmente, el Señor nos está diciendo: "¡El Espíritu Santo les presentará cosas que hoy no puedo
decirles!". El cristianismo está lleno de dimensiones no reveladas y siempre es fresco y nuevo, si
la pregunta se plantea desde lo más profundo.

Papa Benedicto XVI

Milton Keynes UK
Ingram Content Group UK Ltd.
UKHW040159071124
450460UK00030B/121/J

9 798892 800457